CHENG CHUNG
BOOK CO.,LTD.

CHENG CHUNG
BOOK CO.,LTD.

CHENG CHUNG

BOOK CO.,LTD.

CHENG CHUNG
BOOK CO.,LTD.

新版 實用視聽華語

PRACTICAL AUDIO-VISUAL CHINESE 1

2ND EDITION

主 編 者◆國立臺灣師範大學
編輯委員◆王淑美．盧翠英．陳夜寧
策 劃 者◆教育部

再版編輯要旨

本書原版《實用視聽華語》1、2、3冊，自1999年9月出版以來深受海內外好評，並廣被採用至今。

本書七年來使用期間，曾收到國內外華語教學界、各大學華語教學中心或華語文教師及學生對本書建設性的批評與建議。

適逢2003年美國大學委員會宣布AP(Advance Placement)華語測驗計畫——針對已在美國實行的第二語言教學考試，作了一次改革性的創舉，此項壯舉，影響了今後華語文教材編寫、師資培訓、教學方法及測驗等內容之改進，並在第二語言教學上建立了要實現的五大目標，即——Five C's：1.溝通(Communication)，2.文化(Cultures)，3.多元(Connection)，4.辨思(Comparisons)，5.實用(Communities)。

本書原為臺灣師範大學編輯委員會負責編寫，教育部出版發行，目前著手改編之理由：一是採納各方使用者之意見，修改不合時宜之內容。二是響應國際華語文教學趨勢，配合第二語言教學之五大目標進行修正。

本次再版修訂之內容及過程如下：

本教材在改編之前邀請教育部對外華語小組、原教材編輯者、華語文專家學者，商定改編計畫。對原書之課文內容、話題調整、詞彙用法及練習方式等相關各項問題，廣徵各方意見，並達成協議，進行大幅度變動與修改。

原版《實用視聽華語》1、2、3共三冊，再版後將原第1冊改為1、2兩冊；原第2冊改為3、4兩冊；原第3冊保持一冊，改為第5冊。新版《實用視聽華語》共分1、2、3、4、5五冊。每套教材包括課本、教師手冊、學生作業簿等三冊，每課均附有語音輔助教具。

新版《實用視聽華語》第1冊共十二課，重點在於教授學生的基本發音、語法及常用詞彙，以達到使用華語基本實用語言溝通的目的。本冊課文調整後之生字共314個，生詞449條，語法句型50則。

《實用視聽華語》第2冊共十三課，延續第1冊實際生活用語，並達到使用流利華語，表達生動自然的語用技巧。生字共303個，生詞481條，語法句型39則。

《實用視聽華語》第3冊共十四課，內容著重在校園活動和日常生活話題。生字共600個，生詞1195條，語法句型137則。每課加附不同形式之手寫短文。

《實用視聽華語》第4冊共十四課，延續介紹中華文化，包括社會、歷史、地理、人情世故。生字共625個，生詞1250條，語法配合情境介紹句型119則。每課加附手寫短文。

《實用視聽華語》第5冊共二十課， 課文介紹中華文化之特質及風俗習慣；以短劇、敘述文及議論文等體裁為主，內容則以民俗文化、傳統戲劇、文字、醫藥、科技、環保、消費、休閒等配合時代潮流，以提高學生對目前各類話題討論的能力。本冊生詞667條，連結結構之句型91則。每課除課文外，另附有閱讀與探討、佳文欣賞及成語故事。

本書所有的生字與生詞及第1、2冊課文，拼音係採用1.國語注音；2.通用拼音；3.漢語拼音並列，以收廣為使用之效。

每冊教材所包括的內容大致如下：1.課文、對話；2.生字、生詞及用法；3.語法要點及句型練習；4.課室活動；5.短文；6.註釋。

本書第1、2冊由王淑美、盧翠英兩位老師負責改編工作； 第3、4冊由范慧貞、劉咪咪兩位老師負責改編工作；第5冊由張仲敏、陳瑩漣兩位老師負責改編工作；英文由任友梅小姐工作群翻譯。並由林姿君小姐、陳雅雪老師、林容年老師及三位助理完成打字及整理全稿工作。插圖則由張欣怡小姐補充設定完成。

本書在完成修改稿後，曾邀請華語文專家學者進行審查，經過修訂後定稿。審查委員如下：陳純音教授、曾金金教授、陳俊光教授、陳浩然教授。

本書改版作業歷時半年有餘，在臺灣師大國語中心教材組陳立芬老師等工作人員之全力配合下得以完成，感謝所有盡心戮力參與編輯的作者及審核的委員，使這部修訂版《實用視聽華語》得以出版。各位教學者使用時，請不吝指教並匡正。

主編 葉德明

2007年3月

新版實用視聽華語

PRACTICAL AUDIO-VISUAL CHINESE 2ND EDITION 1

CONTENTS

PRONUNCIATION

The land of China is vast and the population is large. Among the numerous dialects, the Peiping (Peiking) dialect was chosen as the official language which is now used throughout China. Presently in Chinese courses taught around the world, apart from using Mandarin Phonetic Symbols (MPS)〔ㄅ，ㄆ，ㄇ，ㄈ，……〕, other systems such as the Taiwan Tongyong Romanization, the Pinyin system, and the Yale Romanization system are still used.

This book is adapted to the needs of foreign students and systems of MPS, the Taiwan Tongyong Romanization and Pinyin are used. The pronunciation section is divided into six parts, concentrating on practical usage. The student should practice the text at the laboratory intensively in order to master the basic materials.

The initials and finals used in MPS ,the Taiwan Tongyong Romanization and Pinyin are as follows:

Initials		Finals			
MPS	Tongyong	MPS	Tongyong	MPS	Tongyong
ㄅ	b	ㄚ	a	ㄧㄚ	ya,-ia
ㄆ	p	ㄛ	o	ㄧㄛ	yo
ㄇ	m	ㄜ	e	ㄧㄝ	ye,-ie
ㄈ	f	ㄝ	e	ㄧㄞ	
ㄉ	d	ㄞ	ai	ㄧㄠ	yao,-iao
ㄊ	t	ㄟ	ei	ㄧㄡ	you,-iou
ㄋ	n	ㄠ	ao	ㄧㄢ	yan,-ian
ㄌ	l	ㄡ	ou	ㄧㄣ	yin,-in
ㄍ	g	ㄢ	an	ㄧㄤ	yang,-iang
ㄎ	k	ㄣ	en	ㄧㄥ	ying,-ing
ㄏ	h	ㄤ	ang	ㄨㄚ	wa,-ua
ㄐ	ji	ㄥ	eng	ㄨㄛ	wo,-uo
ㄑ	c	ㄦ	er	ㄨㄞ	wai,-uai
ㄒ	s	ㄧ	yi,-i	ㄨㄟ	wei,-uei
ㄓ	jh(i)	ㄨ	wu,-u	ㄨㄢ	wan,-uan
ㄔ	ch(i)	ㄩ	yu,-yu	ㄨㄣ	wun,-un
ㄕ	sh(i)			ㄨㄤ	wang,-uang
ㄖ	r(i)			ㄨㄥ	wong,-ong
ㄗ	z(i)			ㄩㄝ	yue,-yue
ㄘ	c(i)			ㄩㄢ	yuan,-yuan
ㄙ	s(i)			ㄩㄣ	yun,-yun
				ㄩㄥ	yong,-yong

Initials		Finals			
MPS	Pinyin	MPS	Pinyin	MPS	Pinyin
ㄅ	b	ㄚ	a	ㄧㄚ	ya,-ia
ㄆ	p	ㄛ	o	ㄧㄛ	yo
ㄇ	m	ㄜ	e	ㄧㄝ	ye,-ie
ㄈ	f	ㄝ	ê	ㄧㄞ	
ㄉ	d	ㄞ	ai	ㄧㄠ	yao,-iao
ㄊ	t	ㄟ	ei	ㄧㄡ	you,-iu
ㄋ	n	ㄠ	ao	ㄧㄢ	yan,-ian
ㄌ	l	ㄡ	ou	ㄧㄣ	yin,-in
ㄍ	g	ㄢ	an	ㄧㄤ	yang,-iang
ㄎ	k	ㄣ	en	ㄧㄥ	ying,-ing
ㄏ	h	ㄤ	ang	ㄨㄚ	wa,-ua
ㄐ	j	ㄥ	eng	ㄨㄛ	wo,-uo
ㄑ	q	ㄦ	er	ㄨㄞ	wai,-uai
ㄒ	x	ㄧ	yi,-i	ㄨㄟ	wei,-ui
ㄓ	zh(i)	ㄨ	wu,-u	ㄨㄢ	wan,-uan
ㄔ	ch(i)	ㄩ	yu,-u/ü	ㄨㄣ	wen,-un
ㄕ	sh(i)			ㄨㄤ	wang,-uang
ㄖ	r(i)			ㄨㄥ	weng,-ong
ㄗ	z(i)			ㄩㄝ	yue,-üe
ㄘ	c(i)			ㄩㄢ	yuan,-üan
ㄙ	s(i)			ㄩㄣ	yun,-ün
				ㄩㄥ	yong,-iong

One of the features of the Chinese language is its tonality. The same syllable with a different tone yields different meanings. Therefore it is crucial to pay close attention to tonal variations while learning Chinese.

There are four tones in Chinese plus a fifth neutral tone, as indicated below.

The Tones

Tone	Tone Marks		Description	Pitch	Tone-graph
	MPS	Pinyin			
1st tone		–	high level	55:	˥

2nd tone	ˊ	ˊ	high rising	35:	
3nd tone	ˇ	ˇ	falling and rising	214:	
4th tone	ˋ	ˋ	falling (from high to low)	51:	
Neutral tone	˙		no set pitch*		

* The neutral tone has no set pitch. The actual pitch of a neutral syllable depends on the tone preceding it.

TONE GRAPH

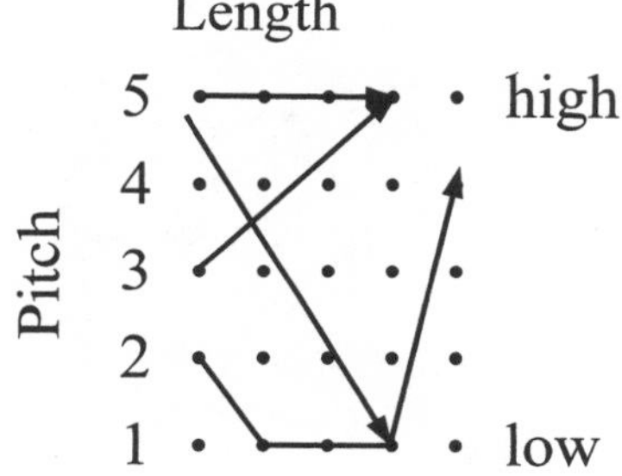

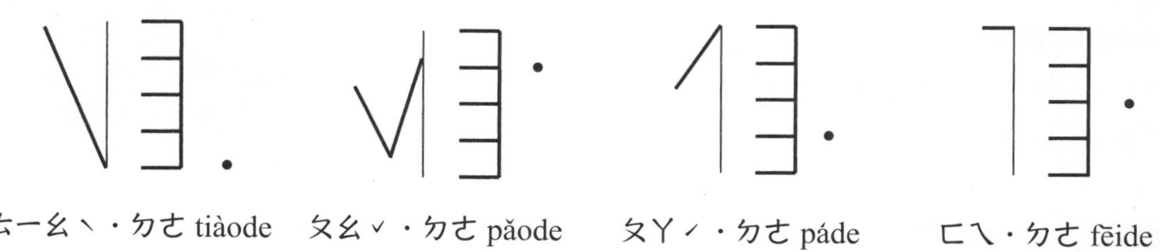

ㄊㄧㄠˋ ˙ㄉㄜ tiàode　ㄆㄠˇ ˙ㄉㄜ pǎode　ㄆㄚˊ ˙ㄉㄜ páde　ㄈㄟ ˙ㄉㄜ fēide

DRILLS | EVERYDAY LANGUAGE AND PRONUNCIATION

ㄗㄠˇ。 (Good morning.)
Zǎo.

ㄗㄠˇ。 (Good morning.)
Zǎo.

ㄋㄧˇ ㄏㄠˇ。(How are you?/How do you do?)
Nǐhǎo.

ㄋㄧˇ ㄏㄠˇ。(How are you?/How do you do?)
Nǐhǎo.

(Name)，ㄋㄧˇ ㄏㄠˇ。 (How are you, ?)
(Name), nǐhǎo.

ㄋㄧˇ ㄏㄠˇ，(name)。 (How are you, ___________?)
Nǐhǎo. (name).

DRILLS

1. Tones

ㄚ	ā	ㄚˊ	á	ㄚˇ	ǎ	ㄚˋ	à
ㄧ	yī	ㄧˊ	yí	ㄧˇ	yǐ	ㄧˋ	yì
ㄨ	wū	ㄨˊ	wú	ㄨˇ	wǔ	ㄨˋ	wù
ㄞ	āi	ㄞˊ	ái	ㄞˇ	ǎi	ㄞˋ	ài

ㄟ	ēi	ㄟˊ	éi	ㄟˇ	ěi	ㄟˋ	èi
ㄠ	āo	ㄠˊ	áo	ㄠˇ	ǎo	ㄠˋ	ào
ㄡ	ōu	ㄡˊ	óu	ㄡˇ	ǒu	ㄡˋ	òu

ㄇㄚ mā
(mother)

ㄇㄚˇ mǎ
(horse)

ㄇㄠ māo
(cat)

ㄇㄠˊ máo
(feather)

2. Spelling

ㄚ	ā	ㄧ	yī,-ī	ㄨ	wū,-ū	ㄞ	āi
ㄌㄚ	lā	ㄋㄧˇ	nǐ	ㄎㄨ	kū	ㄊㄞˋ	tài
ㄆㄚˋ	pà	ㄅㄧˇ	bǐ	ㄌㄨˋ	lù	ㄇㄞˇ	mǎi
ㄋㄚˊ	ná	ㄌㄧˇ	lǐ	ㄅㄨˋ	bù	ㄌㄞˊ	lái
ㄟ	ēi	ㄠ	āo	ㄡ	ōu	ㄜ	ē
ㄅㄟˇ	běi	ㄍㄠ	gāo	ㄉㄡ	dōu	ㄌㄜˋ	lè
ㄈㄟ	fēi	ㄎㄠˇ	kǎo	ㄍㄡˇ	gǒu	ㄍㄜ	gē
ㄍㄟˇ	gěi	ㄆㄠˇ	pǎo	ㄊㄡˊ	tóu	ㄏㄜˊ	hé
ㄣ	ēn	ㄢ	ān	ㄥ	ēng	ㄤ	āng
ㄅㄣˇ	běn	ㄉㄢˋ	dàn	ㄌㄥˇ	lěng	ㄆㄤˋ	pàng
ㄇㄣˊ	mén	ㄍㄢ	gān	ㄋㄥˊ	néng	ㄎㄤ	kāng
ㄈㄣ	fēn	ㄇㄢˋ	màn	ㄉㄥˇ	děng	ㄌㄤˋ	làng

ㄨㄥ	wōng, -ōng wēng, -ōng	ㄗ	z-	ㄘ	c-	ㄙ	s-
ㄉㄨㄥ	dōng	ㄗㄠˇ	zǎo	ㄘㄚ	cā	ㄙㄞˋ	sài
ㄍㄨㄥˋ	gòng	ㄗㄡˇ	zǒu	ㄘㄨˋ	cù	ㄙㄚˇ	sǎ
ㄊㄨㄥˋ	tòng	ㄗㄞˋ	zài	ㄘㄨㄥˊ	cóng	ㄙㄨㄥˋ	sòng

ㄊㄤˊ táng
(candy)

ㄍㄡˇ gǒu
(dog)

ㄅㄠˋ bào
(newspaper)

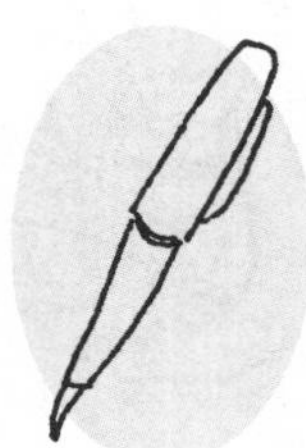

ㄅㄧˇ bǐ
(pen)

ㄉㄚˋ ㄌㄡˊ
dàlóu
(storied building)

ㄎㄜˇ ㄌㄜˋ
kělè
(cola)

ㄎㄚ ㄈㄟ
kāfēi
(coffee)

ㄉㄧˋ ㄊㄨˊ
dìtú
(map)

3. Change of the Third Tone

(1)

ㄏㄣˇ ㄗㄤ hěn zāng
ㄏㄣˇ ㄋㄢˊ hěn nán
ㄏㄣˇ ㄇㄢˋ hěn màn

ㄋㄧˇ ㄍㄠ nǐ gāo
ㄋㄧˇ ㄇㄤˊ nǐ máng
ㄋㄧˇ ㄌㄟˋ nǐ lèi

(2) If two syllables in succession use the third tone, the first syllable changes to the second tone and the second syllable keeps the third tone.

ㄏㄣˇ ㄏㄠˇ hěn hǎo → ㄏㄣˊ ㄏㄠˇ hén hǎo
ㄏㄣˇ ㄌㄢˇ hěn lǎn → ㄏㄣˊ ㄌㄢˇ hén lǎn

ㄋㄧˇ ㄏㄠˇ nǐ hǎo → ㄋㄧˊ ㄏㄠˇ ní hǎo
ㄋㄧˇ ㄌㄢˇ nǐ lǎn → ㄋㄧˊ ㄌㄢˇ ní lǎn

ㄏㄣˇ ㄗㄠˇ hěn zǎo → ㄏㄣˊ ㄗㄠˇ hén zǎo ㄋㄧˇ ㄗㄠˇ nǐ zǎo → ㄋㄧˊ ㄗㄠˇ ní zǎo

(3) If more than two syllables of third tone are in succession, the tone changes according to context.

ㄋㄧˇ ㄏㄣˇ ㄏㄠˇ nǐ hěn hǎo → ㄋㄧˊ ㄏㄣˊ ㄏㄠˇ ní hén hǎo / ㄋㄧˇ ㄏㄣˊ ㄏㄠˇ nǐ hén hǎo
ㄋㄧˇ ㄏㄣˇ ㄌㄢˇ nǐ hěn lǎn → ㄋㄧˊ ㄏㄣˊ ㄌㄢˇ ní hén lǎn / ㄋㄧˇ ㄏㄣˊ ㄌㄢˇ nǐ hén lǎn
ㄋㄧˇ ㄏㄣˇ ㄗㄠˇ nǐ hěn zǎo → ㄋㄧˊ ㄏㄣˊ ㄗㄠˇ ní hén zǎo / ㄋㄧˇ ㄏㄣˊ ㄗㄠˇ nǐ hén zǎo

DRILLS 2 EVERYDAY LANGUAGE AND PRONUNCIATION

ㄒㄧㄝˋ ·ㄒㄧㄝ。* **(Thank you.)**
Sièsie.
Xièxie.

ㄅㄨˊ ㄎㄜˋ ㄑㄧˋ。**(You're welcome.)**
Búkècì.
Búkèqì.

ㄉㄨㄟˋ ㄅㄨˋ ㄑㄧˇ。**(I'm sorry.)**
Duèibùcǐ.
Duìbùqǐ.

ㄇㄟˊ ㄍㄨㄢ ·ㄒㄧ。**(It's all right. / It doesn't matter. / Never mind.)**
Méiguānsi.
Méiguānxi.

ㄌㄠˇ ㄕ ㄗㄞˋ ㄐㄧㄢˋ。**(Good-bye, teacher.)**
Lǎoshīh zàijiàn.
Lǎoshī zàijiàn.

ㄗㄞˋ ㄐㄧㄢˋ。**(Good-bye.)**
Zàijiàn.

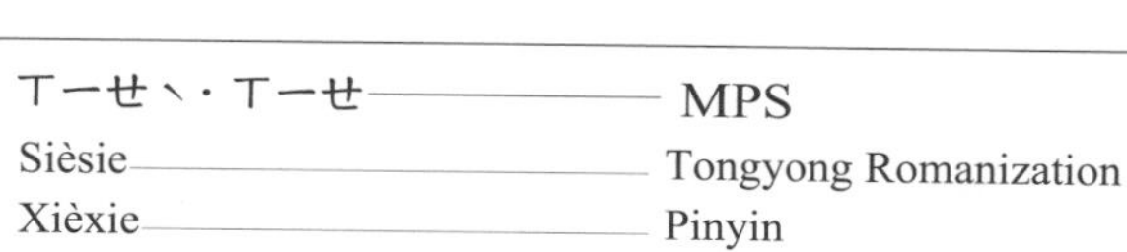

* ㄒㄧㄝˋ·ㄒㄧㄝ —— MPS
Sièsie —— Tongyong Romanization
Xièxie —— Pinyin

DRILLS

1. Spelling

ㄨ	wū,-ū	ㄨㄚ	wā,-uā	ㄨㄛ	wō,-uō	ㄨㄞ	wāi,-uāi	ㄨㄟ	wēi,-uēi wēi,-uī
ㄨˇ	wǔ	ㄏㄨㄚ	huā	ㄉㄨㄛˇ	duǒ	ㄎㄨㄞˋ	kuài	ㄉㄨㄟˋ	duèi duì
ㄨㄣˋ	wùn wèn	ㄍㄨㄚ	guā	ㄘㄨㄛˋ	cuò	ㄏㄨㄞˊ	huái	ㄏㄨㄟˊ	huéi huí
ㄨㄥ	wōng wēng	ㄏㄨㄚˋ	huà	ㄌㄨㄛˊ	luó	ㄍㄨㄞˋ	guài	ㄗㄨㄟˇ	zuěi zuǐ

ㄨㄢ	wān, -uān	ㄨㄣ	wūn,-ūn wēn,-ūn	ㄨㄤ	wāng, -uāng	ㄨㄥ	wōng,-ōng wēng,-ōng
ㄍㄨㄢ	guān	ㄘㄨㄣˇ	cǔn	ㄏㄨㄤˊ	huáng	ㄉㄨㄥ	dōng
ㄙㄨㄢ	suān	ㄊㄨㄣ	tūn	ㄍㄨㄤˇ	guǎng	ㄊㄨㄥˇ	tǒng
ㄏㄨㄢˋ	huàn	ㄉㄨㄣˋ	dùn	ㄎㄨㄤˋ	kuàng	ㄋㄨㄥˋ	nòng

ㄖ	r-	ㄓ	jh- zh-	ㄔ	ch-	ㄕ	sh-
ㄖˋ	rìh rì	ㄓˋ	jhìh zhì	ㄔˋ	chìh chì	ㄕˋ	shìh shì
ㄖㄡˋ	ròu	ㄓㄤ	jhāng zhāng	ㄔㄨㄢˊ	chuán	ㄕㄨ	shū
ㄖㄣˊ	rén	ㄓㄜˋ	jhè zhè	ㄔㄞ	chāi	ㄕㄨㄛ	shuō
ㄖㄤˋ	ràng	ㄓㄠˇ	jhǎo zhǎo	ㄔㄨㄣ	chūn	ㄕㄟˊ	shéi

ㄕㄨ shū
(book)

ㄕㄨˋ shù
(tree)

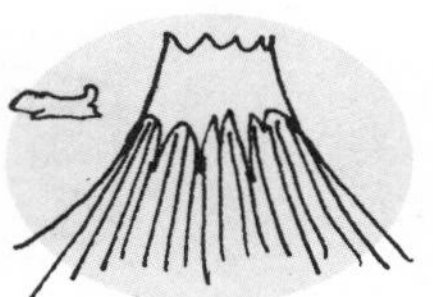

ㄕㄢ shān
(mountain)

ㄖㄣˊ rén
(person)

ㄨㄢˇ wǎn
(bowl)

ㄕㄨㄟˇ ㄍㄨㄛˇ
shuěiguǒ / shuǐguǒ
(fruit)

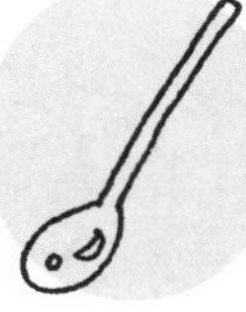

ㄊㄤ ㄔˊ
tāngchíh / tāngchí
(spoon)

ㄏㄨㄥˊ ㄔㄚˊ
hóngchá
(black tea)

ㄍㄨㄛˇ ㄓ
guǒzhīh / guǒzhī
(juice)

ㄧ	yī,-ī	ㄧㄚ	yā,-iā	ㄧㄝ	yē,-iē	ㄧㄠ	yāo,-iāo	ㄧㄡ	yōu,-iōu yōu,-iū
ㄋㄧˇ	nǐ	ㄌㄧㄚˇ	liǎ	ㄅㄧㄝˊ	bié	ㄋㄧㄠˇ	niǎo	ㄉㄧㄡ	diōu diū
ㄉㄧˋ	dì	ㄧㄚˊ	yá	ㄇㄧㄝˋ	miè	ㄆㄧㄠˋ	piào	ㄌㄧㄡˇ	liǒu liǔ
ㄅㄧˇ	bǐ	ㄧㄚˋ	yà	ㄊㄧㄝˇ	tiě	ㄌㄧㄠˇ	liǎo	ㄋㄧㄡˊ	nióu niú

ㄧㄢ	yān,-iān	ㄧㄤ	yāng,-iāng	ㄧㄣ	yīn,-īn	ㄧㄥ	yīng,-īng
ㄇㄧㄢˋ	miàn	ㄋㄧㄤˊ	niáng	ㄋㄧㄣˊ	nín	ㄅㄧㄥ	bīng
ㄊㄧㄢ	tiān	ㄌㄧㄤˇ	liǎng	ㄇㄧㄣˇ	mǐn	ㄉㄧㄥˇ	dǐng
ㄅㄧㄢˇ	biǎn	ㄋㄧㄤˋ	niàng	ㄌㄧㄣˊ	lín	ㄇㄧㄥˋ	mìng

ㄐ	j-	ㄑ	c- q-	ㄒ	s- x-
ㄐㄧ	jī	ㄑㄧˋ	cì qì	ㄒㄧˇ	sǐ xǐ
ㄐㄧㄚ	jiā	ㄑㄧㄡˊ	cióu qiú	ㄒㄧㄠˋ	siào xiào
ㄐㄧㄡˋ	jiòu jiù	ㄑㄧㄢˊ	cián qián	ㄒㄧㄤˇ	siǎng xiǎng

ㄐㄧ jī
(chicken)

ㄋㄧㄠˇ niǎo
(bird)

ㄑㄧㄢˊ cián / qián
(money)

ㄅㄧㄠˇ biǎo
(watch)

ㄇㄧㄢˋ ㄅㄠ
miànbāo
(bread)

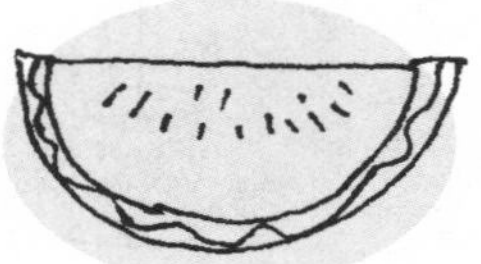

ㄒㄧ ㄍㄨㄚ
sīguā / xīguā
(watermelon)

ㄆㄧㄥˊ ㄍㄨㄛˇ
píngguǒ
(apple)

ㄔㄜ chē
(car)

2. The Neutral (Light) Tone

ㄇㄚ・ㄇㄚ	māma	ㄓㄨㄛ・ㄗ	jhuōzih zhuōzi	ㄊㄚ・ㄇㄣ	tāmen	ㄊㄚ・ㄉㄜ	tāde
ㄌㄞˊ・ㄌㄜ	láile	ㄈㄤˊ・ㄗ	fángzih fángzi	ㄆㄢˊ・ㄗ	pánzih pánzi	ㄋㄢˊ・ㄉㄜ	nánde
ㄐㄧㄝˇ・ㄐㄧㄝ	jiějie	ㄅㄣˇ・ㄗ	běnzih běnzi	ㄋㄧˇ・ㄇㄣ	nǐmen	ㄎㄨˇ・ㄉㄜ	kǔde
ㄅㄚˋ・ㄅㄚ	bàba	ㄆㄤˋ・ㄗ	pàngzi	ㄎㄢˋ・ㄌㄜ	kànle	ㄌㄚˋ・ㄉㄜ	làde

ㄓㄨㄛ・ㄗ
jhuōzih / zhuōzi
(table)

ㄧˇ・ㄗ
yǐzih / yǐzi
(chair)

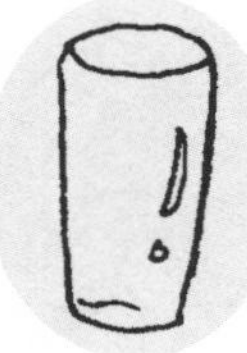

ㄅㄟ・ㄗ
bēizih / bēizi
(cup)

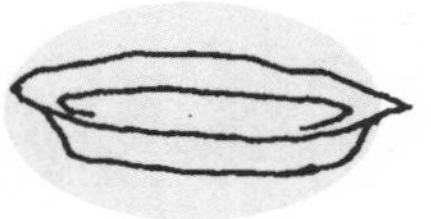

ㄆㄢˊ・ㄗ
pánzih / pánzi
(plate)

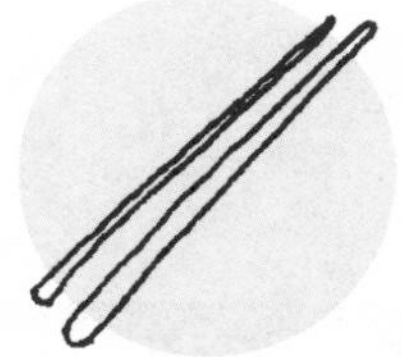	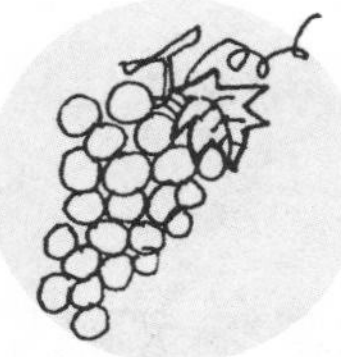		
ㄎㄨㄞˋ ˙ㄗ	ㄆㄨˊ ˙ㄊㄠ	ㄏㄞˊ ˙ㄗ	ㄈㄤˊ ˙ㄗ
kuàizih / kuàizi	pútao	háizih / háizi	fángzih / fángzi
(chopsticks)	**(grapes)**	**(child)**	**(house)**

DRILLS 3 EVERYDAY LANGUAGE AND PRONUNCIATION

ㄊㄚ ㄗㄞˋ ㄋㄚˇ ㄦ？**(Where is he / she?)**
Tā zài nǎr ?

ㄊㄚ ㄗㄞˋ __________ 。**(He / she is at / in__________.)**
Tā zài __________

ㄒㄩㄝˊ ㄒㄧㄠˋ	syuésiào / xuéxiào	**(school)**
ㄊㄨˊ ㄕㄨ ㄍㄨㄢˇ	túshūguǎn	**(library)**
ㄙㄨˋ ㄕㄜˋ	sùshè	**(dormitory)**
ㄊㄧˇ ㄩˋ ㄍㄨㄢˇ	tǐyùguǎn	**(gymnasium)**
ㄐㄧㄠˋ ㄕˋ	jiàoshìh / jiàoshì	**(classroom)**
ㄘㄢ ㄊㄧㄥ	cāntīng	**(cafeteria)**
ㄐㄧㄚ	jiā	**(home)**

ㄋㄧˇ ㄉㄠˋ ㄋㄚˇ ㄦ ㄑㄩˋ？**(Where are you going?)**
Nǐ dào nǎr cù?
Nǐ dào nǎr qù?

ㄨㄛˇ ㄉㄠˋ __________ ㄑㄩˋ。**(I'm going to__________.)**
Wǒ dào __________ cù.
Wǒ dào __________ qù.

DRILLS

1. Spelling

ㄩ	yū/-yū yū/-ū/-ǖ	ㄩㄝ	yuē/-yuē yuē/-uē	ㄩㄣ	yūn/-yūn yūn/-ūn	ㄩㄢ	yuān/-yuān yuān/-uān	ㄩㄥ	yōng/-yōng yōng/-iōng
ㄐㄩˊ	jyú jú	ㄐㄩㄝˊ	jyué jué	ㄐㄩㄣ	jyūn jūn	ㄐㄩㄢ	jyuān juān	ㄐㄩㄥˇ	jyǒng jiǒng
ㄑㄩˋ	cyù qù	ㄑㄩㄝ	cyuē quē	ㄑㄩㄣˊ	cyún qún	ㄑㄩㄢˊ	cyuán quán	ㄑㄩㄥˊ	cyóng qióng
ㄒㄩ	syū xū	ㄒㄩㄝˇ	syuě xuě	ㄒㄩㄣˋ	syùn xùn	ㄒㄩㄢˇ	syuǎn xuǎn	ㄒㄩㄥ	syōng xiōng
ㄌㄩˋ	lyù lǜ								
ㄋㄩˇ	nyǔ nǚ								

ㄩˊ yú
(fish)

ㄩㄣˊ yún
(cloud)

ㄐㄩˊ ˙ㄗ
jyúzih / júzi
(tangerine)

ㄩㄝˋ ㄌㄧㄤˋ
yuèliàng
(moon)

2. The Retroflex Ending "-r"

ㄍㄜgē+ㄦ-r → ㄍㄜㄦgēr
ㄏㄨㄛˇ huǒ+ㄦ-r → ㄏㄨㄛˇ ㄦhuǒr
ㄕㄠˊ sháo+ㄦ-r → ㄕㄠˊ ㄦsháor
ㄏㄡˊ hóu+ㄦ-r → ㄏㄡˊ ㄦhóur
ㄏㄨㄚhuā+ㄦ-r → ㄏㄨㄚㄦhuār

ㄈㄥfōng/fēng+ㄦ-r → ㄈㄥㄦfōngr/fēngr
ㄌㄧㄥˊ líng+ㄦ-r → ㄌㄧㄥˊ ㄦlíngr
ㄏㄨㄤˊ huáng+ㄦ-r → ㄏㄨㄤˊ ㄦhuángr
ㄑㄧˊ cí/qí+ㄦ-r → ㄑㄧㄜˊ ㄦcíer/qíer
ㄩˊ yú+ㄦ-r → ㄩㄜˊ ㄦyúer

ㄆㄞˊ pái＋ㄦ-r → ㄆㄚˊ ㄦpár
ㄒㄧㄣsīn/xīn＋ㄦ-r → ㄒㄧㄜㄦsīer/xīer
ㄇㄣˊ mén＋ㄦ-r → ㄇㄜˊ ㄦmér

ㄉㄢˇ dǎn＋ㄦ-r → ㄉㄚˇ ㄦdǎr
ㄊㄨㄟˇ tuěi/tuǐ＋ㄦ-r → ㄊㄨㄜˇ ㄦtuěr/tǔer
ㄏㄨㄣˊ hún＋ㄦ-r → ㄏㄨㄜˊ ㄦhúer

ㄒㄧㄠˇ ㄕㄨㄛsiǎoshuō/xiǎoshuō＋ㄦ-r → ㄒㄧㄠˇ ㄕㄨㄛㄦsiǎoshuōr/xiǎoshuōr
ㄒㄧㄠˇ ㄇㄠˋ siǎomào/xiǎomào＋ㄦ-r → ㄒㄧㄠˇ ㄇㄠˋㄦsiǎomàor/xiǎomàor

ㄆㄤˊ ㄅㄧㄢpángbiān＋ㄦ-r → ㄆㄤˊ ㄅㄧㄚㄦpángbiār
ㄒㄧㄠˇ ㄐㄧsiǎojī/xiǎojī＋ㄦ-r → ㄒㄧㄠˇ ㄐㄧㄜㄦsiǎojīer/xiǎojīer
ㄕㄨˋ ㄧㄝˋ shùyè＋ㄦ-r → ㄕㄨˋ ㄧㄜˋㄦ shùyèr
ㄧˋ ㄏㄨㄟˇ yìhuěi/yìhuǐ＋ㄦ-r → ㄧˋ ㄏㄨㄛˇㄦ yìhuěr/yìhǔer
ㄧˋ ㄉㄧㄢˇ yìdiǎn＋ㄦ-r → ㄧˋ ㄉㄧㄚˇ ㄦyìdiǎr
ㄧˊ ㄎㄨㄞˋyíkuài＋ㄦ-r → ㄧˊ ㄎㄨㄚˋ ㄦyíkuàr

ㄒㄧㄠˇ ㄋㄧㄠˇㄦ
siǎoniǎor / xiǎoniǎor
(little bird)

ㄒㄧㄠˇ ㄍㄡˇㄦ
siǎogǒur / xiǎogǒur
(puppy)

ㄒㄧㄠˇ ㄏㄚˊㄦ siǎohár / xiǎohár
(children)

ㄏㄨㄚˋㄦ huàr
(painting)

The phonetic transcription chart in MPS and the Tongyong System is as follows:

Finals / Ini-	ㄚ a	ㄛ o	ㄜ e	ㄝ ê	ㄞ ai	ㄟ ei	ㄠ ao	ㄡ ou	ㄢ an	ㄣ en	ㄤ ang	ㄥ eng	ㄦ er
ㄅ b-	ㄅㄚ ba	ㄅㄛ bo			ㄅㄞ bai	ㄅㄟ bei	ㄅㄠ bao		ㄅㄢ ban	ㄅㄣ ben	ㄅㄤ bang	ㄅㄥ beng	
ㄆ p-	ㄆㄚ pa	ㄆㄛ po			ㄆㄞ pai	ㄆㄟ pei	ㄆㄠ pao	ㄆㄡ pou	ㄆㄢ pan	ㄆㄣ pen	ㄆㄤ pang	ㄆㄥ peng	
ㄇ m-	ㄇㄚ ma	ㄇㄛ mo	ㄇㄜ me		ㄇㄞ mai	ㄇㄟ mei	ㄇㄠ mao	ㄇㄡ mou	ㄇㄢ man	ㄇㄣ men	ㄇㄤ mang	ㄇㄥ meng	
ㄈ f-	ㄈㄚ fa	ㄈㄛ fo				ㄈㄟ fei		ㄈㄡ fou	ㄈㄢ fan	ㄈㄣ fen	ㄈㄤ fang	ㄈㄥ fong	
ㄉ d-	ㄉㄚ da		ㄉㄜ de		ㄉㄞ dai	ㄉㄟ dei	ㄉㄠ dao	ㄉㄡ dou	ㄉㄢ dan		ㄉㄤ dang	ㄉㄥ deng	
ㄊ t-	ㄊㄚ ta		ㄊㄜ te		ㄊㄞ tai		ㄊㄠ tao	ㄊㄡ tou	ㄊㄢ tan		ㄊㄤ tang	ㄊㄥ teng	
ㄋ n-	ㄋㄚ na		ㄋㄜ ne		ㄋㄞ nai	ㄋㄟ nei	ㄋㄠ nao	ㄋㄡ nou	ㄋㄢ nan	ㄋㄣ nen	ㄋㄤ nang	ㄋㄥ neng	
ㄌ l-	ㄌㄚ la		ㄌㄜ le		ㄌㄞ lai	ㄌㄟ lei	ㄌㄠ lao	ㄌㄡ lou	ㄌㄢ lan		ㄌㄤ lang	ㄌㄥ leng	
ㄍ g-	ㄍㄚ ga		ㄍㄜ ge		ㄍㄞ gai	ㄍㄟ gei	ㄍㄠ gao	ㄍㄡ gou	ㄍㄢ gan	ㄍㄣ gen	ㄍㄤ gang	ㄍㄥ geng	
ㄎ k-	ㄎㄚ ka		ㄎㄜ ke		ㄎㄞ kai		ㄎㄠ kao	ㄎㄡ kou	ㄎㄢ kan	ㄎㄣ ken	ㄎㄤ kang	ㄎㄥ keng	
ㄏ h-	ㄏㄚ ha		ㄏㄜ he		ㄏㄞ hai	ㄏㄟ hei	ㄏㄠ hao	ㄏㄡ hou	ㄏㄢ han	ㄏㄣ hen	ㄏㄤ hang	ㄏㄥ heng	
ㄐ j-													
ㄑ c-													
ㄒ s-													
ㄓ jhih/jh-	ㄓㄚ jha		ㄓㄜ jhe		ㄓㄞ jhai	ㄓㄟ jhei	ㄓㄠ jhao	ㄓㄡ jhou	ㄓㄢ jhan	ㄓㄣ jhen	ㄓㄤ jhang	ㄓㄥ jheng	
ㄔ chih/ch-	ㄔㄚ cha		ㄔㄜ che		ㄔㄞ chai		ㄔㄠ chao	ㄔㄡ chou	ㄔㄢ chan	ㄔㄣ chen	ㄔㄤ chang	ㄔㄥ cheng	
ㄕ shih/sh-	ㄕㄚ sha		ㄕㄜ she		ㄕㄞ shai	ㄕㄟ shei	ㄕㄠ shao	ㄕㄡ shou	ㄕㄢ shan	ㄕㄣ shen	ㄕㄤ shang	ㄕㄥ sheng	
ㄖ rih/r-			ㄖㄜ re				ㄖㄠ rao	ㄖㄡ rou	ㄖㄢ ran	ㄖㄣ ren	ㄖㄤ rang	ㄖㄥ reng	
ㄗ zih/z-	ㄗㄚ za		ㄗㄜ ze		ㄗㄞ zai	ㄗㄟ zei	ㄗㄠ zao	ㄗㄡ zou	ㄗㄢ zan	ㄗㄣ zen	ㄗㄤ zang	ㄗㄥ zeng	
ㄘ cih/c-	ㄘㄚ ca		ㄘㄜ ce		ㄘㄞ cai		ㄘㄠ cao	ㄘㄡ cou	ㄘㄢ can	ㄘㄣ cen	ㄘㄤ cang	ㄘㄥ ceng	
ㄙ sih/s-	ㄙㄚ sa		ㄙㄜ se		ㄙㄞ sai		ㄙㄠ sao	ㄙㄡ sou	ㄙㄢ san	ㄙㄣ sen	ㄙㄤ sang	ㄙㄥ seng	

Initials \ Finals	ㄧ yi/-i	ㄧㄚ yia/-ia	ㄧㄛ yo	ㄧㄝ ye/-ie	ㄧㄞ	ㄧㄠ yao/-iao	ㄧㄡ you/-iou	ㄧㄢ yan/-ian	ㄧㄣ yin/-in	ㄧㄤ yang/-iang	ㄧㄥ ying/-ing
ㄅ b-	ㄅㄧ bi			ㄅㄧㄝ bie		ㄅㄧㄠ biao		ㄅㄧㄢ bian	ㄅㄧㄣ bin		ㄅㄧㄥ bing
ㄆ p-	ㄆㄧ pi			ㄆㄧㄝ pie		ㄆㄧㄠ piao		ㄆㄧㄢ pian	ㄆㄧㄣ pin		ㄆㄧㄥ ping
ㄇ m-	ㄇㄧ mi			ㄇㄧㄝ mie		ㄇㄧㄠ miao	ㄇㄧㄡ miou	ㄇㄧㄢ mian	ㄇㄧㄣ min		ㄇㄧㄥ ming
ㄈ f-											
ㄉ d-	ㄉㄧ di			ㄉㄧㄝ die		ㄉㄧㄠ diao	ㄉㄧㄡ diou	ㄉㄧㄢ dian			ㄉㄧㄥ ding
ㄊ t-	ㄊㄧ ti			ㄊㄧㄝ tie		ㄊㄧㄠ tiao		ㄊㄧㄢ tian			ㄊㄧㄥ ting
ㄋ n-	ㄋㄧ ni			ㄋㄧㄝ nie		ㄋㄧㄠ niao	ㄋㄧㄡ niou	ㄋㄧㄢ nian	ㄋㄧㄣ nin	ㄋㄧㄤ niang	ㄋㄧㄥ ning
ㄌ l-	ㄌㄧ li	ㄌㄧㄚ lia		ㄌㄧㄝ lie		ㄌㄧㄠ liao	ㄌㄧㄡ liou	ㄌㄧㄢ lian	ㄌㄧㄣ lin	ㄌㄧㄤ liang	ㄌㄧㄥ ling
ㄍ g-											
ㄎ k-											
ㄏ h-											
ㄐ j-	ㄐㄧ ji	ㄐㄧㄚ jia		ㄐㄧㄝ jie		ㄐㄧㄠ jiao	ㄐㄧㄡ jiou	ㄐㄧㄢ jian	ㄐㄧㄣ jin	ㄐㄧㄤ jiang	ㄐㄧㄥ jing
ㄑ c-	ㄑㄧ ci	ㄑㄧㄚ cia		ㄑㄧㄝ cie		ㄑㄧㄠ ciao	ㄑㄧㄡ ciou	ㄑㄧㄢ cian	ㄑㄧㄣ cin	ㄑㄧㄤ ciang	ㄑㄧㄥ cing
ㄒ s-	ㄒㄧ si	ㄒㄧㄚ sia		ㄒㄧㄝ sie		ㄒㄧㄠ siao	ㄒㄧㄡ siou	ㄒㄧㄢ sian	ㄒㄧㄣ sin	ㄒㄧㄤ siang	ㄒㄧㄥ sing
ㄓ jhih/jh-											
ㄔ chih/ch-											
ㄕ shih/sh-											
ㄖ rih/r-											
ㄗ zih/z-											
ㄘ cih/c-											
ㄙ sih/s-											

Finals / Initials	ㄨ wu/-u	ㄨㄚ wa/-ua	ㄨㄛ wo/-uo	ㄨㄞ wai/-uai	ㄨㄟ wei/-uei	ㄨㄢ wan/ -uan	ㄨㄣ wun/-un	ㄨㄤ wang/ -uang	ㄨㄥ wong/ -ong
ㄅ b-	ㄅㄨ bu								
ㄆ p-	ㄆㄨ pu								
ㄇ m-	ㄇㄨ mu								
ㄈ f-	ㄈㄨ fu								
ㄉ d-	ㄉㄨ du		ㄉㄨㄛ duo		ㄉㄨㄟ duei	ㄉㄨㄢ duan	ㄉㄨㄣ dun		ㄉㄨㄥ dong
ㄊ t-	ㄊㄨ tu		ㄊㄨㄛ tuo		ㄊㄨㄟ tuei	ㄊㄨㄢ tuan	ㄊㄨㄣ tun		ㄊㄨㄥ tong
ㄋ n-	ㄋㄨ nu		ㄋㄨㄛ nuo			ㄋㄨㄢ nuan			ㄋㄨㄥ nong
ㄌ l-	ㄌㄨ lu		ㄌㄨㄛ luo			ㄌㄨㄢ luan	ㄌㄨㄣ lun		ㄌㄨㄥ long
ㄍ g-	ㄍㄨ gu	ㄍㄨㄚ gua	ㄍㄨㄛ guo	ㄍㄨㄞ guai	ㄍㄨㄟ guei	ㄍㄨㄢ guan	ㄍㄨㄣ gun	ㄍㄨㄤ guang	ㄍㄨㄥ gong
ㄎ k-	ㄎㄨ ku	ㄎㄨㄚ kua	ㄎㄨㄛ kuo	ㄎㄨㄞ kuai	ㄎㄨㄟ kuei	ㄎㄨㄢ kuan	ㄎㄨㄣ kun	ㄎㄨㄤ kuang	ㄎㄨㄥ kong
ㄏ h-	ㄏㄨ hu	ㄏㄨㄚ hua	ㄏㄨㄛ huo	ㄏㄨㄞ huai	ㄏㄨㄟ huei	ㄏㄨㄢ huan	ㄏㄨㄣ hun	ㄏㄨㄤ huang	ㄏㄨㄥ hong
ㄐ j-									
ㄑ c-									
ㄒ s-									
ㄓ jhih/jh-	ㄓㄨ jhu	ㄓㄨㄚ jhua	ㄓㄨㄛ jhuo	ㄓㄨㄞ jhuai	ㄓㄨㄟ jhuei	ㄓㄨㄢ jhuan	ㄓㄨㄣ jhun	ㄓㄨㄤ jhuang	ㄓㄨㄥ jhong
ㄔ chih/ch-	ㄔㄨ chu		ㄔㄨㄛ chuo	ㄔㄨㄞ chuai	ㄔㄨㄟ chuei	ㄔㄨㄢ chuan	ㄔㄨㄣ chun	ㄔㄨㄤ chuang	ㄔㄨㄥ chong
ㄕ shi/sh-	ㄕㄨ shu	ㄕㄨㄚ shua	ㄕㄨㄛ shuo	ㄕㄨㄞ shuai	ㄕㄨㄟ shuei	ㄕㄨㄢ shuan	ㄕㄨㄣ shun	ㄕㄨㄤ shuang	
ㄖ rih/r-	ㄖㄨ ru		ㄖㄨㄛ ruo		ㄖㄨㄟ ruei	ㄖㄨㄢ ruan	ㄖㄨㄣ run		ㄖㄨㄥ rong
ㄗ zih/z-	ㄗㄨ zu		ㄗㄨㄛ zuo		ㄗㄨㄟ zuei	ㄗㄨㄢ zuan	ㄗㄨㄣ zun		ㄗㄨㄥ zong
ㄘ cih/c-	ㄘㄨ cu		ㄘㄨㄛ cuo		ㄘㄨㄟ cuei	ㄘㄨㄢ cuan	ㄘㄨㄣ cun		ㄘㄨㄥ cong
ㄙ sih/s-	ㄙㄨ su		ㄙㄨㄛ suo		ㄙㄨㄟ suei	ㄙㄨㄢ suan	ㄙㄨㄣ sun		ㄙㄨㄥ song

Finals / Initials	ㄩ yu/-yu	ㄩㄝ yue/-yue	ㄩㄢ yuan/-yuan	ㄩㄣ yun/-yun	ㄩㄥ yong/-yong
ㄅ b-					
ㄆ p-					
ㄇ m-					
ㄈ f-					
ㄉ d-					
ㄊ t-					
ㄋ n-	ㄋㄩ nyu	ㄋㄩㄝ nyue			
ㄌ l-	ㄌㄩ lyu	ㄌㄩㄝ lyue	ㄌㄩㄢ lyuan	ㄌㄩㄣ lyun	
ㄍ g-					
ㄎ k-					
ㄏ h-					
ㄐ j-	ㄐㄩ jyu	ㄐㄩㄝ jyue	ㄐㄩㄢ jyuan	ㄐㄩㄣ jyun	ㄐㄩㄥ jyong
ㄑ c-	ㄑㄩ cyu	ㄑㄩㄝ cyue	ㄑㄩㄢ cyuan	ㄑㄩㄣ cyun	ㄑㄩㄥ cyong
ㄒ s-	ㄒㄩ syu	ㄒㄩㄝ syue	ㄒㄩㄢ syuan	ㄒㄩㄣ syun	ㄒㄩㄥ syong
ㄓ zhih/zh-					
ㄔ chih/ch-					
ㄕ shih/sh-					
ㄖ rih/r-					
ㄗ zih/z-					
ㄘ cih/c-					
ㄙ sih/s-					

The phonetic transcription chart in MPS and the Pinyin System is as follows:

Finals Ini-	ㄚ a	ㄛ o	ㄜ e	ㄝ ê	ㄞ ai	ㄟ ei	ㄠ ao	ㄡ ou	ㄢ an	ㄣ en	ㄤ ang	ㄥ eng	ㄦ er
ㄅ b-	ㄅㄚ ba	ㄅㄛ bo			ㄅㄞ bai	ㄅㄟ bei	ㄅㄠ bao		ㄅㄢ ban	ㄅㄣ ben	ㄅㄤ bang	ㄅㄥ beng	
ㄆ p-	ㄆㄚ pa	ㄆㄛ po			ㄆㄞ pai	ㄆㄟ pei	ㄆㄠ pao	ㄆㄡ pou	ㄆㄢ pan	ㄆㄣ pen	ㄆㄤ pang	ㄆㄥ peng	
ㄇ m-	ㄇㄚ ma	ㄇㄛ mo	ㄇㄜ me		ㄇㄞ mai	ㄇㄟ mei	ㄇㄠ mao	ㄇㄡ mou	ㄇㄢ man	ㄇㄣ men	ㄇㄤ mang	ㄇㄥ meng	
ㄈ f-	ㄈㄚ fa	ㄈㄛ fo				ㄈㄟ fei		ㄈㄡ fou	ㄈㄢ fan	ㄈㄣ fen	ㄈㄤ fang	ㄈㄥ feng	
ㄉ d-	ㄉㄚ da		ㄉㄜ de		ㄉㄞ dai	ㄉㄟ dei	ㄉㄠ dao	ㄉㄡ dou	ㄉㄢ dan		ㄉㄤ dang	ㄉㄥ deng	
ㄊ t-	ㄊㄚ ta		ㄊㄜ te		ㄊㄞ tai		ㄊㄠ tao	ㄊㄡ tou	ㄊㄢ tan		ㄊㄤ tang	ㄊㄥ teng	
ㄋ n-	ㄋㄚ na		ㄋㄜ ne		ㄋㄞ nai	ㄋㄟ nei	ㄋㄠ nao	ㄋㄡ nou	ㄋㄢ nan	ㄋㄣ nen	ㄋㄤ nang	ㄋㄥ neng	
ㄌ l-	ㄌㄚ la		ㄌㄜ le		ㄌㄞ lai	ㄌㄟ lei	ㄌㄠ lao	ㄌㄡ lou	ㄌㄢ lan		ㄌㄤ lang	ㄌㄥ leng	
ㄍ g-	ㄍㄚ ga		ㄍㄜ ge		ㄍㄞ gai	ㄍㄟ gei	ㄍㄠ gao	ㄍㄡ gou	ㄍㄢ gan	ㄍㄣ gen	ㄍㄤ gang	ㄍㄥ geng	
ㄎ k-	ㄎㄚ ka		ㄎㄜ ke		ㄎㄞ kai		ㄎㄠ kao	ㄎㄡ kou	ㄎㄢ kan	ㄎㄣ ken	ㄎㄤ kang	ㄎㄥ keng	
ㄏ h-	ㄏㄚ ha		ㄏㄜ he		ㄏㄞ hai	ㄏㄟ hei	ㄏㄠ hao	ㄏㄡ hou	ㄏㄢ han	ㄏㄣ hen	ㄏㄤ hang	ㄏㄥ heng	
ㄐ j-													
ㄑ q-													
ㄒ x-													
ㄓ zhi/zh-	ㄓㄚ zha		ㄓㄜ zhe		ㄓㄞ zhai	ㄓㄟ zhei	ㄓㄠ zhao	ㄓㄡ zhou	ㄓㄢ zhan	ㄓㄣ zhen	ㄓㄤ zhang	ㄓㄥ zheng	
ㄔ chi/ch-	ㄔㄚ cha		ㄔㄜ che		ㄔㄞ chai		ㄔㄠ chao	ㄔㄡ chou	ㄔㄢ chan	ㄔㄣ chen	ㄔㄤ chang	ㄔㄥ cheng	
ㄕ shi/sh-	ㄕㄚ sha		ㄕㄜ she		ㄕㄞ shai	ㄕㄟ shei	ㄕㄠ shao	ㄕㄡ shou	ㄕㄢ shan	ㄕㄣ shen	ㄕㄤ shang	ㄕㄥ sheng	
ㄖ ri/r-			ㄖㄜ re				ㄖㄠ rao	ㄖㄡ rou	ㄖㄢ ran	ㄖㄣ ren	ㄖㄤ rang	ㄖㄥ reng	
ㄗ zi/z-	ㄗㄚ za		ㄗㄜ ze		ㄗㄞ zai	ㄗㄟ zei	ㄗㄠ zao	ㄗㄡ zou	ㄗㄢ zan	ㄗㄣ zen	ㄗㄤ zang	ㄗㄥ zeng	
ㄘ ci/c-	ㄘㄚ ca		ㄘㄜ ce		ㄘㄞ cai		ㄘㄠ cao	ㄘㄡ cou	ㄘㄢ can	ㄘㄣ cen	ㄘㄤ cang	ㄘㄥ ceng	
ㄙ si/s-	ㄙㄚ sa		ㄙㄜ se		ㄙㄞ sai		ㄙㄠ sao	ㄙㄡ sou	ㄙㄢ san	ㄙㄣ sen	ㄙㄤ sang	ㄙㄥ seng	

Finals / Initials	一 yi/-i	一ㄚ yia/-ia	一ㄛ yo	一ㄝ ye/-ie	一ㄞ	一ㄠ yao/ -iao	一ㄡ you/-iu	一ㄢ yan/ -ian	一ㄣ yin/-in	一ㄤ yang/ -iang	一ㄥ ying/ -ing
ㄅ b-	ㄅ一 bi			ㄅ一ㄝ bie		ㄅ一ㄠ biao		ㄅ一ㄢ bian	ㄅ一ㄣ bin		ㄅ一ㄥ bing
ㄆ p-	ㄆ一 pi			ㄆ一ㄝ pie		ㄆ一ㄠ piao		ㄆ一ㄢ pian	ㄆ一ㄣ pin		ㄆ一ㄥ ping
ㄇ m-	ㄇ一 mi			ㄇ一ㄝ mie		ㄇ一ㄠ miao	ㄇ一ㄡ miu	ㄇ一ㄢ mian	ㄇ一ㄣ min		ㄇ一ㄥ ming
ㄈ f-											
ㄉ d-	ㄉ一 di			ㄉ一ㄝ die		ㄉ一ㄠ diao	ㄉ一ㄡ diu	ㄉ一ㄢ dian			ㄉ一ㄥ ding
ㄊ t-	ㄊ一 ti			ㄊ一ㄝ tie		ㄊ一ㄠ tiao	ㄋ一ㄡ niu	ㄊ一ㄢ tian			ㄊ一ㄥ ting
ㄋ n-	ㄋ一 ni			ㄋ一ㄝ nie		ㄋ一ㄠ niao	ㄌ一ㄡ liu	ㄋ一ㄢ nian	ㄋ一ㄣ nin	ㄋ一ㄤ niang	ㄋ一ㄥ ning
ㄌ l-	ㄌ一 li	ㄌ一ㄚ lia		ㄌ一ㄝ lie		ㄌ一ㄠ liao		ㄌ一ㄢ lian	ㄌ一ㄣ lin	ㄌ一ㄤ liang	ㄌ一ㄥ ling
ㄍ g-											
ㄎ k-											
ㄏ h-											
ㄐ j-	ㄐ一 ji	ㄐ一ㄚ jia		ㄐ一ㄝ jie		ㄐ一ㄠ jiao	ㄐ一ㄡ jiu	ㄐ一ㄢ jian	ㄐ一ㄣ jin	ㄐ一ㄤ jiang	ㄐ一ㄥ jing
ㄑ q-	ㄑ一 qi	ㄑ一ㄚ qia		ㄑ一ㄝ qie		ㄑ一ㄠ qiao	ㄑ一ㄡ qiu	ㄑ一ㄢ qian	ㄑ一ㄣ qin	ㄑ一ㄤ qiang	ㄑ一ㄥ qing
ㄒ x-	ㄒ一 xi	ㄒ一ㄚ xia		ㄒ一ㄝ xie		ㄒ一ㄠ xiao	ㄒ一ㄡ xiu	ㄒ一ㄢ xian	ㄒ一ㄣ xin	ㄒ一ㄤ xiang	ㄒ一ㄥ xing
ㄓ zhi/zh-											
ㄔ chi/ch-											
ㄕ shi/sh-											
ㄖ ri/r-											
ㄗ zi/z-											
ㄘ ci/c-											
ㄙ si/s-											

Finals / Initials	ㄨ wu/-u	ㄨㄚ wa/-ua	ㄨㄛ wo/-uo	ㄨㄞ wai/-uai	ㄨㄟ wei/-ui	ㄨㄢ wan/-uan	ㄨㄣ wen/-un	ㄨㄤ wang/-uang	ㄨㄥ weng/-ong
ㄅ b-	ㄅㄨ bu								
ㄆ p-	ㄆㄨ pu								
ㄇ m-	ㄇㄨ mu								
ㄈ f-	ㄈㄨ fu								
ㄉ d-	ㄉㄨ du		ㄉㄨㄛ duo		ㄉㄨㄟ dui	ㄉㄨㄢ duan	ㄉㄨㄣ dun		ㄉㄨㄥ dong
ㄊ t-	ㄊㄨ tu		ㄊㄨㄛ tuo		ㄊㄨㄟ tui	ㄊㄨㄢ tuan	ㄊㄨㄣ tun		ㄊㄨㄥ tong
ㄋ n-	ㄋㄨ nu		ㄋㄨㄛ nuo			ㄋㄨㄢ nuan			ㄋㄨㄥ nong
ㄌ l-	ㄌㄨ lu		ㄌㄨㄛ luo			ㄌㄨㄢ luan	ㄌㄨㄣ lun		ㄌㄨㄥ long
ㄍ g-	ㄍㄨ gu	ㄍㄨㄚ gua	ㄍㄨㄛ guo	ㄍㄨㄞ guai	ㄍㄨㄟ gui	ㄍㄨㄢ guan	ㄍㄨㄣ gun	ㄍㄨㄤ guang	ㄍㄨㄥ gong
ㄎ k-	ㄎㄨ ku	ㄎㄨㄚ kua	ㄎㄨㄛ kuo	ㄎㄨㄞ kuai	ㄎㄨㄟ kui	ㄎㄨㄢ kuan	ㄎㄨㄣ kun	ㄎㄨㄤ kuang	ㄎㄨㄥ kong
ㄏ h-	ㄏㄨ hu	ㄏㄨㄚ hua	ㄏㄨㄛ huo	ㄏㄨㄞ huai	ㄏㄨㄟ hui	ㄏㄨㄢ huan	ㄏㄨㄣ hun	ㄏㄨㄤ huang	ㄏㄨㄥ hong
ㄐ j-									
ㄑ q-									
ㄒ x-									
ㄓ zhi/zh-	ㄓㄨ zhu	ㄓㄨㄚ zhua	ㄓㄨㄛ zhuo	ㄓㄨㄞ zhuai	ㄓㄨㄟ zhui	ㄓㄨㄢ zhuan	ㄓㄨㄣ zhun	ㄓㄨㄤ zhuang	ㄓㄨㄥ zhong
ㄔ chi/ch-	ㄔㄨ chu		ㄔㄨㄛ chuo	ㄔㄨㄞ chuai	ㄔㄨㄟ chui	ㄔㄨㄢ chuan	ㄔㄨㄣ chun	ㄔㄨㄤ chuang	ㄔㄨㄥ chong
ㄕ shi/sh-	ㄕㄨ shu	ㄕㄨㄚ shua	ㄕㄨㄛ shuo	ㄕㄨㄞ shuai	ㄕㄨㄟ shui	ㄕㄨㄢ shuan	ㄕㄨㄣ shun	ㄕㄨㄤ shuang	
ㄖ ri/r-	ㄖㄨ ru		ㄖㄨㄛ ruo		ㄖㄨㄟ rui	ㄖㄨㄢ ruan	ㄖㄨㄣ run		ㄖㄨㄥ rong
ㄗ zi/z-	ㄗㄨ zu		ㄗㄨㄛ zuo		ㄗㄨㄟ zui	ㄗㄨㄢ zuan	ㄗㄨㄣ zun		ㄗㄨㄥ zong
ㄘ ci/c-	ㄘㄨ cu		ㄘㄨㄛ cuo		ㄘㄨㄟ cui	ㄘㄨㄢ cuan	ㄘㄨㄣ cun		ㄘㄨㄥ cong
ㄙ si/s-	ㄙㄨ su		ㄙㄨㄛ suo		ㄙㄨㄟ sui	ㄙㄨㄢ suan	ㄙㄨㄣ sun		ㄙㄨㄥ song

Finals / Initials	ㄩ yu/-ü	ㄩㄝ yue/-üe	ㄩㄢ yuan/-üan	ㄩㄣ yun/-ün	ㄩㄥ yong/-iong
ㄅ b-					
ㄆ p-					
ㄇ m-					
ㄈ f-					
ㄉ d-					
ㄊ t-					
ㄋ n-	ㄋㄩ nü	ㄋㄩㄝ nüe			
ㄌ l-	ㄌㄩ lü	ㄌㄩㄝ lüe	ㄌㄩㄢ lüan	ㄌㄩㄣ lün	
ㄍ g-					
ㄎ k-					
ㄏ h-					
ㄐ j-	ㄐㄩ ju	ㄐㄩㄝ jue	ㄐㄩㄢ juan	ㄐㄩㄣ jun	ㄐㄩㄥ jiong
ㄑ q-	ㄑㄩ qu	ㄑㄩㄝ que	ㄑㄩㄢ quan	ㄑㄩㄣ qun	ㄑㄩㄥ qiong
ㄒ x-	ㄒㄩ xu	ㄒㄩㄝ xue	ㄒㄩㄢ xuan	ㄒㄩㄣ xun	ㄒㄩㄥ xiong
ㄓ zhi/zh-					
ㄔ chi/ch-					
ㄕ shi/sh-					
ㄖ ri/r-					
ㄗ zi/z-					
ㄘ ci/c-					
ㄙ si/s-					

DRILLS 4 EVERYDAY LANGUAGE

ㄉㄨㄛ ㄕㄠˇ？ **(What's the number?)**
Duōshǎo?

1	2	3	4	5
ㄧ yī	ㄦˋ èr	ㄙㄢ sān	ㄙˋ sìh / sì	ㄨˇ wǔ
6	**7**	**8**	**9**	**10**
ㄌㄧㄡˋ liòu / liù	ㄑㄧ cī/qī	ㄅㄚ bā	ㄐㄧㄡˇ jiǒu / jiǔ	ㄕˊ shíh / shí
11	**12**	**20**	**30**	**45**
ㄕˊ ㄧ shíhyī / shíyī	ㄕˊ ㄦˋ shíhèr / shíèr	ㄦˋ ㄕˊ èrshíh / èrshí	ㄙㄢ ㄕˊ sānshíh / sānshí	ㄙˋ ㄕˊ ㄨˇ sìhshíhwǔ / sìshíwǔ

ㄉㄨㄛ ㄕㄠˇ ㄑㄧㄢˊ？ **(How much is it?)**
Duōshǎo cián?
Duōshǎo qián?

__________ㄎㄨㄞˋ kuài __________ㄇㄠˊ máo __________ㄈㄣ fēn
(__________**dollar**__________**dime**__________**cent**)

$1.00
ㄧˊ ㄎㄨㄞˋ yíkuài

¢5
ㄨˇ ㄈㄣ wǔfēn

¢50	¢25	¢10
ㄨˇ ㄇㄠˊ wǔmáo	ㄌㄧㄤˇ ㄇㄠˊ ㄨˇ ㄈㄣ liǎngmáowǔfēn	ㄧˋ ㄇㄠˊ yìmáo

ㄐㄧˇ ㄉㄧㄢˇ ㄓㄨㄥ？ **(What time?)**
Jǐ diǎnjhōng?
Jǐ diǎnzhōng?

__________ㄉㄧㄢˇ diǎn __________ㄈㄣ fēn
〔__________**(o'clock)**__________**(minute)**〕

ㄌㄧˇ ㄅㄞˋ ㄐㄧˇ？
Lǐbài jǐ? **(What day of the week?)**

ㄌㄧˇ ㄅㄞˋ ㄊㄧㄢ
Lǐbàitiān **(Sunday)**

ㄌㄧˇ ㄅㄞˋ ㄧ
Lǐbàiyī **(Monday)**

ㄌㄧˇ ㄅㄞˋ ㄦˋ
Lǐbàièr **(Tuesday)**

ㄌㄧˇ ㄅㄞˋ ㄙㄢ
Lǐbàisān **(Wednesday)**

ㄌㄧˇ ㄅㄞˋ ㄙˋ
Lǐbàisìh/Lǐbàisì **(Thursday)**

ㄌㄧˇ ㄅㄞˋ ㄨˇ
Lǐbàiwǔ **(Friday)**

ㄌㄧˇ ㄅㄞˋ ㄌㄧㄡˋ
Lǐbàiliòu/Lǐbàiliù **(Saturday)**

ㄕㄜˊ ˙ㄇㄜ ㄕˊ ㄏㄡˋ？ **(When?)**
Shénme shíhhòu?
Shénme shíhòu?

ㄗㄨㄛˊ ㄊㄧㄢ zuótiān **(yesterday)**	ㄐㄧㄣ ㄊㄧㄢ jīntiān **(today)**	ㄇㄧㄥˊ ㄊㄧㄢ míngtiān **(tomorrow)**
ㄒㄧㄢˋ ㄗㄞˋ siànzài/xiànzài **(now)**	ㄗㄠˇ ㄕㄤˋ zǎoshàng **(morning)**	ㄓㄨㄥ ㄨˇ jhōngwǔ/zhōngwǔ **(noon)**
ㄒㄧㄚˋ ㄨˇ siàwǔ/xiàwǔ **(afternoon)**	ㄨㄢˇ ㄕㄤˋ wǎnshàng **(evening)**	

DRILLS 5 EVERYDAY LANGUAGE

1.

ㄓㄜˋ / ㄋㄚˋ ㄕˋ ㄕㄜˊ ˙ㄇㄜ？ **(What is this / that?)**
Jhè / Nà shìh shénme？
Zhè / Nà shì shénme？

ㄓㄜˋ / ㄋㄚˋ ㄕˋ＿＿＿＿＿ 。 **(This / That is＿＿＿＿＿.)**
Jhè / Nà shìh＿＿＿＿＿ 。
Zhè / Nà shì＿＿＿＿＿ 。

2.

ㄓㄜˋ / ㄋㄚˋ ㄐㄧㄠˋ ㄕㄜˊ ˙ㄇㄜ？ **(What is this / that called?)**
Jhè / Nà jiào shénme?
Zhè / Nà jiào shénme?

ㄓㄜˋ / ㄋㄚˋ ㄐㄧㄠˋ＿＿＿＿＿ 。 **(This / That is called＿＿＿＿＿.)**
Jhè / Nà jiào＿＿＿＿＿
Zhè / Nà jiào＿＿＿＿＿

DRILLS 6 EVERYDAY LANGUAGE

ㄋㄧˇ ㄧㄡˇ＿＿＿＿＿ ˙ㄇㄚ？ **(Do you have＿＿＿＿＿?)**
Nǐ yǒu＿＿＿＿＿ma?

píngguǒ

ㄨㄛˇ ㄧㄡˇ / ㄇㄟˊ ㄧㄡˇ ________。**(I have / don't have ________.)**
Wǒ yǒu / méiyǒu________.

ㄕㄟˊ ㄧㄡˇ ________？ **(Who has________?)**
Shéi yǒu________?

________ㄧㄡˇ。 **(________have / has.)**
________yǒu.

sīguā / xīguā

ㄋㄧˇ ㄧㄠˋ ㄅㄨˊ ㄧㄠˋ ________？ **(Do you want ________?)**
Nǐ yào búyào________?

ㄨㄛˇ ㄧㄠˋ / ㄅㄨˊ ㄧㄠˋ ________。 **(I want / don't want ________.)**
Wǒyào / búyào________.

pútáo

ㄋㄧˇ ㄧㄠˋ ㄕㄜˊ ˙ㄇㄜ？ **(What do you want?)**
Nǐyào shénme?

ㄨㄛˇ ㄧㄠˋ ________。 **(I want ________.)**
Wǒ yào________.

jyúzih / júzi

ㄋㄧˇ ㄧㄠˋ ㄏㄜ ㄕㄜˊ ˙ㄇㄜ？ **(What would you like to drink?)**
Nǐyào hē shénme?

ㄨㄛˇ ㄧㄠˋ ㄏㄜ________。 **(I would like to drink ________.)**
Wǒ yào hē________.

kāfēi

kělè

ㄋㄧˇ ㄒㄧˇ ㄏㄨㄢ ㄔ ㄕㄜˊ ˙ㄇㄜ？ **(What do you like to eat?)**
Nǐ sǐhuān chīh shénme?
Nǐ xǐhuān chī shénme?

ㄨㄛˇ ㄒㄧˇ ㄏㄨㄢ ㄔ________。 **(I like to eat ________.)**
Wǒ sǐhuān chīh________.
Wǒ xǐhuān chī________.

guǒjhīh / guǒzhī

CLASSROOM PHRASES

1. ㄗˇ ㄒㄧˋ ㄊㄧㄥ。 **Listen carefully.**
   Zǐhsì tīng.
   Zǐxì tīng.

2. ㄑㄧㄥˇ ㄎㄢˋ ㄨㄛˇ。
Cǐng kàn wǒ.
Qǐng kàn wǒ.
Please look at me.

3. ㄍㄣ ㄨㄛˇ ㄕㄨㄛ。
Gēn wǒ shuō.
Say (it) with me.

4. ㄉㄨㄟˋ ˙ㄌㄜ。
Duèile.
Duìle.
Right. / Correct.

5. ㄅㄨˊ ㄉㄨㄟˋ。
Búduèi.
Búduì.
Wrong. / Incorrect.

6. ㄑㄧㄥˇ ㄗㄞˋ ㄕㄨㄛ ㄧˊ ㄘˋ。
Cǐng zài shuō yícìh.
Qǐng zài shuō yícì.
Please say it again.

7. ㄑㄧㄥˇ ㄉㄚˋ ㄕㄥ ㄧˋ ㄉㄧㄢˇ ㄦ。
Cǐng dà shēng yìdiǎr.
Qǐng dà shēng yìdiǎr.
A little louder please.

8. ㄧ ㄕㄥ
Yīshēng
First tone

9. ㄦˋ ㄕㄥ
Èrshēng
Second tone

10. ㄙㄢ ㄕㄥ
Sānshēng
Third tone

11. ㄙˋ ㄕㄥ
Sìhshēng
Sìshēng
Fourth tone

12. ㄑㄧㄥ ㄕㄥ
Cīngshēng
Qīngshēng
Neutral tone

13. ㄐㄧˇ ㄕㄥ？
Jǐshēng?
Which tone?

14. ㄕㄟˊ ㄓ ㄉㄠˋ？
Shéi jhīhdào?
Shéi zhīdào?
Who knows (the answer)?

15. ㄉㄨㄥˇ ㄅㄨˋ ㄉㄨㄥˇ？
Dǒng bùdǒng?
Understand?

16. ㄅㄚˇ ㄕㄨ ㄉㄚˇ ㄎㄞ。
Bă shū dăkāi.
Open your book.

17. ㄉㄧˋ ________ ㄧㄝˋ
Dì________yè
Page________

18. ㄅㄚˇ ㄕㄨ ㄏㄜˊ ㄕㄤˋ。
Bă shū héshàng.
Close your book.

19. ㄏㄨㄟˊ ㄉㄚˊ ㄨㄛˇ ˙ㄉㄜ ㄨㄣˋ ㄊㄧˊ。
Huéidá wŏde wùntí.
Huídá wŏde wèntí.
Answer my question.

20. ㄧㄡˇ ㄇㄟˊ ㄧㄡˇ ㄨㄣˋ ㄊㄧˊ？
Yŏu méiyŏu wùntí?
Yŏu méiyŏu wèntí?
Any questions?

21. ㄓㄜˋ ㄕˋ ㄕㄜˊ ˙ㄇㄜ ㄧˋ ˙ㄙ？
Jhè shìh shénme yìsih?
Zhè shì shénme yìsi?
What does it mean?

Learning Chinese based on parts and components

Learning to write Chinese is not an easy task; however, the task can be simplified by demonstrating Chinese characters through the following 12 structures.

1. ex. 山
2. ex. 要
3. ex. 你
4. ex. 超
5. ex. 可
6. ex. 鳥
7. ex. 回
8. ex. 等
9. ex. 謝
10. ex. 開
11. ex. 區
12. ex. 凶

第一課　您①貴②姓？

1 DIALOGUE

I

李③先生④：先生，您貴姓？

王⑤先生：我姓⑥王，您貴姓？

李先生：我姓李，叫⑦大ㄉㄚˋ衛ㄨㄟˋ(Dàwèi)*。

王先生：李先生，您好⑧。

李先生：您好。您是⑨美國⑩人⑪嗎？

王先生：不⑫是，我是英⑬國人。

* 大ㄉㄚˋ衛ㄨㄟˋ(Dàwèi)：David

II

李愛美：你好⑭。

王珍妮：你好。

李愛美：我叫李愛ㄞˋ美ㄇㄟˇ(Àiměi)*。你叫什麼⑮名字⑯？

王珍妮：我叫王珍ㄓㄣ妮ㄋㄧˊ(Jhēnní / Zhēnní)*。

李愛美：珍妮，你是哪⑰國人？

王珍妮：我是美國人，你呢⑱？

李愛美：我是臺灣⑲人。

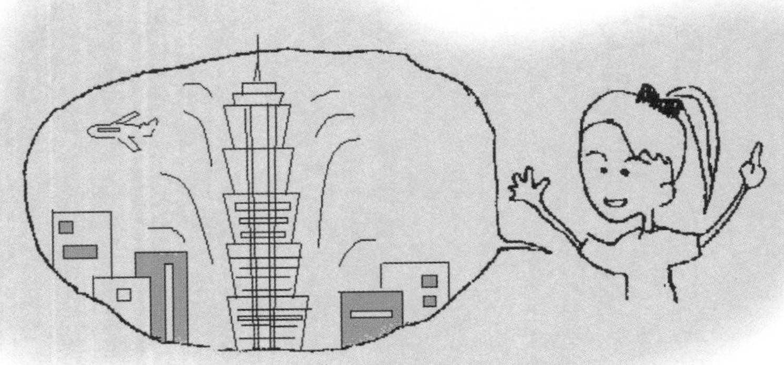

* 愛ㄞˋ美ㄇㄟˇ(Àiměi)：Amy

* 珍ㄓㄣ妮ㄋㄧˊ(Jhēnní / Zhēnní)：Jenny

ㄉㄧˋ ㄧ ㄎㄜˋ　ㄋㄧㄣˊ ㄍㄨㄟˋ ㄒㄧㄥˋ？

I

ㄌㄧˇ ㄒㄧㄢ ㄕㄥ：ㄒㄧㄢ ㄕㄥ，ㄋㄧㄣˊ ㄍㄨㄟˋ ㄒㄧㄥˋ？
ㄨㄤˊ ㄒㄧㄢ ㄕㄥ：ㄨㄛˇ ㄒㄧㄥˋ ㄨㄤˊ，ㄋㄧㄣˊ ㄍㄨㄟˋ ㄒㄧㄥˋ？
ㄌㄧˇ ㄒㄧㄢ ㄕㄥ：ㄨㄛˇ ㄒㄧㄥˋ ㄌㄧˇ，ㄐㄧㄠˋ ㄉㄚˋ ㄨㄟˋ。
ㄨㄤˊ ㄒㄧㄢ ㄕㄥ：ㄌㄧˇ ㄒㄧㄢ ㄕㄥ，ㄋㄧㄣˊ ㄏㄠˇ。
ㄌㄧˇ ㄒㄧㄢ ㄕㄥ：ㄋㄧㄣˊ ㄏㄠˇ。ㄋㄧㄣˊ ㄕˋ ㄇㄟˇ ㄍㄨㄛˊ ㄖㄣˊ ˙ㄇㄚ？
ㄨㄤˊ ㄒㄧㄢ ㄕㄥ：ㄅㄨˊ ㄕˋ，ㄨㄛˇ ㄕˋ ㄧㄥ ㄍㄨㄛˊ ㄖㄣˊ。

II

ㄌㄧˇ ㄞˋ ㄇㄟˊ：ㄋㄧˇ ㄏㄠˇ。
ㄨㄤˊ ㄓㄣ ㄋㄧˊ：ㄋㄧˇ ㄏㄠˇ。
ㄌㄧˇ ㄞˋ ㄇㄟˊ：ㄨㄛˇ ㄐㄧㄠˋ ㄌㄧˇ ㄞˋ ㄇㄟˊ。ㄋㄧˇ ㄐㄧㄠˋ ㄕㄜˊ ˙ㄇㄜ ㄇㄧㄥˊ ㄗˋ？
ㄨㄤˊ ㄓㄣ ㄋㄧˊ：ㄨㄛˇ ㄐㄧㄠˋ ㄨㄤˊ ㄓㄣ ㄋㄧˊ。
ㄌㄧˇ ㄞˋ ㄇㄟˊ：ㄓㄣ ㄋㄧˊ，ㄋㄧˇ ㄕˋ ㄋㄟˇ ㄍㄨㄛˊ ㄖㄣˊ？
ㄨㄤˊ ㄓㄣ ㄋㄧˊ：ㄨㄛˇ ㄕˋ ㄇㄟˇ ㄍㄨㄛˊ ㄖㄣˊ，ㄋㄧˇ ˙ㄋㄜ？
ㄌㄧˇ ㄞˋ ㄇㄟˊ：ㄨㄛˇ ㄕˋ ㄊㄞˊ ㄨㄢ ㄖㄣˊ。

Dì Yī Kè　Nín Guèisìng?

I

Lǐ Siānshēng : Siānshēng, nín guèisìng?
Wáng Siānshēng : Wǒ sìng Wáng. Nín guèisìng?
Lǐ Siānshēng : Wǒ sìng Lǐ, jiào Dàwèi.
Wáng Siānshēng : Lǐ Siānshēng, nín hǎo.
Lǐ Siānshēng : Nín hǎo. Nín shìh Měiguó rén ma?
Wáng Siānshēng : Búshì, wǒ shìh Yīngguó rén.

II

Lǐ Àiměi : Nǐ hǎo.
Wáng Jhēnní : Nǐ hǎo.
Lǐ Àiměi : Wǒ jiào Lǐ Àiměi. Nǐ jiào shénme míngzìh?
Wáng Jhēnní : Wǒ jiào Wáng Jhēnní.
Lǐ Àiměi : Jhēnní, nǐ shìh něiguó rén?
Wáng Jhēnní : Wǒ shìh Měiguó rén, nǐ ne?
Lǐ Àiměi : Wǒ shìh Táiwān rén.

Dì Yī Kè Nín Guìxìng?

I

Lǐ Xiānshēng : Xiānshēng, nín guìxìng ?
Wáng Xiānshēng : Wǒ xìng Wáng. Nín guìxìng ?
Lǐ Xiānshēng : Wǒ xìng Lǐ, jiào Dàwèi.
Wáng Xiānshēng : Lǐ Xiānshēng, nín hǎo.
Lǐ Xiānshēng : Nín hǎo.Nín shì Měiguó rén ma?
Wáng Xiānshēng : Búshì, wǒ shì Yīngguó rén.

II

Lǐ Àiměi : Nǐ hǎo.
Wáng Zhēnní : Nǐ hǎo.
Lǐ Àiměi : Wǒ jiào Lǐ Àiměi.Nǐ jiào shénme míngzì?
Wáng Zhēnní : Wǒ jiào Wáng Zhēnní.
Lǐ Àiměi : Zhēnní, nǐ shì něiguó rén?
Wáng Zhēnní : Wǒ shì Měiguó rén, nǐ ne?
Lǐ Àiměi : Wǒ shì Táiwān rén.

LESSON WHAT IS YOUR NAME?

I

Mr. Li : Sir, may I know your family name?
Mr. Wang : My last name is Wang, and you?
Mr. Li : My last name is Li, and my first name is David.
Mr. Wang : Hello, Mr. Li.
Mr. Li : Hello, Are you American?
Mr. Wang : I am not (American). I am British.

II

Amy Li : Hello.
Jenny Wang : Hello.
Amy Li : My name is Amy Li. What is your name?
Jenny Wang : My name is Jenny Wang.
Amy Li : Hi, Jenny, where are you from?
Jenny Wang : I am American, and you?
Amy Li : I am Taiwanese.

2 VOCABULARY

1 您ㄋㄧㄣˊ (nín) PN：you (a formal and respective form)

您ㄋㄧㄣˊ好ㄏㄠˇ！

Nín hǎo！
Hello!

2 貴ㄍㄨㄟˋ姓ㄒㄧㄥˋ (guèisìng / guìxìng) IE：May I know your last name?

您ㄋㄧㄣˊ貴ㄍㄨㄟˋ姓ㄒㄧㄥˋ？

Nín guèisìng?
Nín guìxìng?
May I know your last name?

姓ㄒㄧㄥˋ (sìng / xìng) V/N：surname, family name, last name

他ㄊㄚ姓ㄒㄧㄥˋ王ㄨㄤˊ嗎ㄇㄚ˙？

Tā sìng Wáng ma?
Tā xìng Wáng ma?
Is his last name Wang?

3 李ㄌㄧˇ (Lǐ) N：a common Chinese surname

4 先ㄒㄧㄢ生ㄕㄥ/ㄕㄥ˙ (siānshēng / xiānshēng) (siānsheng / xiānsheng)

N：Mr., Sir, gentleman, husband

李ㄌㄧˇ先ㄒㄧㄢ生ㄕㄥ好ㄏㄠˇ！

Lǐ Siānshēng hǎo.
Lǐ Xiānshēng hǎo.
Hello, Mr. Li.

5 王ㄨㄤˊ (Wáng) N：a common Chinese surname

6 我 (wǒ) PN：I, me

我姓李。

Wǒ sìng Lǐ.
Wǒ xìng Lǐ.
My last name is Li.

7 叫 (jiào) V：to be called (by the name of), to call

他叫大衛。

Tā jiào Dàwèi.
His name is David.

8 好 (hǎo) SV：to be good / well

王先生，您好！

Wáng Siānshēng, nín hǎo.
Wáng Xiānshēng, nín hǎo.
Hello, Mr. Wang.

9 是 (shìh / shì) V：to be (am, are, is)

他是哪國人？

Tā shìh něiguó rén?
Tā shì něiguó rén?
Which country does he come from?

10 美國人 (Měiguórén) N：American

李先生不是中國人，是美國人。

Lǐ Siānshēng búshìh Jhōngguó rén, shìh Měiguó rén.
Lǐ Xiānshēng búshì Zhōngguó rén, shì Měiguó rén.
Mr. Li is not Chinese. He is American.

美國 (Měiguó) N：U.S.A., American

美 (měi) SV：to be beautiful

她ㄊㄚ 美ㄇㄟˇ嗎˙ㄇㄚ？

Tā měi ma?
Is she beautiful?

國ㄍㄨㄛˊ (guó)　N：country, nation

人ㄖㄣˊ (rén)　N：person

11 嗎˙ㄇㄚ (ma)　P：a question particle

她ㄊㄚ 是ㄕˋ華ㄏㄨㄚˊ人ㄖㄣˊ嗎˙ㄇㄚ？

Tā shìh Huárén ma?
Tā shì Huárén ma?
Is she Chinese?

12 不ㄅㄨˋ／不ㄅㄨˊ (bù / bú)　A：not

我ㄨㄛˇ不ㄅㄨˊ姓ㄒㄧㄥˋ王ㄨㄤˊ。

Wǒ búsìng Wáng.
Wǒ búxìng Wáng.
My last name is not Wang.

13 英ㄧㄥ 國ㄍㄨㄛˊ (Yīngguó)　N：England, English

他ㄊㄚ 不ㄅㄨˊ是ㄕˋ英ㄧㄥ 國ㄍㄨㄛˊ人ㄖㄣˊ。

Tā búshìh Yīngguó rén.
Tā búshìYīngguó rén.
He is not British.

14 你ㄋㄧˇ(nǐ)　PN：you

你ㄋㄧˇ是ㄕˋ李ㄌㄧˇ愛ㄞˋ美ㄇㄟˇ嗎˙ㄇㄚ？

Nǐ shìh Lǐ Àiměi ma?
Nǐ shì Lǐ Àiměi ma?
Are you Amy Li?

15 什ㄕㄣˊ 麼˙ㄇㄜ (shénme)　QW：what

他姓什麼？

Tā sìng shénme?
Tā xìng shénme?
What is his surname?

16 名字 (míngzìh / míngzì) (míngzih / míngzi)

N：full name, first name, given name

17 哪 / 哪 (nǎ / něi) QW：which

他是哪國人？

Tā shìh něiguó rén?
Tā shì něiguó rén?
Which country is he from?

18 呢 (ne) P：a question particle

我姓王，你呢？

Wǒ sìng Wáng, nǐ ne?
Wǒ xìng Wáng, nǐ ne?
My last name is Wang, and you?

19 臺 / 台灣 (Táiwān) N：Taiwan

我是臺灣人。

Wǒ shìh Táiwān rén.
Wǒ shì Táiwān rén.
I am Taiwanese.

SUPPLEMENTARY VOCABULARY

20 他 (tā) PN：he, him; she, her

他不叫大衛。

Tā bújiào Dàwèi.

He is not David.

21 中ㄓㄨㄥ 國ㄍㄨㄛˊ (Jhōngguó / Zhōngguó) N：China, Chinese

他ㄊㄚ 是ㄕˋ 中ㄓㄨㄥ 國ㄍㄨㄛˊ 人ㄖㄣˊ。

Tā shìh Jhōngguó rén.
Tā shì Zhōngguó rén.
He is Chinese.

22 她ㄊㄚ (tā) PN：she, her

她ㄊㄚ 叫ㄐㄧㄠˋ 珍ㄓㄣ 妮ㄋㄧˊ。

Tā jiào Jhēnní.
Tā jiào Zhēnní.
She is called Jenny.

23 誰ㄕㄟˊ (shéi) QW：who, whom

誰ㄕㄟˊ 是ㄕˋ 王ㄨㄤˊ 先ㄒㄧㄢ 生ㄕㄥ？

Shéi shìh Wáng Siānshēng?
Shéi shì Wáng Xiānshēng?
Who is Mr. Wang?

24 華ㄏㄨㄚˊ 人ㄖㄣˊ (Huárén)

N：Ethnic Chinese, oversea Chinese, Chinese and foreign citizen of Chinese origin

3 SYNTAX PRACTICE

I. Sentences with Verbs 姓，叫 or 是

姓，叫 and 是 are used as verbs to introduce someone's name. 姓 is followed only by family name (surname). But 叫 is used with full name or given name. When together with titles, such as Mr. or Mrs., only 是 can be used.

N/P	(Neg-) V	N
我	姓	王。
My name is Wang.		
他	叫	（李）大衛(Dàwèi)。
He is called David (Li).		
李先生	是	臺灣人。
Mr. Li is Taiwanese.		

1. 我姓王，不姓李。
2. 她叫李愛美 (Àiměi)。
3. 她是李愛美 (Àiměi)，不是王珍妮 (Jhēnní / Zhēnní)。
4. 他是李大衛 (Dàwèi) 先生。

Look at the pictures and complete the sentences below

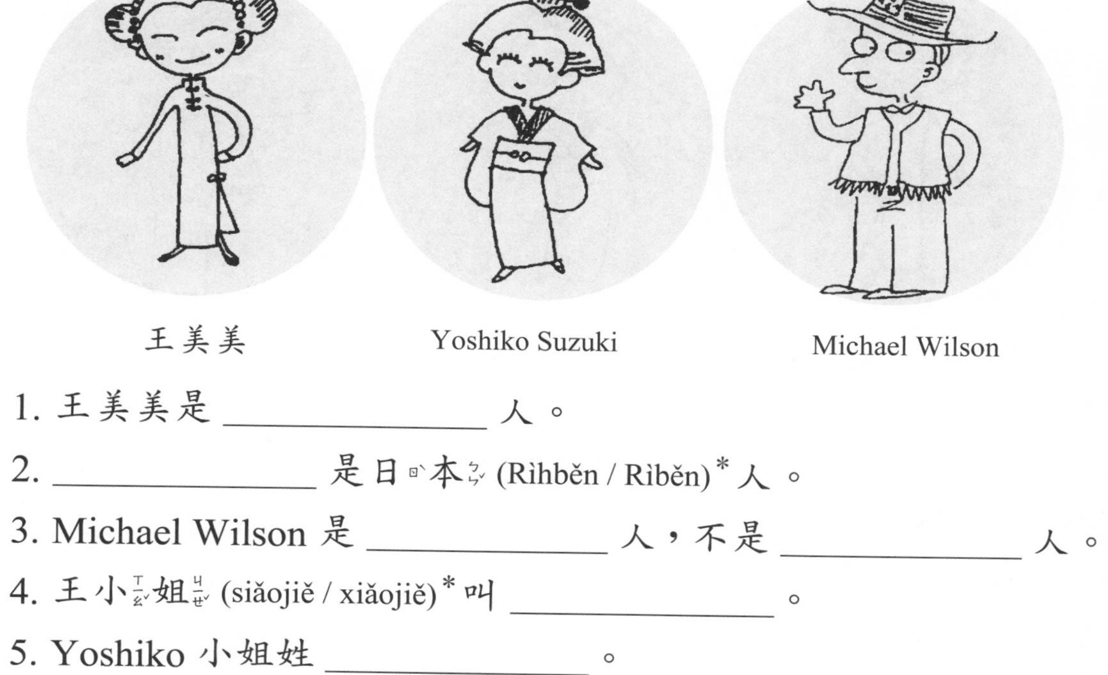

王美美　　Yoshiko Suzuki　　Michael Wilson

1. 王美美是 ______________ 人。
2. ______________ 是日本 (Rìhběn / Rìběn)* 人。
3. Michael Wilson 是 ______________ 人，不是 ______________ 人。
4. 王小姐 (siǎojiě / xiǎojiě)* 叫 ______________。
5. Yoshiko 小姐姓 ______________。

* 日本 (Rìhběn / Rìběn)：Japan　　* 小姐 (siǎojiě / xiǎojiě)：Miss

II. Simple Type of Questions with the Particle 嗎

Statement 嗎
你是李先生嗎？ Are you Mr. Li?

1. 您是王老ㄌㄠˇ師ㄕ (lǎoshīh / lǎoshī)* 嗎？
   我是王老師。
2. 你姓李嗎？
   我不姓李，我姓王。
3. 王先生不是美國人嗎？
   不是，他是英國人。

Look at the pictures and complete the sentences below

王美美

Yoshiko Suzuki

Michael Wilson

1. 王小姐是中國人嗎？
2. Yoshiko 姓王嗎？
3. Michael Wilson 不是英國人嗎？

* 老ㄌㄠˇ師ㄕ (lǎoshīh / lǎoshī)：teacher

III. Questions with a Question Word (QW)

The word order of this type of questions is the same as the word order of their answers in Chinese.

N/QW	(Neg-) V	N/QW
誰	是	王先生？
Who is Mr. Wang?		
他	姓	什麼？
What's his last name?		
王先生	是	哪國人？
What country is Mr. Wang from?		

1. 老ㄌㄠˇ師ㄕ (lǎoshīh / lǎoshī) 姓什麼？
   老師姓李。
2. 你叫什麼名字？
   我叫王珍ㄓㄣ妮ㄋㄧˊ (Jhēnní / Zhēnní)。
3. 誰叫李愛ㄞˋ美ㄇㄟˇ (Àiměi)？
   她叫李愛美。
4. 珍妮是哪國小姐？
   她是美國小姐。

Look at the pictures and complete the sentences below

王美美

Yoshiko Suzuki

Michael Wilson

1. 誰是美國人？
2. Suzuki 小姐是哪國人？
3. 王小姐叫什麼名字？
4. Michael 姓什麼？

IV. Abbreviated Questions with the Particle 呢

Statement,	N/PN	呢？
我是臺灣人，	你	呢？
I'm Taiwanese, how about you?		

1. 我姓王，你呢？
   我姓李。
2. 珍ㄓㄣ妮ㄋㄧˊ (Jhēnní / Zhēnní) 是美國人，愛ㄞˋ美ㄇㄟˇ (Àiměi) 呢？
   愛美是中國人。
3. 我是老ㄌㄠˇ師ㄕ (lǎoshīh / lǎoshī)，你呢？
   我不是老師。

Look at the pictures and complete the sentences below

王美美

Yoshiko Suzuki

1. 王美美是臺灣小姐，Yoshiko Suzuki 呢？
2. 日本小姐姓 Suzuki，臺灣小姐呢？
3. Yoshiko 是日本名字，美美呢？
4. 臺灣小姐叫王美美，日本小姐呢？

4 APPLICATION ACTIVITIES

I. Self Introduction

我姓 ______________ 。

我叫 ______________ 。

我是 ______________ 人。

II. Do you know your classmates' names? Give it a try.

III. Situations

1. An American man and a Chinese woman meet for the first time.

2. Two students meet in the school cafeteria for the first time.

5 NOTES

1. This book is adapted to the needs of foreign students. Three systems are used: MPS (Mandarin Phonetic Symbols), The Taiwan Tongyong Romanization, and the Pinyin.

eg. 姓ㄒㄧㄥˋ (sìng / xìng)

MPS — ㄒㄧㄥˋ; Pinyin — xìng; Tongyong Romanization — sìng

If the Tongyong Romanizaiton and the Pinyin are the same, we just show one form.

2. Surnames precede titles in Chinese.

eg. 李先生 **Mr. Li.**

3. 您 is the polite form of 你 used when addressing older people or in more formal situations.

4. A stative verb is a verbal expression which describes the quality or condition of the subject. It therefore is static in the sense that no action is involved. Stative verbs are normally translated into English as the verb "to be" followed by an adjective.

eg. 他好。 **He is fine.**

5. A noun can be placed before another noun as a modifier.

eg. 中國人 **Chinese**
美國先生 **American gentleman**

6. Tones on 不：The negative particle 不 is pronounced fourth tone except when it is followed by another fourth tone, then it changes to a second tone.

eg. 不ㄅㄨˋ好ㄏㄠˇ (bùhǎo) **not good / well**
不ㄅㄨˊ是ㄕˋ (búshìh / búshì) **be not**

7. "Ethnic Chinese"〔華ㄏㄨㄚˊ人ㄖㄣˊ (Huáreń)〕is a term which generally refers to overseas Chinese.

8. 哪ㄋㄚˇ (nǎ) sometimes reads as 哪ㄋㄟˇ (něi), 哪ㄋㄚˇ (nǎ) means which and 哪ㄋㄟˇ (něi) means which one, When "one"〔一ㄧ (yī)〕is combined with 哪ㄋㄚˇ (nǎ), we pronounce it as 哪ㄋㄟˇ (něi). nǎ + yī = něi

第二課　早①，您好

1 DIALOGUE

I

趙②小③姐：張④先生，您早。

張先生：早，趙小姐，好久不見⑤，你好啊⑥？

趙小姐：很⑦好，謝謝⑧。您好嗎？

張先生：我也⑨很好。這⑩是我太太⑪。淑芳(Shúfāng)*，這是趙小姐。

趙小姐：張太太，您好。

張太太：您好，趙小姐。

* 淑芳(Shúfāng) : a Chinese given name

II

李愛美：珍妮，你好啊！

王珍妮：你好，愛美。

李愛美：天氣⑫好⑬熱啊！你去⑭上課⑮嗎？

王珍妮：是啊！

李愛美：你們⑯很忙⑰嗎？

王珍妮：很忙。你呢？忙不忙？

李愛美：我不太⑱忙。

王珍妮：再見⑲。

李愛美：再見。

ㄉㄧˋ ㄦˋ ㄎㄜˋ　ㄗㄠˇ，ㄋㄧㄣˊ ㄏㄠˇ

I

ㄓㄠˋ ㄒㄧㄠˇ ㄐㄧㄝˇ：ㄓㄤ ㄒㄧㄢ ㄕㄥ，ㄋㄧㄣˊ ㄗㄠˇ。
ㄓㄤ ㄒㄧㄢ ㄕㄥ：ㄗㄠˇ，ㄓㄠˋ ㄒㄧㄠˇ ㄐㄧㄝˇ，ㄏㄠˇ ㄐㄧㄡˇ ㄅㄨˊ ㄐㄧㄢˋ，ㄋㄧˇ ㄏㄠˇ ˙ㄚ？
ㄓㄠˋ ㄒㄧㄠˇ ㄐㄧㄝˇ：ㄏㄣˇ ㄏㄠˇ，ㄒㄧㄝˋ ˙ㄒㄧㄝ。ㄋㄧㄣˊ ㄏㄠˇ ˙ㄇㄚ？
ㄓㄤ ㄒㄧㄢ ㄕㄥ：ㄨㄛˇ ㄧㄝˇ ㄏㄣˇ ㄏㄠˇ。ㄓㄜˋ ㄕˋ ㄨㄛˇ ㄊㄞˋ ˙ㄊㄞ。ㄕㄨˊ ㄈㄤ，ㄓㄜˋ ㄕˋ ㄓㄠˋ ㄒㄧㄠˇ ㄐㄧㄝˇ。
ㄓㄠˋ ㄒㄧㄠˇ ˙ㄐㄧㄝ：ㄓㄤ ㄊㄞˋ ˙ㄊㄞ，ㄋㄧㄣˊ ㄏㄠˇ。
ㄓㄤ ㄊㄞˋ ˙ㄊㄞ：ㄋㄧㄣˊ ㄏㄠˇ，ㄓㄠˋ ㄒㄧㄠˇ ㄐㄧㄝˇ。

II

ㄌㄧˇ ㄞˋ ㄇㄟˇ：ㄓㄣ ㄋㄧˊ，ㄋㄧˇ ㄏㄠˇ ˙ㄚ！
ㄨㄤˊ ㄓㄣ ㄋㄧˊ：ㄋㄧˇ ㄏㄠˇ，ㄞˋ ㄇㄟˇ。
ㄌㄧˇ ㄞˋ ㄇㄟˇ：ㄊㄧㄢ ㄑㄧˋ ㄏㄠˇ ㄖㄜˋ ˙ㄚ！ㄋㄧˇ ㄑㄩˋ ㄕㄤˋ ㄎㄜˋ ˙ㄇㄚ？
ㄨㄤˊ ㄓㄣ ㄋㄧˊ：ㄕˋ ˙ㄚ！
ㄌㄧˇ ㄞˋ ㄇㄟˇ：ㄋㄧˇ ˙ㄇㄣ ㄏㄣˇ ㄇㄤˊ ˙ㄇㄚ？
ㄨㄤˊ ㄓㄣ ㄋㄧˊ：ㄏㄣˇ ㄇㄤˊ。ㄋㄧˇ ˙ㄋㄜ？ㄇㄤˊ ㄅㄨˋ ㄇㄤˊ？
ㄌㄧˇ ㄞˋ ㄇㄟˇ：ㄨㄛˇ ㄅㄨˊ ㄊㄞˋ ㄇㄤˊ。
ㄨㄤˊ ㄓㄣ ㄋㄧˊ：ㄗㄞˋ ㄐㄧㄢˋ。
ㄌㄧˇ ㄞˋ ㄇㄟˇ：ㄗㄞˋ ㄐㄧㄢˋ。

Dì èr Kè　Zǎo, Nín Hǎo

I

Jhào Siǎojiě　　: Jhāng Siānshēng, nín zǎo.
Jhāng Siānshēng : Zǎo Zhào Siǎojiě, Hǎo jiǒu bújiàn, nǐ hǎo a?
Jhào Siǎojiě　　: Hěn hǎo, sièsie. Nín hǎo ma?

Jhāng Siānshēng : Wǒ yě hěn hǎo. Jhè shìh wǒ tàitai. Shúfāng, jhè shìh Jhào Siǎojiě.
Jhào Siǎojiě : Jhāng Tàitai, nín hǎo.
Jhāng Tàitai : Nín hǎo, Jhào Siǎojiě.

II

Lǐ Àiměi : Jhēnní, nǐ hǎo a!
Wáng Jhēnní : Nǐ hǎo, Àiměi.
Lǐ Àiměi : Tiāncì hǎo rè a! Nǐ cyù shàngkè ma?
Wáng Jhēnní : Shìh a!
Lǐ Àiměi : Nǐmen hěn máng ma?
Wáng Jhēnní : Hěn máng. Nǐ ne? Máng bùmáng?
Lǐ Àiměi : Wǒ bútài máng.
Wáng Jhēnní : Zàijiàn.
Lǐ Àiměi : Zàijiàn.

Dì èr Kè Zǎo, Nín Hǎo

I

Zhào Xiǎojiě : Zhāng Xiānshēng, nín zǎo.
Zhāng Xiānshēng : Zǎo Zhào Xiǎojiě, Hǎo jiǔ bújiàn, nǐ hǎo a?
Zhào Xiǎojiě : Hěn hǎo, xièxie. Nín hǎo ma?
Zhāng Xiānshēng : Wǒ yě hěn hǎo. Zhè shì wǒ tàitai. Shúfāng, zhè shì Zhào Xiǎojiě.
Zhào Xiǎojiě : Zhāng Tàitai, nín hǎo.
Zhāng Tàitai : Nín hǎo, Zhào Xiǎojiě.

II

Lǐ Àiměi : Zhēnní, nǐ hǎo a!
Wáng Zhēnní : Nǐ hǎo, Àiměi.

Lǐ Àiměi　　: Tiānqì hǎo rè a! Nǐ qù shàngkè ma?
Wáng Zhēnní : Shì a!
Lǐ Àiměi　　: Nǐmen hěn máng ma?
Wáng Zhēnní : Hěn máng. Nǐ ne? Máng bùmáng?
Lǐ Àiměi　　: Wǒ bútài máng.
Wáng Zhēnní : Zàijiàn.
Lǐ Àiměi　　: Zàijiàn.

LESSON 2 HELLO, GOOD MORNING

I

Miss Zhao : Good Morning, Mr. Zhang.
Mr. Zhang : Good Morning, Miss Zhao. Long time no see. How are you?
Miss Zhao : I am fine, thank you. How about you?
Mr. Zhang : I am fine, too. This is my wife. And Shufang, this is Miss Zhao.
Miss Zhao : Hello, Mrs. Zhang, good to see you.
Mr. Zhang : Hello, Miss Zhao, good to see you, too.

II

Amy Li　　: Hello, Jenny.
Jenny Wang : Hello, Amy.
Amy Li　　: The weather is so hot. Are you going to the class?
Jenny Wang : Yes.
Amy Li　　: Are you (pl) busy?
Jenny Wang : Yes, very. And you? (How about you?)
Amy Li　　: I am not too busy.
Jenny Wang : Good for you. Good-bye.
Amy Li　　: Good-bye.

2 VOCABULARY

1 早 (zǎo) IE/SV：Good morning / to be early

李先生，早。

Lǐ Siānshēng, zǎo.
Lǐ Xiānshēng, zǎo.
Good morning, Mr. Li.

2 趙 (Jhào / Zhào) N：a common Chinese surname

3 小姐 (siǎojiě / xiǎojiě) N：Miss

趙小姐，您好。

Jhào Siǎojiě, nín hǎo.
Zhào Xiǎojiě, nín hǎo.
Hello, Miss Zhao.

4 張 (Jhāng / Zhāng) N：a common Chinese surname

誰是張先生？

Shéi shìh Jhāng Siānshēng?
Shéi shì Zhāng Xiānshēng?
Who is Mr. Zhang?

5 好久不見 (hǎojiǒubújiàn / hǎojiǔbújiàn)

IE：Long time no see.

王小姐，好久不見。

Wáng Siǎojiě, hǎo jiǒu bújiàn.
Wáng Xiǎojiě, hǎo jiǔ bújiàn.
Miss Wang, long time no see.

好 (hǎo) A：very, quite, so

我好忙啊！

Wǒ hǎo máng a!
I am so busy!

久 (jiǒu / jiǔ)　SV：to be a long time

見 (jiàn)　V：to see, to meet

6 啊 (a)

P：an interrogative final particle, used when the answer is assumed; a phrase final particle, indicating affirmation, exclamation, etc.

王先生，您是英國人啊？

Wáng Siānshēng, nín shìh Yīngguó rén a?
Wáng Xiānshēng, nín shì Yīngguó rén a?
Mr. Wang, are you British?

是啊，我是英國人。

Shìh a, wǒ shìh Yīngguó rén.
Shì a, wǒ shì Yīngguó rén.
Yes, I am British.

天氣好冷啊！

Tiāncì hǎo lěng a!
Tiānqì hǎo lěng a!
The weather is so cold!

7 很 (hěn)　A：very

你很忙嗎？

Nǐ hěn máng ma?
Are you very busy?

8 謝謝 (sièsie / xièxie)　V：to thank, to thank you

我很好，謝謝！

Wǒ hěn hǎo, sièsie!
Wǒ hěn hǎo, xièxie!
I am fine, thank you.

9 也 (yě) A：also

張太太也很忙。
Jhāng Tàitai yě hěn máng.
Zhāng Tàitai yě hěn máng.
Mrs. Zhang is also very busy.

10 這／這 (jhè,jhèi / zhè,zhèi) DEM：this

這是什麼？
Jhè shìh shénme？
Zhè shì shénme？
What is this?

11 太太 (tàitai) N：Mrs., wife

她是我太太。
Tā shìh wǒ tàitai.
Tā shì wǒ tàitai.
She is my wife.

12 天氣 (tiāncì / tiānqì) N：weather

天氣好熱啊！
Tiāncì hǎo rè a!
Tiānqì hǎo rè a!
The weather is so hot!

13 熱 (rè) SV：to be hot

你熱不熱？
Nǐ rè búrè?
Are you feeling hot?

14 去 (cù / qù) V：to go

15 上課 (shàngkè) VO：to go to class, to attend class

16 你們 (nǐmen) PN：you (plural)

你們好嗎？

Nǐmen hǎo ma?
How are you (pl)?

們 (men)
BF：used after pronouns 我，你，他 or certain nouns denoting a group of persons

我們 (wǒmen) PN：we, us

他們 (tāmen) PN：they, them

17 忙 (máng) SV：to be busy

我不太忙。

Wǒ bútài máng.
I am not too busy.

18 太 (tài) A：too

天氣太熱！

Tiāncì tài rè!
Tiānqì tài rè!
The weather is too hot.

19 再見 (zàijiàn) IE：Good-bye. (lit. See you again.)

李小姐，再見！

Lǐ Siǎojiě, zàijiàn!
Lǐ Xiǎojiě, zàijiàn!
Good-bye, Miss Li.

SUPPLEMENTARY VOCABULARY

20 冷 (lěng) SV：to be cold

你ㄋㄧˇ冷ㄌㄥˇ不ㄅㄨˋ冷ㄌㄥˇ？

Nǐ lěng bùlěng?
Are you feeling cold?

3 SYNTAX PRACTICE

I. Simple Sentences with Stative Verbs (SV)

(I)

N/PN	(Neg-)	SV
我		忙。
I'm busy.		
我	不	忙。
I'm not busy.		

1. 趙先生很高ㄍㄠ (gāo)*，趙太太不高。
2. 他們熱，我們不熱。

(II)

N/PN	(Neg-)	A	SV
您		很	忙。
You are very busy.			
張先生	不	太	忙。
Mr. Zhang is not very busy.			

1. 我很熱，你不熱嗎？
   我不太熱。
2. 王小姐很高ㄍㄠ (gāo)，我不高。

* 高ㄍㄠ (gāo)：to be tall

(Ⅲ)

N	(Neg-)	(A) SV,	N	也	(Neg-)	(A) SV
你		很忙，	我	也		很忙。
You are very busy, and so am I.						
天氣	不	冷，		也	不	熱。
The weather is neither hot nor cold.						

1. 他不熱，我也不熱。
2. 他很忙，也很累ㄌㄟˋ (lèi)* 。

Look at the pictures and complete the sentences below

1. 張先生很高ㄍㄠ (gāo)，李小姐呢？
2. 王太太熱嗎？
3. 王太太熱，李小姐也熱嗎？
4. 李小姐很冷嗎？
5. 張先生很高，王先生呢？

* 累ㄌㄟˋ (lèi)：to be tired

II. Stative Verb-not-Stative Verb Questions

N/PN	SV	Neg-	SV
你	熱	不	熱？
Are you feeling hot (or not)?			

1. 李小姐累ㄌㄟˋ (lèi) 不累？
   李小姐不太累。
2. 趙先生忙不忙？
   趙先生很忙。
3. 您好不好？
   我很好，您呢？

Answer the questions below

1. 你忙不忙？
2. 你累ㄌㄟˋ (lèi) 不累？
3. 你熱不熱？
4. 你餓ㄜˋ (è)* 不餓？
5. 你渴ㄎㄜˇ (kě)* 不渴？

4 APPLICATION ACTIVITIES

I. Please describe the people in the pictures.

* 餓ㄜˋ (è)：to be hungry
* 渴ㄎㄜˇ (kě)：to be thirsty

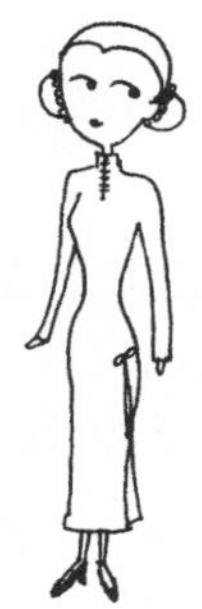

II. Situations

1. **A Student and his friend 朋友 (péngyǒu)* run into a teacher on campus one morning.**

2. **Two classmates meet again after a long time.**

* 朋友 (péngyǒu)：friend

5 NOTES

1. A greeting such as “你好啊！” and “你好！” (How are you?) is more commonly used than “你好嗎？” (How are you?) and expects an affirmative answer (that the person asked is well); the expectation is stronger and may indicate more concern on the part of the speaker.

2. “是啊！” is an agreement, or affirmative, response to a person’s question.

eg. 你很忙嗎？ **Are you very busy?**
是啊！ **Yes, I am.**

3. Adverbs are used to modify verbs and other adverbs. In every case they come before the verb.

eg. 我忙，他也忙。(Correct) **I am busy, so is he.**
我忙，也他忙。(Incorrect)

4. The “不” as in “SV - 不 - SV” is usually unstressed.

5. 這ㄓㄜˋ (zhè) sometimes reads as 這ㄓㄟˋ (zhèi), 這ㄓㄜˋ (zhè) means this and 這ㄓㄟˋ (zhèi) means This one, When “one”〔一ㄧ (yī)〕is combined with 這ㄓㄜˋ (zhè), we pronounce it as 這ㄓㄟˋ (zhèi). zhè + yī = zhèi

第三課　我喜歡[1]看[2]電影[3]

1 DIALOGUE

I

A：你喜歡看電影嗎？

B：很喜歡，你呢？

A：電影、電視[4]，我都[5]喜歡看。

B：你喜歡看什麼電影？

A：我喜歡看美國電影，你呢？

B：美國電影、中國[6]電影，我都喜歡。

A：你也喜歡看電視嗎？

B：電視，我不太喜歡看。

II

A：你有[7]汽車[8]沒有？

B：沒有。

A：你要[9]不要買汽車[10]？

B：我要買[11]。

A：你喜歡哪國車？

B：我喜歡美國車。

A：英國車很好看[12]，你不喜歡嗎？

B：我也喜歡，可是[13]英國車太貴[14]。

ㄉㄧˋ ㄙㄢ ㄎㄜˋ　ㄨㄛˇ ㄒㄧˇ ㄏㄨㄢ ㄎㄢˋ ㄉㄧㄢˋ ㄧㄥˇ

I

A：ㄋㄧˇ ㄒㄧˇ ㄏㄨㄢ ㄎㄢˋ ㄉㄧㄢˋ ㄧㄥˇ ˙ㄇㄚ？

B：ㄏㄣˇ ㄒㄧˇ ㄏㄨㄢ，ㄋㄧˇ ˙ㄋㄜ？

A：ㄉㄧㄢˋ ㄧㄥˇ、ㄉㄧㄢˋ ㄕˋ，ㄨㄛˇ ㄉㄡ ㄒㄧˇ ㄏㄨㄢ ㄎㄢˋ。

B：ㄋㄧˇ ㄒㄧˇ ㄏㄨㄢ ㄎㄢˋ ㄕㄜˊ ˙ㄇㄜ ㄉㄧㄢˋ ㄧㄥˇ？

A：ㄨㄛˇ ㄒㄧˇ ㄏㄨㄢ ㄎㄢˋ ㄇㄟˇ ㄍㄨㄛˊ ㄉㄧㄢˋ ㄧㄥˇ，ㄋㄧˇ ˙ㄋㄜ？

B：ㄇㄟˇ ㄍㄨㄛˊ ㄉㄧㄢˋ ㄧㄥˇ、ㄓㄨㄥ ㄍㄨㄛˊ ㄉㄧㄢˋ ㄧㄥˇ，ㄨㄛˇ ㄉㄡ ㄒㄧˇ ㄏㄨㄢ。

A：ㄋㄧˇ ㄧㄝˇ ㄒㄧˇ ㄏㄨㄢ ㄎㄢˋ ㄉㄧㄢˋ ㄕˋ ˙ㄇㄚ？

B：ㄉㄧㄢˋ ㄕˋ，ㄨㄛˇ ㄅㄨˊ ㄊㄞˋ ㄒㄧˇ ㄏㄨㄢ ㄎㄢˋ。

II

A：ㄋㄧˇ ㄧㄡˇ ㄑㄧˋ ㄔㄜ ㄇㄟˊ ㄧㄡˇ？

B：ㄇㄟˊ ㄧㄡˇ。

A：ㄋㄧˇ ㄧㄠˋ ㄅㄨˊ ㄧㄠˋ ㄇㄞˇ ㄑㄧˋ ㄔㄜ？

B：ㄨㄛˇ ㄧㄠˋ ㄇㄞˇ。

A：ㄋㄧˇ ㄒㄧˇ ㄏㄨㄢ ㄋㄟˇ ㄍㄨㄛˊ ㄔㄜ？

B：ㄨㄛˇ ㄒㄧˇ ㄏㄨㄢ ㄇㄟˇ ㄍㄨㄛˊ ㄔㄜ。

A：ㄧㄥ ㄍㄨㄛˊ ㄔㄜ ㄏㄣˇ ㄏㄠˇ ㄎㄢˋ，ㄋㄧˇ ㄅㄨˋ ㄒㄧˇ ㄏㄨㄢ ˙ㄇㄚ？

B：ㄨㄛˇ ㄧㄝˇ ㄒㄧˇ ㄏㄨㄢ，ㄎㄜˇ ㄕˋ ㄧㄥ ㄍㄨㄛˊ ㄔㄜ ㄊㄞˋ ㄍㄨㄟˋ。

Dì Sān Kè　Wǒ Sǐhuān Kàn Diànyǐng

I

A：Nǐ sǐhuān kàn diànyǐng ma?

B：Hěn sǐhuān, nǐ ne?

A：Diànyǐng, diànshìh, wǒ dōu sǐhuān kàn.

B : Nǐ sǐhuān kàn shénme diànyǐng?
A : Wǒ sǐhuān kàn Měiguó diànyǐng, nǐ ne?
B : Měiguó diànyǐng, Jhōngguó diànyǐng, wǒ dōu sǐhuān.
A : Nǐ yě sǐhuān kàn diànshìh ma?
B : Diànshìh, wǒ bútài sǐhuān kàn .

II

A : Nǐ yǒu cìchē méiyǒu?
B : Méiyǒu.
A : Nǐ yàobúyào mǎi cìchē?
B : Wǒ yào mǎi.
A : Nǐ sǐhuān něiguó chē?
B : Wǒ sǐhuān Měiguó chē.
A : Yīngguó chē hěn hǎokàn, nǐ bù sǐhuān ma?
B : Wǒ yě sǐhuān, kěshìh Yīngguó chē tàiguèi.

Dì Sān Kè Wǒ Xǐhuān Kàn Diànyǐng

I

A : Nǐ xǐhuān kàn diànyǐng ma?
B : Hěn xǐhuān, nǐ ne?
A : Diànyǐng, diànshì, wǒ dōu xǐhuān kàn.
B : Nǐ xǐhuān kàn shénme diànyǐng?
A : Wǒ xǐhuān kàn Měiguó diànyǐng, nǐ ne?
B : Měiguó diànyǐng, Zhōngguó diànyǐng, wǒ dōu xǐhuān.
A : Nǐ yě xǐhuān kàn diànshì ma?
B : Diànshì, wǒ bútài xǐhuān kàn .

II

A : Nǐ yǒu qìchē méiyǒu?

B：Méiyǒu.
A：Nǐ yàobúyào mǎi qìchē?
B：Wǒ yào mǎi.
A：Nǐ xǐhuān něiguó chē?
B：Wǒ xǐhuān Měiguó chē.
A：Yīngguó chē hěn hǎokàn, nǐ bù xǐhuān ma?
B：Wǒ yě xǐhuān, kěshì Yīngguó chē tàiguì.

LESSON I LIKE TO WATCH MOVIES

I

A：Do you like to watch movies?
B：Yes, I do, and you?
A：I like to watch both movies and TV.
B：What kind of movies do you like to watch?
A：I like to watch American movies, and you?
B：I like to watch both American and Chinese movies.
A：Do you also like to watch TV?
B：I don't like to watch TV very much.

II

A：Do you have a car?
B：No, I don't.
A：Do you want to buy a car?
B：Yes, I do.
A：Which country's cars do you like?
B：I like American cars.
A：English cars are really good-looking, don't you like them?
B：Yes, I do, too, but English cars are too expensive.

2 VOCABULARY

1 喜歡 (sǐhuān / xǐhuān) V/AV：to like

我喜歡他。

Wǒ sǐhuān tā.
Wǒ xǐhuān tā.
I like him.

2 看 (kàn) V：to watch, to read, to look at

你看誰？

Nǐ kàn shéi?
Who are you looking at?

3 電影 (diànyǐng) N：movie

你喜歡看電影嗎？

Nǐ sǐhuān kàn diànyǐng ma?
Nǐ xǐhuān kàn diànyǐng ma?
Do you like to watch movies?

4 電視 (diànshìh / diànshì) N：television, TV, TV set

他不看電視。

Tā búkàn diànshìh.
Tā búkàn diànshì.
He doesn't watch television.

5 都 (dōu) A：all, both

他們都很忙。

Tāmen dōu hěn máng.
They are both busy.

我們都不喜歡他。

Wǒmen dōu bùsǐhuān tā.
Wǒmen dōu bùxǐhuān tā.
We all don't like him.

他們不都是日本人。

Tāmen bùdōu shìh Rìhběnrén.
Tāmen bùdōu shì Rìběnrén.
They are not all Japanese.

6 中國 (Jhōngguó / Zhōngguó) N：China, Chinese

他是中國人。

Tā shìh Jhōngguó rén.
Tā shì Zhōngguó rén.
He is Chinese.

7 有 (yǒu) V：to have; there is, there are

你有什麼書？

Nǐ yǒu shénme shū?
What books do you have?

8 沒 (méi) A：not (have)

我沒（有）英文書。

Wǒ méi (yǒu) Yīngwún shū.
Wǒ méi (yǒu) Yīngwén shū.
I don't have English books.

9 要 (yào) V/AV：to want

我要中文書。

Wǒ yào Jhōngwún shū.
Wǒ yào Zhōngwén shū.
I want a Chinese book.

10 汽車 (cìchē / qìchē) N：automobile, car

你有沒有英國汽車？

Nǐ yǒu méiyǒu Yīngguó cìchē?
Nǐ yǒu méiyǒu Yīngguó qìchē?
Do you have a British car?

車 (chē) N：vehicle, car

他沒有車。

Tā méiyǒu chē.
He doesn't have a car.

11 買 (mǎi) V：to buy

你要買什麼？

Nǐ yào mǎi shénme?
What do you want to buy?

12 好看 (hǎokàn) SV：to be good-looking

王小姐很好看。

Wáng Siǎojiě hěn hǎokàn.
Wáng Xiǎojiě hěn hǎokàn.
Miss Wang is good-looking.

13 可是 (kěshìh / kěshì) CONJ：but

我很忙，可是我不累。

Wǒ hěn máng, kěshìh wǒ búlèi.
Wǒ hěn máng, kěshì wǒ búlèi.
I'm very busy, but I'm not tired.

14 貴 (guèi / guì) SV：to be expensive

英國車貴不貴？

Yīngguó chē guèi búguèi?

Yīngguó chē guì búguì?
Are British cars expensive?

SUPPLEMENTARY VOCABULARY

15 書 (shū) N：book

16 日本 (Rìhběn / Rìběn) N：Japan, Japanese

他是日本人。

Tā shìh Rìhběn rén.
Tā shì Rìběn rén.
He is Japanese.

17 筆 (bǐ) N：pen

我要買日本筆。

Wǒ yào mǎi Rìhběn bǐ.
Wǒ yào mǎi Rìběn bǐ.
I want to buy a Japanese pen.

18 德國 (Déguó) N：Germany, German

他喜歡德國車。

Tā sǐhuān Déguó chē.
Tā xǐhuān Déguó chē.
He likes German cars.

19 報 (bào) N：newspapers

你看什麼報？

Nǐ kàn shénme bào?
What newspaper(s) do you read?

20 法ㄈㄚˇ文ㄨㄣˊ (Fǎwún / Fǎwén) N：the French language

我ㄨㄛˇ沒ㄇㄟˊ有ㄧㄡˇ法ㄈㄚˇ文ㄨㄣˊ書ㄕㄨ。

Wǒ méiyǒu Fǎwún shū.
Wǒ méiyǒu Fǎwén shū.
I don't have French books.

法ㄈㄚˇ (Fǎ) BF：transliteration of the F in France
法ㄈㄚˇ國ㄍㄨㄛˊ (Fǎguó) N：France, French
文ㄨㄣˊ (wún / wén) N：written language
英ㄧㄥ文ㄨㄣˊ (Yīngwún / Yīngwén) N：the English language
中ㄓㄨㄥ文ㄨㄣˊ (Jhōngwún / Zhōngwén) N：the Chinese language
華ㄏㄨㄚˊ文ㄨㄣˊ (Huáwún / Huáwén) N：the Chinese language
德ㄉㄜˊ文ㄨㄣˊ (Déwún / Déwén) N：the German language
日ㄖˋ文ㄨㄣˊ (Rìhwún / Rìwén) N：the Japanese language

21 東ㄉㄨㄥ西ㄒㄧ/˙ㄒㄧ (dōngsī / dōngxī) (dōngsi / dōngxi) N：thing

你ㄋㄧˇ喜ㄒㄧˇ歡ㄏㄨㄢ什ㄕㄜˊ麼˙ㄇㄜ東ㄉㄨㄥ西ㄒㄧ？

Nǐ sǐhuān shénme dōngsī?
Nǐ xǐhuān shénme dōngxī?
What (things) do you like?

22 懂ㄉㄨㄥˇ (dǒng) V：to know, to understand

他ㄊㄚ不ㄅㄨˋ懂ㄉㄨㄥˇ法ㄈㄚˇ文ㄨㄣˊ。

Tā bùdǒng Fǎwún.
Tā bùdǒng Fǎwén.
He doesn't know French.

3 SYNTAX PRACTICE

I. Subject-Verb-Object Sentences

(I)

S	(Neg-)	V	O
我	（不）	看	書。
I (do not) read books.			

1. 我買書，他不買書。
2. 他要日本筆，不要德國筆。
3. 我看電影，也看電視。

(II)

S	(Neg-)	有	O
他	（沒）	有	報。
He (doesn't) have a newspaper.			

1. 我有汽車。
2. 我們都沒有法文書。
3. 我有英文報，沒有華文報。

Look at the picture and complete the sentences below

1. 王先生，王太太都看電視嗎？
2. 誰看電視？
3. 王先生看什麼？
4. 王太太有咖ㄎㄚ啡ㄈㄟ (kāfēi)*，王先生呢？
5. 王先生看書，王太太也看書嗎？

II. Verb-not-Verb Questions

This type of questions may be formed in two ways:

(I)

S	V	Neg-V	O ?
他	買	不買	英文書？
Does he buy (a) English book / books (or not)?			
你	有	沒有	筆？
Do you have a pen (or not)?			

1. 你喜（歡）不喜歡汽車？
   我很喜歡。
2. 你們有沒有日本東西？
   我有，可是他沒有。

(II)

S	V	O	Neg-	V?
他	買	中文書	不	買？
Does he buy (a) Chinese book / books (or not)?				
你	有	筆	沒	有？
Do you have a pen (or not)?				

* 咖ㄎㄚ啡ㄈㄟ (kāfēi)：coffee

1. 你們看德國電影不看？
   我們都不看。
2. 他們有日文報沒有？
   他們都有日文報。

Transformation (I) ⟷ (II)

1. 王小姐要不要筆？
2. 李太太有沒有中文書？
3. 你看不看英文報？
4. 張太太喜歡貓ㄇㄠ (māo)* 不喜歡？
5. 你有中國茶ㄔㄚˊ (chá)* 沒有？
6. 他們買書不買？

III. Sentences with the Auxiliary Verbs (AV)

S	(Neg-)	AV	V	O
我	（不）	要	買	筆。
I (do not) want to buy a pen.				

1. 我們都要買書。
2. 張小姐很喜歡買東西。
3. 你要不要看中文報？
   謝謝，我不要。
4. 美國人都喜歡看電視嗎？
   美國人不都喜歡看電視。

* 貓ㄇㄠ (māo)：cat
* 茶ㄔㄚˊ (chá)：tea

Answer the questions below

1. 你喜歡看書嗎？
2. 你要不要買書？
3. 你要買什麼書？
4. 你們喜不喜歡看報？
5. 我有英文報，你要不要看？
6. 誰要看華文報？

IV. Transposed Objects

The object in a sentence may be moved to the beginning of the sentence, where it becomes “the topic”. When 都 is used to refer to objects, then the objects must precede the predicate in the sentence.

O	，	S (A)	(Neg-)	V
英文報	，	我	不	看。
English newspapers, I don’t read them.				
法文書，英文書	，	我都		有。
French and English books, I have both of them.				

1. 中文、英文，他都懂。
2. 美國車、日本車，我都不買。
3. 法國東西，我不都喜歡。
4. 電影，我看；電視，我不看。
5. 德文書，他沒有；法文書，他也沒有。

Switch the objects of the following sentences to the topic position

1. 你有華文報沒有？
2. 我要買書，也要買筆。
3. 我有日本東西，也有德國東西。
4. 我不喜歡看電影，也不喜歡看電視。
5. 李先生不懂英文，也不懂法文。

4 APPLICATION ACTIVITIES

I. Look at the pictures and complete the sentences below

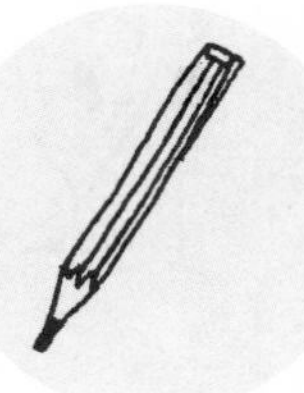

bǐ

jhuōzih / zhuōzi

yǐzih / yǐzi

māo

gǒu

我有 ＿＿＿＿＿＿＿＿＿＿，可是沒有 ＿＿＿＿＿＿＿＿＿。

我看 ＿＿＿＿＿＿＿＿＿＿，可是不看 ＿＿＿＿＿＿＿＿＿。

我喜歡 ＿＿＿＿＿＿＿＿＿，可是不喜歡 ＿＿＿＿＿＿＿＿。

我要買 ＿＿＿＿＿＿＿＿＿，可是不要買 ＿＿＿＿＿＿＿＿。

我有 ＿＿＿＿＿＿＿＿＿＿，也有 ＿＿＿＿＿＿＿＿＿＿。

我看 ＿＿＿＿＿＿＿＿＿＿，也看 ＿＿＿＿＿＿＿＿＿＿。

我喜歡 ________________，也喜歡 ________________。

我要買 ________________，也要買 ________________。

我沒有 ________________，也沒有 ________________。

我不看 ________________，也不看 ________________。

我不喜歡 ______________，也不喜歡 ______________。

我不要買 ______________，也不要買 ______________。

________________，________________，我都有。

________________，________________，我都看。

________________，________________，我都喜歡。

________________，________________，我都要買。

________________，________________，我都沒有。

________________，________________，我都不看。

________________，________________，我都不喜歡。

________________，________________，我都不要買。

II. Situations

1. A waiter and two customers are carrying a conversation in a restaurant.

2. An American student runs into a Chinese friend in a bookstore

5 NOTES

1. When a disyllabic verb / stative verb is used in a verb-not-verb / stative verb-not-stative verb question, it can be used in the following two ways. One is that the second syllable of the verb can be omitted.

eg. 你喜不喜歡他？ **Do you like him or not?**

The other is to use the entire verb and then negate it.

eg. 你喜歡不喜歡他？ **Do you like him or not?**

2. In Chinese, **都** is an adverb that cannot be placed before a noun. It is placed before the predicate.

eg. 我們都好。 (Correct) **We are all fine. / All of us are fine.**
*都我們好。(Incorrect)

3. The negative 沒 is used before 有 to negate it, but 有 can be omitted. An exception to this is when 沒有 occurs at the end of the sentence, then it cannot be omitted. It is important to remember that 不 can never be used before 有.

eg. 沒（有）錢 **have no money**
沒（有）書 **have no books**
A：你有書嗎？ **Do you have book?**
B：我沒有。 **No, I don't have.**

4. The “沒” as in “V－沒－V” is usually unstressed.

5. In a Chinese sentence, when the object is understood, the object is often omitted.

eg. A: 你喜不喜歡美國車？
A: Do you like the American car (or not)?
B: 我喜歡。
B: Yes, I like it. (Yes, I do.)

6. In Chinese the pronoun remains the same whether it is nominative or objective case.

eg. 我喜歡他。 **I like him.**
他喜歡我。 **He likes me.**

7. Verb-not-verb questions / stative verb-not-stative verb questions can also with 呢 in the end.

eg. 你有沒有筆？ **Do you have a pen (or not)?**
你有沒有筆呢？ **Do you have a pen (or not)?**
你熱不熱？ **Are you hot (or not)?**
你熱不熱呢？ **Are you hot (or not)?**

第四課 這枝[1]筆多少[2]錢[3]？

1 DIALOGUE

I

A：先生，您要買什麼？

B：我要買筆。

A：我們有很多筆，您喜歡哪種[4]？

B：這種筆很好看，多少錢一[5]枝？

A：七[11]毛[15]四[8]分[16]一枝，您要幾[17]枝？

B：我要兩[18]枝，兩枝多少錢？

A：兩枝一塊[19]四毛八[12]。

B：我沒有零錢[20]，我給[21]你兩塊錢，請[22]你找錢[23]，好嗎？

A：好，找你五[9]毛二[6]，謝謝。

II

A：小姐，您要買什麼？

B：我要一個漢ㄏㄢˋ堡ㄅㄠˇ㉔ (hànbǎo)*，一杯可ㄎㄜˇ樂ㄌㄜˋ㉕ (kělè)*，一共多少錢？

A：漢堡一個一塊七毛五，可樂一杯五毛錢，一共兩㉖塊兩毛五。

B：這是兩塊半㉗。

A：謝謝，找您兩毛五分。

* 漢ㄏㄢˋ堡ㄅㄠˇ (hànbǎo)：hamburger
* 可ㄎㄜˇ樂ㄌㄜˋ (kělè)：cola

ㄉㄧˋ ㄙˋ ㄎㄜˋ　ㄓㄟˋ ㄓ ㄅㄧˇ ㄉㄨㄛ ㄕㄠˇ ㄑㄧㄢˊ？

I

A：ㄒㄧㄢ ㄕㄥ，ㄋㄧㄣˊ ㄧㄠˋ ㄇㄞˇ ㄕㄜˊ ˙ㄇㄜ？

B：ㄨㄛˇ ㄧㄠˋ ㄇㄞˇ ㄅㄧˇ。

A：ㄨㄛˇ ˙ㄇㄣ ㄧㄡˇ ㄏㄣˇ ㄉㄨㄛ ㄅㄧˇ，ㄋㄧㄣˊ ㄒㄧˇ ㄏㄨㄢ ㄋㄟˇ ㄓㄨㄥˇ？

B：ㄓㄟˋ ㄓㄨㄥˇ ㄅㄧˇ ㄏㄣˇ ㄏㄠˇ ㄎㄢˋ，ㄉㄨㄛ ㄕㄠˇ ㄑㄧㄢˊ ㄧˋ ㄓ？

A：ㄑㄧ ㄇㄠˊ ㄙˋ ㄈㄣ ㄧˋ ㄓ，ㄋㄧㄣˊ ㄧㄠˋ ㄐㄧˇ ㄓ？

B：ㄨㄛˇ ㄧㄠˋ ㄌㄧㄤˇ ㄓ，ㄌㄧㄤˇ ㄓ ㄉㄨㄛ ㄕㄠˇ ㄑㄧㄢˊ？

A：ㄌㄧㄤˇ ㄓ ㄧˊ ㄎㄨㄞˋ ㄙˋ ㄇㄠˊ ㄅㄚ。

B：ㄨㄛˇ ㄇㄟˊ ㄧㄡˇ ㄌㄧㄥˊ ㄑㄧㄢˊ，ㄨㄛˇ ㄍㄟˇ ㄋㄧˇ ㄌㄧㄤˇ ㄎㄨㄞˋ ㄑㄧㄢˊ，ㄑㄧㄥˇ ㄋㄧˇ ㄓㄠˇ ㄑㄧㄢˊ，ㄏㄠˇ ˙ㄇㄚ？

A：ㄏㄠˇ，ㄓㄠˇ ㄋㄧˇ ㄨˇ ㄇㄠˊ ㄦˋ，ㄒㄧㄝˋ ˙ㄒㄧㄝ。

II

A：ㄒㄧㄠˇ ㄐㄧㄝˇ，ㄋㄧㄣˊ ㄧㄠˋ ㄇㄞˇ ㄕㄜˊ ˙ㄇㄜ？

B：ㄨㄛˇ ㄧㄠˋ ㄧˊ ˙ㄍㄜ ㄏㄢˋ ㄅㄠˇ，ㄧˋ ㄅㄟ ㄎㄜˇ ㄌㄜˋ，ㄧˊ ㄍㄨㄥˋ ㄉㄨㄛ ㄕㄠˇ ㄑㄧㄢˊ？

A：ㄏㄢˋ ㄅㄠˇ ㄧˊ ˙ㄍㄜ ㄧˊ ㄎㄨㄞˋ ㄑㄧ ㄇㄠˊ ㄨˇ，ㄎㄜˇ ㄌㄜˋ ㄧˋ ㄅㄟ ㄨˇ ㄇㄠˊ ㄑㄧㄢˊ，ㄧˊ ㄍㄨㄥˋ ㄌㄧㄤˇ ㄎㄨㄞˋ ㄌㄧㄤˇ ㄇㄠˊ ㄨˇ。

B：ㄓㄜˋ ㄕˋ ㄌㄧㄤˇ ㄎㄨㄞˋ ㄅㄢˋ。

A：ㄒㄧㄝˋ ˙ㄒㄧㄝ，ㄓㄠˇ ㄋㄧㄣˊ ㄌㄧㄤˇ ㄇㄠˊ ㄨˇ ㄈㄣ。

Dì Sìh Kè　Jhèijhīh Bǐ Duōshǎo Cián?

I

A：Siānshēng, nín yào mǎi shénme?

B：Wǒ yào mǎi bǐ.

A：Wǒmen yǒu hěn duō bǐ, nín sǐhuān něijhǒng?

B：Jhèijhǒng bǐ hěn hǎokàn, duōshǎo cián yìjhīh?

A : Cīmáo sìhfēn yìjhīh, nǐ yào jǐjhīh?
B : Wǒ yào liǎngjhīh, liǎngjhīh duōshǎo cián?
A : Liǎngjhīh yíkuài sìhmáo bā.
B : Wǒ méiyǒu língcián, wǒ gěi nǐ liǎngkuài cián, cǐng nǐ jhǎocián, hǎo ma?
A : Hǎo, jhǎo nǐ wǔmáo èr, sièsie.

II

A : Siǎojiě, nín yào mǎi shénme?
B : Wǒ yào yíge hànbǎo, yìbēi kělè, yígòng duōshǎo cián?
A : Hànbǎo yíge yíkuài cīmáo wǔ, kělè yìbēi wǔmáo cián, yígòng liǎngkuài liǎngmáo wǔ.
B : Jhè shìh liǎngkuài bàn.
A : Sièsie, jhǎo nín liǎngmáo wǔfēn.

Dì Sì Kè Zhèizhī Bǐ Duōshǎo Qián?

I

A : Xiānshēng, nín yào mǎi shénme?
B : Wǒ yào mǎi bǐ.
A : Wǒmen yǒu hěn duō bǐ, nín xǐhuān něizhǒng?
B : Zhèizhǒng bǐ hěn hǎokàn, duōshǎo qián yìzhī?
A : Qīmáo sìfēn yìzhī, nǐ yào jǐzhī?
B : Wǒ yào liǎngzhī, liǎngzhī duōshǎo qián?
A : Liǎngzhī yíkuài sìmáo bā.
B : Wǒ méiyǒu língqián, wǒ gěi nǐ liǎngkuài qián, qǐng nǐ zhǎoqián, hǎo ma?
A : Hǎo, zhǎo nǐ wǔmáo èr, xièxie.

II

A：Xiǎojiě, nín yào mǎi shénme?
B：Wǒ yào yíge hànbǎo, yìbēi kělè, yígòng duōshǎo qián?
A：Hànbǎo yíge yíkuài qīmáo wǔ, kělè yìbēi wǔmáo qián, yígòng liǎngkuài liǎngmáo wǔ.
B：Zhè shì liǎngkuài bàn.
A：Xièxie, zhǎo nín liǎngmáo wǔfēn.

LESSON 4 HOW MUCH IS THIS PEN?

I

A：What do you want to buy, Sir?
B：I want to buy a pen.
A：We have many pens. What kind of pens do you like?
B：This one looks great. How much is it?
A：It's 74¢ each. How many do you want?
B：I want two of them. How much are they?
A：That will be $1.48 for two.
B：I don't have change. Can I give you two dollars? Please give me change.
A：Sure. Here is 52¢, thank you.

II

A：Miss, what do you want to buy?
B：Give me a hamburger and a cup of cola. How much is it all together?
A：One hamburger is $1.75 and a cup of cola is 50¢. Altogether that will be $2.25.
B：Here is $2.50.
A：Thank you. Here is 25¢, your change.

2 VOCABULARY

1 枝 (jhīh / zhī) M：measure word for stick-like things

我不喜歡這枝筆。

Wǒ bùsǐhuān jhèijhīh bǐ.
Wǒ bùxǐhuān zhèizhī bǐ.
I don't like this pen.

2 多少 (duōshǎo) NU (QW)：how much, how many

你有多少錢？

Nǐ yǒu duōshǎo cián?
Nǐ yǒu duōshǎo qián?
How much money do you have?

多 (duō) SV：many, more

他有很多書。

Tā yǒu hěn duō shū.
He has many books.

少 (shǎo) SV：few, less

我要買不少東西。

Wǒ yào mǎi bùshǎo dōngsī.
Wǒ yào mǎi bùshǎo dōngxī.
I want to buy quite a few things.

3 錢 (cián / qián) N：money

這枝筆多少錢？

Jhèijhīh bǐ duōshǎo cián?
Zhèizhī bǐ duōshǎo qián?
How much is this pen?

4 種ㄓㄨㄥˇ (jhǒng / zhǒng)　M：kind, type

這種筆很好。

Jhèijhǒng bǐ hěn hǎo.
Zhèizhǒng bǐ hěn hǎo.
This kind of pen is very good.

5 一ㄧ (yī)　Nu：one

她有一個英文名字。

Tā yǒu yíge Yīngwún míngzìh.
Tā yǒu yíge Yīngwén míngzì.
She has an English name.

6 二ㄦˋ (èr)　Nu：two

我有二十塊錢。

Wǒ yǒu èrshíhkuài cián.
Wǒ yǒu èrshíkuài qián.
I have twenty dollars.

7 三ㄙㄢ (sān)　Nu：three

王先生要買三枝筆。

Wáng Siānshēng yào mǎi sānjhīh bǐ.
Wáng Xiānshēng yào mǎi sānzhī bǐ.
Mr. Wang wants to buy three pens.

8 四ㄙˋ (sìh / sì)　Nu：four

9 五ㄨˇ (wǔ)　Nu：five

10 六ㄌㄧㄡˋ (liòu / liù)　Nu：six

11 七ㄑㄧ (cī / qī)　Nu：seven

12 八ㄅㄚ (bā)　Nu：eight

13 九 (jiǒu / jiǔ) Nu：nine

14 十 (shíh / shí) Nu：ten

15 毛 (máo) M：dime, ten cents

16 分 (fēn) M：cent

17 幾 (jǐ) NU/QW：a few, several; how many

這幾本書都是中文書。

Jhè jǐběn shū dōu shìh Jhōngwún shū.
Zhè jǐběn shū dōu shì Zhōngwén shū.
These books are all Chinese books.

你有幾枝筆？

Nǐ yǒu jǐjhīh bǐ?
Nǐ yǒu jǐzhī bǐ?
How many pens do you have?

18 兩 (liǎng) NU：two

我要買這兩枝筆。

Wǒ yào mǎi jhè liǎngjhīh bǐ.
Wǒ yào mǎi zhè liǎngzhī bǐ.
I want to buy these two pens.

19 塊 (kuài) M：a piece or lump, measure word for dollar

你有幾塊錢？

Nǐ yǒu jǐkuài cián?
Nǐ yǒu jǐkuài qián?
How much money do you have?

20 零錢 (língcián / língqián) N：change, coins

零 (líng) NU：zero

21 給ㄍㄟˇ (gěi) V：to give

他ㄊㄚ 不ㄅㄨˊ要ㄧㄠˋ給ㄍㄟˇ我ㄨㄛˇ筆ㄅㄧˇ。

Tā búyào gěi wǒ bǐ.

He doesn't want to give me a pen.

22 請ㄑㄧㄥˇ (cǐng / qǐng) V：to please; to invite

請ㄑㄧㄥˇ你ㄋㄧˇ給ㄍㄟˇ我ㄨㄛˇ一ㄧˋ枝ㄓ 筆ㄅㄧˇ。

Cǐng nǐ gěi wǒ yìjhīh bǐ.
Qǐng nǐ gěi wǒ yìzhī bǐ.

Please give me a pen.

你ㄋㄧˇ請ㄑㄧㄥˇ不ㄅㄨˋ請ㄑㄧㄥˇ他ㄊㄚ？

Nǐ cǐng bùcǐng tā?
Nǐ qǐng bùqǐng tā?

Will you invite him (or not)?

23 找ㄓㄠˇ錢ㄑㄧㄢˊ (jhǎocián / zhǎoqián)

VO：to give change to someone after a purchase

我ㄨㄛˇ沒ㄇㄟˊ有ㄧㄡˇ零ㄌㄧㄥˊ錢ㄑㄧㄢˊ，請ㄑㄧㄥˇ你ㄋㄧˇ找ㄓㄠˇ錢ㄑㄧㄢˊ。

Wǒ méiyǒu língcián, cǐng nǐ jhǎocián.
Wǒ méiyǒu língqián, qǐng nǐ zhǎoqián.

I don't have change, please give me change.

找ㄓㄠˇ (jhǎo / zhǎo) V：to give change after a purchase

他ㄊㄚ找ㄓㄠˇ你ㄋㄧˇ多ㄉㄨㄛ少ㄕㄠˇ錢ㄑㄧㄢˊ？

Tā jhǎo nǐ duōshǎo cián?
Tā zhǎo nǐ duōshǎo qián?

How much change did he give you?

24 個ㄍㄜ˙ (ge)

M：often used as an all purpose measure word especially before nouns which do not have a specific measure word of their own

那ㄋㄚˋ幾ㄐㄧˇ個ㄍㄜ˙人ㄖㄣˊ很ㄏㄣˇ忙ㄇㄤˊ。

Nà jĭge rén hĕn máng.
Those people are very busy.

25 杯 (bēi) M：cup of

我要一杯咖啡。

Wŏ yào yìbēi kāfēi.
I want (would like to have) a cup of coffee.

26 一共 (yígòng) A：altogether

一枝筆，兩本書，一共多少錢？

Yìjhīh bĭ, liăngbĕn shū, yígòng duōshăo cián?
Yìzhī bĭ, liăngbĕn shū, yígòng duōshăo qián?
How much is it altogether for one pen and two books?

27 半 (bàn) NU：half

一枝筆三塊半。

Yìjhīh bĭ sānkuài bàn.
Yìzhī bĭ sānkuài bàn.
$3.50 for one pen.

SUPPLEMENTARY VOCABULARY

28 位 (wèi) M：polite measure word for people

那位小姐很好看。

Nèiwèi siăojiĕ hĕn hăokàn.
Nèiwèi xiăojiĕ hĕn hăokàn.
That girl is very good-looking.

29 本 (bĕn) M：volume, measure word for books, notebooks, etc.

這本書很好。

Jhèibĕn shū hĕn hăo.

Zhèiběn shū hěn hǎo.
This book is very good.

30 那 / 那 (nà / nèi)　DEM：that

那三枝筆很貴。
Nà sānjhīh bǐ hěn guèi.
Nà sānzhī bǐ hěn guì.
Those three pens are very expensive.

3 NUMBERS

11　十一 (shíhyī / shíyī)
12　十二 (shíhèr / shíèr)
13　十三 (shíhsān / shísān)
14　十四 (shíhsìh / shísì)
15　十五 (shíhwǔ / shíwǔ)
16　十六 (shíhliòu / shíliù)
17　十七 (shíhcī / shíqī)
18　十八 (shíhbā / shíbā)
19　十九 (shíhjiǒu / shíjiǔ)
20　二十 (èrshíh / èrshí)
22　二十二 (èrshíhèr / èrshíèr)
30　三十 (sānshíh / sānshí)
31　三十一 (sānshíhyī / sānshíyī)
40　四十 (sìhshíh / sìshí)
43　四十三 (sìhshíhsān / sìshísān)
50　五十 (wǔshíh / wǔshí)

55 五ㄨˇ十ㄕˊ五ㄨˇ(wǔshíhwǔ / wǔshíwǔ)
60 六ㄌㄧㄡˋ十ㄕˊ(liòushíh / liùshí)
69 六ㄌㄧㄡˋ十ㄕˊ九ㄐㄧㄡˇ(liòushíhjiǒu / liùshíjiǔ)
70 七ㄑㄧ十ㄕˊ(cīshíh / qīshí)
74 七ㄑㄧ十ㄕˊ四ㄙˋ(cīshíhsìh / qīshísì)
80 八ㄅㄚ十ㄕˊ(bāshíh / bāshí)
87 八ㄅㄚ十ㄕˊ七ㄑㄧ(bāshíhcī / bāshíqī)
90 九ㄐㄧㄡˇ十ㄕˊ(jiǒushíh / jiǔshí)
99 九ㄐㄧㄡˇ十ㄕˊ九ㄐㄧㄡˇ(jiǒushíhjiǒu / jiǔshíjiǔ)

4 SYNTAX PRACTICE

I. Quantified Nouns

In Chinese, nouns are often preceded by a measure word to emphasize what kind of object.

NU	–M	N	
一	個	人／東西	
a person / thing			
兩	位	先生／太太／小姐	
two gentlemen / married women / misses			
三	本	書	three books
四	枝	筆	four pens
五	杯	咖啡 (kāfēi)	five cups of coffee
十	份 (fèn)*	報	ten newspapers
幾	輛 (liàng)*	汽車	several automobiles how many automobiles

1. 我們要五十枝筆。
2. 我有一輛ㄌㄧㄤˋ (liàng)* 汽車。
3. 我有八本英文書。
4. 你要買幾份ㄈㄣˋ (fèn)* 報？
   我要買兩份。

Please describe the pictures below

II. Sums of Money

In Chinese, when money is being discussed, the last monetary unit is often left out.

---

* 份ㄈㄣˋ (fèn)：measure word for newspaper
* 輛ㄌㄧㄤˋ (liàng)：measure word for cars

塊	毛	分	錢	
二十二塊	七毛九	（分）	（錢）	$22.79

五分（錢）	$0.05
兩毛五（分）（錢）	$0.25
五毛（錢）	$0.50
一塊零二分（錢）	$1.02
十二塊五（毛）（錢）	$12.50
四十二塊（錢）	$42.00

Say the amount of money listed below

$ 0.03	$ 0.98	$ 0.15	$ 1.60	$ 0.80
$ 3.79	$ 3.78	$ 5.58	$ 4.05	$13.35
$18.00	$75.75	$63.50	$60.00	$22.20
$41.05	$10.25	$21.50	$31.12	$40.45

III. Specified and Numbered Nouns

When a singular noun follows a DEM, the ordinal number 一 is usually omitted and only 這／那／哪＋ the measure word is needed.

(I)

DEM	–M	N
這	個	人
this person		
那	本	書
that book		
哪	枝	筆
which pen		

1. 這個東西很貴嗎？
   這個東西不太貴。
2. 那位小姐要買什麼？
   她要買書。
3. 你喜歡哪輛ㄌㄧㄤˋ (liàng) 車子？
   我喜歡這輛。

(II)

DEM	NU	–M	N
這	（一）	個	人
this person			
那	兩	本	書
those two books			
哪	三	枝	筆
which three pens			

1. 這三本書一共多少錢？
   一共二十四塊錢。
2. 這兩枝筆，你要哪（一）枝？
   我要這枝。
3. 那三位小姐都是英國人嗎？
   不，兩位是英國人，一位是美國人。
4. 哪幾輛汽車是日本車？
   那（一）輛汽車是日本車。

Look at the pictures and complete the sentences below

VOLKS WAGEN

1. 這五個人都是小姐嗎？
2. 那三位先生，哪位高？
3. 這兩輛ㄌㄧㄤˋ (liàng) 汽車，哪輛好看？
4. 哪輛車是美國車？
5. 這兩位小姐，哪位好看？

Ⅳ.Prices Per Unit

When asking or giving prices, age, time, etc., verb equivalents such as "to be", etc. are usually left out.

(Ⅰ)

(N),	NU-M	(N)	NU-	M	錢
	一枝	筆	幾	塊	錢？
How much is one pen?					
筆，	一枝		兩	塊	錢。
Each pen costs two dollars.					

(Ⅱ)

(N)	NU	-M	錢	NU-	M
筆，	幾	塊	錢	一	枝？
How much for one pen?					
筆，	兩	塊	錢	一	枝。
Pens are two dollars each.					

1. 一份ㄈㄣˋ (fèn) 報幾毛錢？

   一份報五毛錢。

2. 書，一本多少錢？

   一本二十塊錢。

3. 漢ㄏㄢˋ堡ㄅㄠˇ (hànbǎo)，多少錢一個？

   一塊半一個。

According to the pictures inquire about the price of each object and respond

可樂 (kělè)
(M：瓶 píng)*

啤酒 (píjiǒu / píjiǔ)
(M：罐 guàn)*

蘋果 (píngguǒ)
(M：個)

V. Sentence with Direct Object and Indirect Object

S	V	Ind. O	Dir. O
他	給	我	一枝筆。
He gave me a pen.			

1. 你給他錢嗎？
   我不給他錢。

* 瓶 (píng)：bottle of
* 罐 (guàn)：can of

2. 誰給他錢？
   王先生給他錢。
3. 你要給誰這本書？
   我要給李小姐這本書。
4. 那個人給你什麼？
   他給我一本中文書。
5. 他給你多少錢？
   他給我十塊錢。

Look at the picture and answer the questions below

1. 張小姐給李小姐什麼？
2. 王小姐給張小姐書嗎？
3. 誰給王小姐錢？
4. 誰給誰筆？
5. 張小姐給李小姐幾本書？

5 APPLICATION ACTIVITIES

I. Every student please say their telephone number.

II. Complete following sentences using five different answers for each.

1. ______________ 很好看。
2. ______________ 太貴。
3. ______________ 多少錢？
4. 他要給我 ______________ 。
5. 我要買 ______________ 。

III. Answer the following questions.

1. 一枝筆兩毛五分錢，兩枝筆多少錢？
2. 一枝筆兩毛五分錢，一本書四塊錢。一枝筆，一本書，一共多少錢？
3. 一份ㄈㄣˋ (fèn) 報五毛錢，三份報多少錢？
4. 一份報五毛錢，一枝筆三毛錢。一份報，兩枝筆，一共多少錢？
5. 一杯可ㄎㄜˇ樂ㄌㄜˋ (kělè) 八毛錢，一個漢ㄏㄢˋ堡ㄅㄠˇ (hànbǎo) 一塊八，一共多少錢？

IV. Situations

1. **Buying clothes: a dialogue between a customer and a store clerk (店ㄉㄧㄢˋ員ㄩㄢˊ, diànyuán)**

鞋ㄒㄧㄝˊ (sié / xié) (M：雙ㄕㄨㄤ shuāng)*

襪ㄨㄚˋ子ㄗ˙ (wàzih / wàzi) (M：雙ㄕㄨㄤ shuāng)*

衣ㄧ服ㄈㄨˊ (yīfú) (M：件ㄐㄧㄢˋ jiàn)*

2. Buying food: a customer ordering food at a fast food restaurant.

漢ㄏㄢˋ堡ㄅㄠˇ (hànbǎo)

三ㄙㄢ明ㄇㄧㄥˊ治ㄓˋ (sānmíngjhìh / sānmíngzhì)

果ㄍㄨㄛˇ汁ㄓ (guǒjhīh / guǒzhī)

可ㄎㄜˇ樂ㄌㄜˋ (kělè)

---

* 雙ㄕㄨㄤ (shuāng)：pair of

* 件ㄐㄧㄢˋ (jiàn)：measure word for clothes

6 NOTES

1. Using question words **幾** and **多少**：**幾** (how many) is always used together with a measure word and usually used when the amount is less than ten. **多少** (how many / much?) is usually used when the amount is assumed to be ten or more (with no upper limit) and measure word can be omitted.

eg. 他有幾枝筆？ **How many pens does he have?**
他有五枝筆。 **He has five.**
你有多少錢？ **How much money do you have?**
我有九十塊錢。 **I have ninety (dollars).**

2. When **多** is used as a modifier, it is usually used together with the adverb such as **很**，**太** etc.

eg. 很多英文書 **many English books**
不太多錢 **not very much money**

3. Comparison of 二 and **兩**：二 is usually translated as "two", and can be used alone, In counting, numbers with two or more digits that end with the number 2 use the character 二，not **兩**。Such as 十二，二十二。**兩** is a bound form, i.e. it can never be used alone. It must always be followed by a measure word.

eg. 兩個人 **two people**

4. **請** has two meanings:

(1) I request that…… / Would you…… / Please……
eg. 請你給我筆。 **Please give me a pen.**

(2) To treat or to invite someone to a meal, a drink, etc., to be willing to pay

eg. 我有錢，我請你們。 **I have money, and I'll treat you.**
你要不要請他？ **Do you want to invite him or not?**

5. Usage of the measure words **位** and **個**：**位**is the polite measure word for **太太，先生，小姐，老師**，etc. However, words such as **人** or **孩子** use the common measure word **個**。

6. Tones on 一ㄧ yī：The numeral 一ㄧ yī (one), when used as a cardinal in counting has the high, level tone. When followed by a measure, however, it behaves exactly like the negative particle 不ㄅㄨˋ bù (see Lesson I, Note 5). Hence 一ㄧˊ個˙ㄍㄜ yíge（個˙ㄍㄜ – ge being intrinsically a falling tone）, but 一ㄧˋ本ㄅㄣˇ yìběn. This change is most evident when the number is stressed.

7. Tones on 七ㄑㄧ cī/qī and 八ㄅㄚ bā：These two numerals keep the level tone, however, when they are followed by a falling tone, when they（like 一ㄧ yī）tend to become a rising tone：七ㄑㄧ本ㄅㄣˇ書ㄕㄨ cīběn/qīběn shū, but 七ㄑㄧˊ位ㄨㄟˋ先ㄒㄧㄢ生ㄕㄥ cíwèi siānshēng / qíwèi xiānshēng.

8. 那ㄋㄚˋ (nà) sometimes reads as 那ㄋㄟˋ (nèi), 那ㄋㄚˋ (nà) means "that" and 那ㄋㄟˋ (nèi) means "that one". When "one"〔一ㄧ (yī)〕is combined with 那ㄋㄚˋ (nà), we pronounce it as 那ㄋㄟˋ (nèi). nà + yī = nèi

第五課　我家①有五個人

1 DIALOGUE

I

A：這是你爸爸②媽媽③的④像片⑤嗎？

B：是啊。

A：你爸爸是老師⑥嗎？

B：對⑦，他是英文老師。

A：這張⑧呢？這是你哥哥⑨還是⑩你弟弟⑪？

B：是我哥哥，我沒有弟弟。

A：這兩個女孩子⑫都是你姐姐⑬嗎？

B：不，這個是我姐姐，那個是我姐姐的朋友⑭。

A：你家有幾個人？

B：我家有五個人。

A：你們家的書不少，
這些⑮書都是你爸爸
的嗎？

B：有的是我爸爸的，
有的⑯不是。

II

王大文：爸爸好。

李東尼：王伯伯⑰好。

王先生：好，大ㄉㄚˋ文ㄨㄣˊ (Dàwún / Dàwén)*，你這位朋友叫什麼名字？

王大文：他的中文名字叫李東ㄉㄨㄥ尼ㄋㄧˊ (Dōngní)*，他的中文很好。

王先生：東尼，你是哪國人？

李東尼：我是美國人，可是我媽媽是臺灣人。

* 大ㄉㄚˋ文ㄨㄣˊ(Dàwún / Dàwén)：a Chinese given name
* 東ㄉㄨㄥ尼ㄋㄧˊ(Dōngní)：Tony

ㄉㄧˋ ㄨˇ ㄎㄜˋ　ㄨㄛˇ ㄐㄧㄚ ㄧㄡˇ ㄨˇ ㄍㄜ˙ ㄖㄣˊ

I

A：ㄓㄜˋ ㄕˋ ㄋㄧˇ ㄅㄚˋ ㄅㄚ˙ ㄇㄚ ㄇㄚ˙ ㄉㄜ˙ ㄒㄧㄤˋ ㄆㄧㄢˋ ㄇㄚ˙？

B：ㄕˋ ㄚ˙。

A：ㄋㄧˇ ㄅㄚˋ ㄅㄚ˙ ㄕˋ ㄌㄠˇ ㄕ ㄇㄚ˙？

B：ㄉㄨㄟˋ，ㄊㄚ ㄕˋ ㄧㄥ ㄨㄣˊ ㄌㄠˇ ㄕ。

A：ㄓㄟˋ ㄓㄤ ㄋㄜ˙？ㄓㄜˋ ㄕˋ ㄋㄧˇ ㄍㄜ ㄍㄜ˙ ㄏㄞˊ ㄕˋ ㄋㄧˇ ㄉㄧˋ ㄉㄧ˙？

B：ㄕˋ ㄨㄛˇ ㄍㄜ ㄍㄜ˙，ㄨㄛˇ ㄇㄟˊ ㄧㄡˇ ㄉㄧˋ ㄉㄧ˙。

A：ㄓㄜˋ ㄌㄧㄤˇ ㄍㄜ˙ ㄋㄩˇ ㄏㄞˊ ㄗ˙ ㄉㄡ ㄕˋ ㄋㄧˇ ㄐㄧㄝˇ ㄐㄧㄝ˙ ㄇㄚ˙？

B：ㄅㄨˋ，ㄓㄟˋ ㄍㄜ˙ ㄕˋ ㄨㄛˇ ㄐㄧㄝˇ ㄐㄧㄝ˙，ㄋㄟˋ ㄍㄜ˙ ㄕˋ ㄨㄛˇ ㄐㄧㄝˇ ㄐㄧㄝ˙ ㄉㄜ˙ ㄆㄥˊ ㄧㄡˇ。

A：ㄋㄧˇ ㄐㄧㄚ ㄧㄡˇ ㄐㄧˇ ㄍㄜ˙ ㄖㄣˊ？

B：ㄨㄛˇ ㄐㄧㄚ ㄧㄡˇ ㄨˇ ㄍㄜ˙ ㄖㄣˊ。

A：ㄋㄧˇ ㄇㄣ˙ ㄐㄧㄚ ㄉㄜ˙ ㄕㄨ ㄅㄨˋ ㄕㄠˇ，ㄓㄟˋ ㄒㄧㄝ ㄕㄨ ㄉㄡ ㄕˋ ㄋㄧˇ ㄅㄚˋ ㄅㄚ˙ ㄉㄜ˙ ㄇㄚ˙？

B：ㄧㄡˇ ㄉㄜ˙ ㄕˋ ㄨㄛˇ ㄅㄚˋ ㄅㄚ˙ ㄉㄜ˙，ㄧㄡˇ ㄉㄜ˙ ㄅㄨˊ ㄕˋ。

II

ㄨㄤˊ ㄉㄚˋ ㄨㄣˊ：ㄅㄚˋ ㄅㄚ˙ ㄏㄠˇ。

ㄌㄧˇ ㄉㄨㄥ ㄋㄧˊ：ㄨㄤˊ ㄅㄛˊ ㄅㄛ˙ ㄏㄠˇ。

ㄨㄤˊ ㄒㄧㄢ ㄕㄥ：ㄏㄠˇ，ㄉㄚˋ ㄨㄣˊ，ㄋㄧˇ ㄓㄟˋ ㄨㄟˋ ㄆㄥˊ ㄧㄡˇ ㄐㄧㄠˋ ㄕㄜˊ ㄇㄜ˙ ㄇㄧㄥˊ ㄗˋ？

ㄨㄤˊ ㄉㄚˋ ㄨㄣˊ：ㄊㄚ ㄉㄜ˙ ㄓㄨㄥ ㄨㄣˊ ㄇㄧㄥˊ ㄗˋ ㄐㄧㄠˋ ㄌㄧˇ ㄉㄨㄥ ㄋㄧˊ，ㄊㄚ ㄉㄜ˙ ㄓㄨㄥ ㄨㄣˊ ㄏㄣˊ ㄏㄠˇ。

ㄨㄤˊ ㄒㄧㄢ ㄕㄥ：ㄉㄨㄥ ㄋㄧˊ，ㄋㄧˇ ㄕˋ ㄋㄟˇ ㄍㄨㄛˊ ㄖㄣˊ？

ㄌㄧˇ ㄉㄨㄥ ㄋㄧˊ：ㄨㄛˇ ㄕˋ ㄇㄟˇ ㄍㄨㄛˊ ㄖㄣˊ，ㄎㄜˇ ㄕˋ ㄨㄛˇ ㄇㄚ ㄇㄚ˙ ㄕˋ ㄊㄞˊ ㄨㄢ ㄖㄣˊ。

Dì Wǔ Kè Wǒ Jiā Yǒu Wǔge Rén

I

A : Jhè shìh nǐ bàba māmade siàngpiàn ma?

B : Shìh a.

A : Nǐ bàba shìh lǎoshīh ma?

B : Duèi, tā shìh Yīngwún lǎoshīh.

A : Jhèijhāng ne? Jhè shìh nǐ gēge háishìh nǐ dìdi?

B : Shìh wǒ gēge, wǒ méiyǒu dìdi.

A : Jhèliǎng ge nyǔháizih dōu shìh nǐ jiějie ma?

B : Bù, jhèige shìh wǒ jiějie, nèige shìh wǒ jiějiede péngyǒu.

A : Nǐ jiā yǒu jǐge rén?

B : Wǒ jiā yǒu wǔge rén.

A : Nǐmen jiāde shū bùshǎo, jhèisiē dōu shìh nǐ bàbade ma?

B : Yǒude shìh wǒ bàbade, yǒude búshìh.

II

Wáng Dàwún : Bàba hǎo.

Lǐ Dōngní : Wáng Bóbo hǎo.

Wáng Siānshēng : Hǎo, Dàwún, nǐ jhèiwèi péngyǒu jiào shénme míngzìh?

Wáng Dàwún : Tāde Jhōngwún míngzìh jiào Lǐ Dōngní, tāde Jhōngwún hěn hǎo.

Wáng Siānshēng : Dōngní, nǐ shìh něiguó rén?

Lǐ Dōngní : Wǒ shìh Měiguó rén, kěshìh wǒ māma shìh Táiwān rén.

Dì Wǔ Kè　Wǒ Jiā Yǒu Wǔge Rén

I

A : Zhè shì nǐ bàba māmade xiàngpiàn ma?

B : Shì a.

A : Nǐ bàba shì lǎoshī ma?

B : Dùi, tā shì Yīngwén lǎoshī.

A : Zhèizhāng ne? Zhè shì nǐ gēge háishì nǐ dìdi?

B : Shì wǒ gēge, wǒ méiyǒu dìdi.

A : Zhèliǎng ge nǚháizi dōu shì nǐ jiějie ma?

B : Bù, zhèige shì wǒ jiějie, nèige shì wǒ jiějiede péngyǒu.

A : Nǐ jiā yǒu jǐge rén?

B : Wǒ jiā yǒu wǔge rén.

A : Nǐmen jiāde shū bùshǎo, zhèixiē dōu shì nǐ bàbade ma?

B : Yǒude shì wǒ bàbade, yǒude búshì.

II

Wáng Dàwén : Bàba hǎo.

Lǐ Dōngní : Wáng Bóbo hǎo.

Wáng Xiānshēng : Hǎo, Dàwén, nǐ zhèiwèi péngyǒu jiào shénme míngzì?

Wáng Dàwén : Tāde Zhōngwén míngzì jiào Lǐ Dōngní, tāde Zhōngwén hěn hǎo.

Wáng Xiānshēng : Dōngní, nǐ shì něiguó rén?

Lǐ Dōngní : Wǒ shì Měiguó rén, kěshì wǒ māma shì Táiwān rén.

LESSON 5 THERE ARE FIVE MEMBERS IN MY FAMILY

I

A : Is this a picture of your mother and father?
B : Yes.
A : Is your father a teacher?
B : Yes, he is an English teacher.
A : What about this one? Is this your older or younger brother?
B : It is my older brother, I don't have a younger brother.
A : Are both of these two girls your older sisters?
B : No, this is my older sister. That is my older sister's friend.
A : How many people are there in your family?
B : There are five people in my family.
A : There are many books in your house. Are these all your father's?
B : Some are (my father's), some aren't.

II

Dawen Wang : Hi, Dad.
Tony Li : Hello, Uncle Wang.
Mr. Wang : Hello, Dawen, what is your friend's name?
Dawen Wang : His Chinese name is Li Dongni. His Chinese is very good.
Mr. Wang : Tony, what country are you from?
Tony Li : I am American, but my mother is Taiwanese.

2 VOCABULARY

1 家 (jiā) N：home, family

你家有幾個人？

Nǐ jiā yǒu jǐge rén?

How many people are there in your family?

2 爸爸 (bàba) N：father

3 媽媽 (māma) N：mother

我媽媽有中文書。

Wǒ māma yǒu Jhōngwún shū.

Wǒ māma yǒu Zhōngwén shū.

My mother has Chinese books.

4 的 (de) P：possesive or modifying particle

這是他的書。

Jhè shih tāde shū.

Zhè shì tāde shū.

This is his book.

5 像片 / 像片兒 / 相片 (siàngpiàn / siàngpiānr,xiàngpiàn / xiàngpiānr,siàngpiàn / xiàngpiàn)

N：photograph, picture（M：張 jhāng / zhāng）

那不是我的像片。

Nà búshìh wǒde siàngpiàn.

Nà búshì wǒde xiàngpiàn.

That is not my photograph.

兒 (-r) P：a suffix

6 老師 (lǎoshīh / lǎoshī) N：teacher（M：位 wèi）

那位是我的老師。

Nèiwèi shìh wǒde lǎoshīh.
Nèiwèi shì wǒde lǎoshī.
That person is my teacher.

7 對 (duèi / duì) SV：be correct, right

你很忙，對不對？

Nǐ hěn máng, duèi búduèi?
Nǐ hěn máng, duì búduì?
You are very busy, right?

8 張 (jhāng / zhāng)

M：a measure word for photograph, paper, table, etc.

這張像片是誰的？

Jhèijhāng siàngpiàn shìh shéide?
Zhèizhāng xiàngpiàn shì shéide?
Who's picture is this?

9 哥哥 (gēge) N：older brother

你哥哥叫什麼？

Nǐ gēge jiào shénme?
What is the name of your older brother?

10 還是 (háishìh / háishì) CONJ：or

他是你哥哥還是你弟弟？

Tā shìh nǐ gēge háishìh nǐ dìdi?
Tā shì nǐ gēge háishì nǐ dìdi?
Is he your older or younger brother?

11 弟弟 (dìdi) N：younger brother

他有兩個弟弟。

Tā yǒu liǎngge dìdi.

He has two younger brothers.

12 女孩子 (nyǔháizih / nǚháizi) N：girl

女 (nyǔ / nǚ) BF：female

女人 (nyǔrén / nǚrén) N：woman

女朋友 (nyǔpéngyǒu / nǚpéngyǒu) N：girlfriend

孩子 (háizih / háizi) N：child

那個（小）孩子喜歡看電視。

Nèige (siǎo) háizih sǐhuān kàn diànshì.

Nèige (xiǎo) háizi xǐhuān kàn diànshì.

That child likes to watch TV.

子 (zih / zi) P：a noun suffix

13 姐姐 / 姊姊 (jiějie / jiějie) N：older sister

14 朋友 (péngyǒu) N：friend

我有三個日本朋友。

Wǒ yǒu sānge Rìhběn péngyǒu.

Wǒ yǒu sānge Rìběn péngyǒu.

I have three Japanese friends.

15 這些 (jhèisiē / zhèixiē) DEM：these

這些人都很好。

Jhèisiē rén dōu hěn hǎo.

Zhèixiē rén dōu hěn hǎo.

These people are all very nice.

一些 (yìsiē / yìxiē) NU：some, a few

我有一些臺灣朋友。

Wǒ yǒu yìsiē Táiwān péngyǒu.
Wǒ yǒu yìxiē Táiwān péngyǒu.
I have some Taiwanese friends.

那些 (nèisiē / nèixiē) DEM：those

16 有的 (yǒude) N：some, some of

有的日本人不懂英文。

Yǒude Rìhběnrén bùdǒng Yīngwún.
Yǒude Rìběnrén bùdǒng Yīngwén.
Some Japanese people don't know English.

17 伯伯 (bóbo) N：father's elder brother, uncle

王伯伯很喜歡孩子。

Wáng Bóbo hěn sǐhuān háizih.
Wáng Bóbo hěn xǐhuān háizi.
Uncle Wang really likes children.

SUPPLEMENTARY VOCABULARY

18 貓 (māo) N：cat（M：隻 zhīh / zhī）

你的貓叫什麼名字？

Nǐde māo jiào shénme míngzìh?
Nǐde māo jiào shénme míngzì?
What's the name of your cat?

19 女兒 (nyǔér / nǔér) N：daughter

兒 (ér) BF：son

兒ㄦˊ子˙ㄗ (érzih / érzi)　N：son

張ㄓㄤ伯ㄅㄛˊ伯˙ㄅㄛ有ㄧㄡˇ兩ㄌㄧㄤˇ個˙ㄍㄜ兒ㄦˊ子˙ㄗ，一ㄧˊ個˙ㄍㄜ女ㄋㄩˇ兒ㄦˊ。

Jhāng Bóbo yǒu liǎngge érzih, yíge nyǔér.
Zhāng Bóbo yǒu liǎngge érzi, yíge nǚér.
Uncle Zhang has two sons and one daughter.

20 男ㄋㄢˊ朋ㄆㄥˊ友ㄧㄡˇ (nánpéngyǒu)　N：boy friend

男ㄋㄢˊ (nán)　BF：male

男ㄋㄢˊ人ㄖㄣˊ (nánrén)　N：man

男ㄋㄢˊ孩ㄏㄞˊ子˙ㄗ (nánháizih / nánháizi)　N：boy

21 狗ㄍㄡˇ (gǒu)　N：dog（M：隻ㄓ zhih / zhi）

22 學ㄒㄩㄝˊ生ㄕㄥ (syuéshēng / xuéshēng)　N：student

你ㄋㄧˇ是ㄕˋ他ㄊㄚ的˙ㄉㄜ學ㄒㄩㄝˊ生ㄕㄥ嗎˙ㄇㄚ？

Nǐ shìh tāde syuéshēng ma?
Nǐ shì tāde xuéshēng ma?
Are you his student?

學ㄒㄩㄝˊ (syué / xué)　V：to study, to learn

我ㄨㄛˇ要ㄧㄠˋ學ㄒㄩㄝˊ中ㄓㄨㄥ文ㄨㄣˊ。

Wǒ yào syué Jhōngwún.
Wǒ yào xué Zhōngwén.
I want to learn Chinese.

23 妹ㄇㄟˋ妹˙ㄇㄟ (mèimei)　N：younger sister

我ㄨㄛˇ沒ㄇㄟˊ有ㄧㄡˇ姐ㄐㄧㄝˇ姐˙ㄐㄧㄝ妹ㄇㄟˋ妹˙ㄇㄟ。

Wǒ méiyǒu jiějie mèimei.
I don't have any sisters.

24 杯ㄅㄟ子˙ㄗ (bēizih / bēizi)　N：cup

3 SYNTAX PRACTICE

I. Specified Nouns Modified by Nouns or Pronouns

When a specified noun (Demonstrative-Number-Measure-Noun) is preceded by a noun or a pronoun, then 的 can be omitted.

N/PN（的）	DEM	NU	-M	N
我	這	兩	本	書
these two books of mine				

1. 你那位朋友很忙。
2. 我這三枝筆都不貴。
3. 他那兩個孩子都很喜歡看書。
4. 王先生那輛車很好看。

Combine two sentences into one

1. 他有一輛汽車，那輛車很貴。

   ____________________ 很貴。

2. 爸爸有兩位法國朋友，他們都很忙。

   ____________________ 都很忙。

3. 弟弟有一枝筆，那枝筆很好看。

   ____________________ 很好看。

4. 我有一本英文書，你要不要看？

   你要不要看____________________。

5. 張小姐有一隻ㄓ(zhīh / zhī)*貓，我很喜歡。

我很喜歡＿＿＿＿＿＿＿＿＿＿＿＿。

II. Nouns Modified by Other Nouns Indicating Possession

(I) Usually without 的

In cases where two nouns are understood to have a close personal relationship, or when the first noun or pronoun belongs to a group indicated by the second noun, **的** is often not needed.

N/PN	N
我	哥哥
my older brother	
我	家
my home / family	

1. 他太太是英國人。
2. 我女兒有男朋友。
3. 我家有六個人。
4. 我們學ㄒㄩㄝˊ校ㄒㄧㄠˋ (syuésiào / xuéxiào)* 有三位德文老師。

(II) Usually with 的

a. When the second noun is an animal or an inanimate object, a **的** must be inserted between the two nouns.

N/PN-	的	N
我	的	書
my book / books		
她	的	貓
her cat / cats		

* 隻ㄓ (zhīh / zhī)：measure word for animals　　* 學ㄒㄩㄝˊ校ㄒㄧㄠˋ (syuésiào / xuéxiào)：school

1. 他的東西都很好。
2. 我的名字叫李美英。
3. 這是王小姐的貓。
4. 你的狗叫什麼名字？
   我的狗叫美美。

b. When strung-together or linked nouns appear, then **的** must be added to the last modifying noun. The preceding modifiers do not often need **的**.

N/PN	N	-的	N
我	姐姐	的	筆
my older sister's pen / pens			

1. 你朋友的汽車很貴。
2. 我弟弟的老師姓張。
3. 李伯伯是我爸爸的朋友。
4. 那個女孩子是他學生的妹妹。

c. If the modified noun in the sentence is understood, the original noun need not be written / spoken. But **的** is needed.

	N-的
這個杯子是	誰的？
Whose cup is this?	

1. 那兩本書是我弟弟的。
2. 這個是我的，不是你的。
3. 那個孩子是張太太的。
4. 這不是老師的，是學生的。

Fill in the blanks

1. 我有一個妹妹，她很喜歡看書。

   ______________________很喜歡看書。

2. 我有一枝美國筆。

   ______________________是美國筆。

3. 李小姐有一隻貓，叫咪咪 (Mīmī)*。

   ______________________叫咪咪。

4. 張先生有一個弟弟，名字叫大衛 (Dàwèi)。

   ______________________叫大衛。

5. 我有筆，王小姐有書。

   筆是______________，書是______________。

III. The Whole Before the Part

The Whole,	The Part
那些書，	有的好看，有的不好看。
Of those books, some are interesting, some are not.	
那兩本書，	一本好看，一本不好看。
Of those two books, one is interesting, and the other one is not.	

1. 我的朋友，有的懂華文，有的不懂華文。
2. 美國東西，有的我喜歡，有的我不喜歡。
3. 他們，有的要學中文，有的要學英文。
4. 那五個學生，三個是中國人，兩個是美國人。
5. 這兩枝筆，一枝給弟弟，一枝給妹妹。

* 咪咪 (Mīmī)：Mimi

Look at the pictures and answer the questions below

1. 那些孩子熱不熱？

2. 那些學生都是女的嗎？

3. 這些東西，你都有嗎？

4. 這三本書是哪國書？

5. 這兩位太太要買什麼？

4 APPLICATION ACTIVITIES

I. Introduce the members of your family. (You can use the picture provided.)

II. Please talk about the people in the picture.

III. Situation

Two students inquire about each of their family situations.

5 NOTES

1. Chinese people call their father's older brother 伯伯, and the wife of 伯伯 is referred to as 伯母. Additionally, male friends of the father and other male relations can be respectfully referred to as 伯伯.

2. Chinese people call the mother's sisters 阿ㄚˋ姨ㄧˊ (àyí). Moreover, female friends of parents can respectfully be called 阿姨.

第六課　我想①買一個新照②像機③

1 DIALOGUE

I

A：請問④，先生，您要買照像機嗎？

B：是啊，我的照像機太舊⑤了⑥，我想買一個新的。

A：您喜歡哪國貨⑦？

B：我都看看，好嗎？

A：這個是德國貨，您覺得⑧怎ㄗㄣˇ麼ㄇㄜ˙樣ㄧㄤˋ (zěnmeyàng)* ？

B：這個太大⑨了，我喜歡那個小的。

A：這個小⑩的很好，是日本貨。

B：多少錢？

A：五百塊⑪。

B：太貴了，你們有便宜⑫的沒有？

A：這個美國像機也很好，只⑬賣⑭一百一十五塊。

B：好，我買這個。

* 怎ㄗㄣˇ麼ㄇㄜ˙樣ㄧㄤˋ (zěnmeyàng)：How about……?

II

A：你們大學[15]有多少學生？
B：有兩萬[16]多學生。
A：有多少老師呢？
B：我不知道[17]。我想有兩千[18]多位。
A：那真[19]不少。
B：你們學校[20]大不大？有多少學生？
A：我們大學很小，只有七、八千學生，可是很有名[21]。

ㄉㄧˋ ㄌㄧㄡˋ ㄎㄜˋ　ㄨㄛˇ ㄒㄧㄤˇ ㄇㄞˇ ㄧˊ ˙ㄍㄜ ㄒㄧㄣ ㄓㄠˋ ㄒㄧㄤˋ ㄐㄧ

I

A：ㄑㄧㄥˇ ㄨㄣˋ，ㄒㄧㄢ ㄕㄥ，ㄋㄧㄣˊ ㄧㄠˋ ㄇㄞˇ ㄓㄠˋ ㄒㄧㄤˋ ㄐㄧ ˙ㄇㄚ？

B：ㄕˋ ˙ㄚ，ㄨㄛˇ ˙ㄉㄜ ㄓㄠˋ ㄒㄧㄤˋ ㄐㄧ ㄊㄞˋ ㄐㄧㄡˋ ˙ㄌㄜ，ㄨㄛˇ ㄒㄧㄤˇ ㄇㄞˇ ㄧˊ ˙ㄍㄜ ㄒㄧㄣ ˙ㄉㄜ。

A：ㄋㄧㄣˊ ㄒㄧˇ ㄏㄨㄢ ㄋㄟˇ ㄍㄨㄛˊ ㄏㄨㄛˋ？

B：ㄨㄛˇ ㄉㄡ ㄎㄢˋ ㄎㄢˋ，ㄏㄠˇ ˙ㄇㄚ？

A：ㄓㄟˋ ˙ㄍㄜ ㄕˋ ㄉㄜˊ ㄍㄨㄛˊ ㄏㄨㄛˋ，ㄋㄧㄣˊ ㄐㄩㄝˊ ˙ㄉㄜ ㄗㄣˇ ˙ㄇㄜ ㄧㄤˋ？

B：ㄓㄟˋ ˙ㄍㄜ ㄊㄞˋ ㄉㄚˋ ˙ㄌㄜ，ㄨㄛˇ ㄒㄧˇ ㄏㄨㄢ ㄋㄟˋ ˙ㄍㄜ ㄒㄧㄠˇ ˙ㄉㄜ。

A：ㄓㄟˋ ˙ㄍㄜ ㄒㄧㄠˇ ˙ㄉㄜ ㄏㄣˇ ㄏㄠˇ，ㄕˋ ㄖˋ ㄅㄣˇ ㄏㄨㄛˋ。

B：ㄉㄨㄛ ㄕㄠˇ ㄑㄧㄢˊ？

A：ㄨˇ ㄅㄞˇ ㄎㄨㄞˋ。

B：ㄊㄞˋ ㄍㄨㄟˋ ˙ㄌㄜ，ㄋㄧˇ ˙ㄇㄣ ㄧㄡˇ ㄆㄧㄢˊ ㄧˊ ˙ㄉㄜ ㄇㄟˊ ㄧㄡˇ？

A：ㄓㄟˋ ˙ㄍㄜ ㄇㄟˇ ㄍㄨㄛˊ ㄒㄧㄤˋ ㄐㄧ ㄧㄝˇ ㄏㄣˇ ㄏㄠˇ，ㄓˇ ㄇㄞˋ ㄧˋ ㄅㄞˇ ㄧ ㄕˊ ㄨˇ ㄎㄨㄞˋ。

B：ㄏㄠˇ，ㄨㄛˇ ㄇㄞˇ ㄓㄟˋ ˙ㄍㄜ。

II

A：ㄋㄧˇ ˙ㄇㄣ ㄉㄚˋ ㄒㄩㄝˊ ㄧㄡˇ ㄉㄨㄛ ㄕㄠˇ ㄒㄩㄝˊ ㄕㄥ？

B：ㄧㄡˇ ㄌㄧㄤˇ ㄨㄢˋ ㄉㄨㄛ ㄒㄩㄝˊ ㄕㄥ？

A：ㄧㄡˇ ㄉㄨㄛ ㄕㄠˇ ㄌㄠˇ ㄕ ˙ㄋㄜ？

B：ㄨㄛˇ ㄅㄨˋ ㄓ ㄉㄠˋ。ㄨㄛˇ ㄒㄧㄤˇ ㄧㄡˇ ㄌㄧㄤˇ ㄑㄧㄢ ㄉㄨㄛ ㄨㄟˋ。

A：ㄋㄚˋ ㄓㄣ ㄅㄨˋ ㄕㄠˇ。

B：ㄋㄧˇ ˙ㄇㄣ ㄒㄩㄝˊ ㄒㄧㄠˋ ㄉㄚˋ ㄅㄨˋ ㄉㄚˋ？ㄧㄡˇ ㄉㄨㄛ ㄕㄠˇ ㄒㄩㄝˊ ㄕㄥ？

A：ㄨㄛˇ ˙ㄇㄣ ㄉㄚˋ ㄒㄩㄝˊ ㄏㄣˇ ㄒㄧㄠˇ，ㄓˇ ㄧㄡˇ ㄑㄧ、ㄅㄚ ㄑㄧㄢ ㄒㄩㄝˊ ㄕㄥ，ㄎㄜˇ ㄕˋ ㄏㄣˇ ㄧㄡˇ ㄇㄧㄥˊ。

Dì Liòu Kè Wǒ Siǎng Mǎi Yíge Sīn Jhàosiàngjī

I

A：Cǐngwùn, siānshēng, nín yào mǎi jhàosiàngjī ma?
B：Shìh a, wǒde jhàosiàngjī tài jiòu le, wǒ siǎng mǎi yíge sīnde.
A：Nín sǐhuān něiguó huò?
B：Wǒ dōu kànkàn, hǎo ma?
A：Jhèige shìh Déguó huò, nín jyuéde zěnmeyàng?
B：Jhèige tài dà le, wǒ sǐhuān nèige siǎode.
A：Jhèige siǎode hěn hǎo, shìh Rìhběn huò.
B：Duōshǎo cián?
A：Wǔbǎi kuài.
B：Tài guèi le, nǐmen yǒu piányíde méiyǒu?
A：Jhèige Měiguó siàngjī yě hěn hǎo, jhǐh mài yìbǎ yīshíh wǔkuài.
B：Hǎo, wǒ mǎi jhèige.

II

A：Nǐmen dàsyué yǒu duōshǎo syuéshēng?
B：Yǒu liǎngwànduō syuéshēng.
A：Yǒu duōshǎo lǎoshīh ne?
B：Wǒ bù jhīhdào. wǒ siǎng yǒu liǎngciān-duō-wèi.
A：Nà jhēn bùshǎo.
B：Nǐmen syuésiào dà búdà? Yǒu duōshǎo syuéshēng?
A：Wǒmen dàsyué hěn siǎo, jhǐh yǒu cī, bāciān syuéshēng, kěshìh hěn yǒumíng.

Dì Liù Kè　Wǒ Xiǎng Mǎi Yíge Xīn Zhàoxiàngjī

I

A : Qǐngwèn, xiānshēng, nín yào mǎi zhàoxiàngjī ma?

B : Shì a, wǒde zhàoxiàngjī tài jiù le, wǒ xiǎng mǎi yíge xīnde.

A : Nín xǐhuān něiguó huò?

B : Wǒ dōu kànkàn, hǎo ma?

A : Zhèige shì Déguó huò, nín juéde zěnmeyàng?

B : Zhèige tài dà le, wǒ xǐhuān nèige xiǎode.

A : Zhèige xiǎode hěn hǎo, shì Rìběn huò.

B : Duōshǎo qián?

A : Wǔbǎi kuài.

B : Tài gùi le, nǐmen yǒu piányíde méiyǒu?

A : Zhèige Měiguó xiàngjī yě hěn hǎo, zhǐ mài yìbǎi yīshí wǔkuài.

B : Hǎo, wǒ mǎi zhèige.

II

A : Nǐmen dàxué yǒu duōshǎo xuéshēng?

B : Yǒu liǎngwànduō xuéshēng.

A : Yǒu duōshǎo lǎoshī ne?

B : Wǒ bù zhīdào. wǒ xiǎng yǒu liǎngqiān-duō-wèi.

A : Nà zhēn bùshǎo.

B : Nǐmen xuéxiào dà búdà? Yǒu duōshǎo xuéshēng?

A : Wǒmen dàxué hěn xiǎo, zhǐ yǒu qī, bāqiān xuéshēng, kěshì hěn yǒumíng.

LESSON 6 I'M THINKING ABOUT BUYING A NEW CAMERA

I

A : Excuse me, sir, would you like to buy a camera?

B : Yes, my camera is too old; I want to buy a new one.

A : Which country's product do you like?

B : Can I take a look at each of them first?

A : This one is German made, what do you think?

B : It's too big. I like that small one.

A : This small one is good; it's a Japanese product.

B : How much is it?

A : Five-hundred dollars.

B : It's too expensive. Do you have a cheaper one?

A : This American camera is also very good, and costs only 115 dollars.

B : OK, I'll buy this one.

II

A : How many students does your university have?

B : It has over twenty thousand students.

A : How many teachers does it have?

B : I don't know. I think it has over two thousand.

A : That's really quite a few.

B : Is your school big? How many students does it have?

A : Our university is very small; it only has seven or eight thousand students. However, it is very famous.

2 VOCABULARY

1 想 (siǎng / xiǎng) AV/V：to want to, to plan to / to think, to miss

他想買一枝美國筆。

Tā siǎng mǎi yìjhīh Měiguó bǐ.
Tā xiǎng mǎi yìzhī Měiguó bǐ.
He's thinking about buying an American pen.

我想那個人不是中國人。

Wǒ siǎng nèige rén búshìh Jhōngguó rén.
Wǒ xiǎng nèige rén búshì Zhōngguó rén.
I don't think that person is Chinese.

我很想我媽媽。

Wǒ hěn siǎng wǒ māma.
Wǒ hěn xiǎng wǒ māma.
I miss my mother very much.

2 新 (sīn / xīn) SV/A：to be new /newly

我的筆是新的。

Wǒde bǐ shìh sīnde.
Wǒde bǐ shì xīnde.
My pen is a new one.

3 照像 / 相機 (jhàosiàngjī / zhàoxiàngjī) N：camera

我沒有照像機。

Wǒ méiyǒu jhàosiàngjī.
Wǒ méiyǒu zhàoxiàngjī.
I don't have a camera.

照 (jhào / zhào) V：to photograph

像／相機 (siàngjī / xiàngjī) N：camera

機 (jī) BF：machine

電視機 (diànshìhjī / diànshìjī) N：television set

4 請問 (cǐngwùn / qǐngwèn) PH：excuse me, may I ask?

請問您是哪國人？

Cǐngwùn nín shìh něiguó rén?
Qǐngwèn nín shì něiguó rén?
Excuse me, what country are you from?

問 (wùn / wèn) V：to ask

我問他這個叫什麼。

Wǒ wùn tā jhèige jiào shénme.
Wǒ wèn tā zhèige jiào shénme.
I asked him what this was called.

5 舊 (jiòu / jiù) SV：to be old, to be used （opp. 新 sīn / xīn）

我想要買一輛舊車。

Wǒ siǎng yào mǎi yíliàng jiòu chē.
Wǒ xiǎng yào mǎi yíliàng jiù chē.
I want to buy a used car.

6 了 (le)

P：indicates excessiveness, completion of action (see L. 10), change of state (see L. 13), and imminent action (see L. 13)

天氣太熱了。

Tiāncì tài rè le.
Tiānqì tài rè le.
The weather's too hot.

7 貨 (huò) N：goods, products, a commodity

我家的電視機是日本貨。

Wǒ jiāde diànshìhjī shìh Rìhběn huò.
Wǒ jiāde diànshìjī shì Rìběn huò.
My family's TV is a Japanese product.

8 覺得 (jyuéde / juéde) V：to feel, to think

我覺得他的車很好看。

Wǒ jyuéde tāde chē hěn hǎo kàn.
Wǒ juéde tāde chē hěn hǎo kàn.
I think his car looks very nice.

9 大 (dà) SV：to be big, to be large

我的車很大。

Wǒde chē hěn dà.
My car is very big.

10 小 (siǎo / xiǎo) SV：to be small

小車都不貴嗎？

Siǎo chē dōu búguèi ma?
Xiǎo chē dōu búgùi ma?
Are all small cars inexpensive?

11 百 (bǎi) NU：hundred

我有一百塊錢。

Wǒ yǒu yìbǎikuài cián.
Wǒ yǒu yìbǎikuài qián.
I have one hundred dollars.

12 便宜 (piányí) (piányi) SV：to be cheap

這枝筆很便宜，可是很好。

Jhèijhīh bǐ hěn piányí, kěshìh hěn hǎo.
Zhèizhī bǐ hěn piányí, kěshì hěn hǎo.
This pen is very cheap, but it's very good.

13 只 (jhǐh / zhǐ) A：only

他只有一個弟弟。

Tā jhǐh yǒu yíge dìdi.
Tā zhǐ yǒu yíge dìdi.
He only has one younger brother.

14 賣 (mài) V：to sell

那輛車賣多少錢？

Nèiliàng chē mài duōshǎo cián?
Nèiliàng chē mài duōshǎo qián?
How much is that car selling for?

15 大學 (dàsyué / dàxué) N：university

我們大學有很多學生。

Wǒmen dàsyué yǒu hěnduō syuéshēng.
Wǒmen dàxué yǒu hěnduō xuéshēng.
Our university has many students.

16 萬 (wàn) NU：ten thousand

那輛車賣一萬塊錢。

Nèiliàng chē mài yíwànkuài cián.
Nèiliàng chē mài yíwànkuài qián.
That car is being sold for ten thousand dollars.

17 知道 (jhīhdào / zhīdào) V：to know

我不知道那個英國人姓什麼。

Wǒ bùjhīhdào nèige Yīngguó rén sìng shénme.
Wǒ bùzhīdào nèige Yīngguó rén xìng shénme.
I don't know what that English man's last name is.

18 千 (ciān / qiān) NU：thousand

一個錶一千塊錢，貴不貴？

Yíge biǎo yìciānkuài cián, guèi búguèi?
Yíge biǎo yìqiānkuài qián, gùi búgùi?
Is a thousand dollars for one watch expensive?

19 真 (jhēn / zhēn) A：really

他真是一個好人。

Tā jhēn shìh yíge hǎo rén.
Tā zhēn shì yíge hǎo rén.
He's really a good person.

20 學校 (syuésiào / xuéxiào) N：school

那個學校很好。

Nèige syuésiào hěn hǎo.
Nèige xuéxiào hěn hǎo.
That school is very good.

21 有名 (yǒumíng) SV：to be famous

他哥哥很有名。

Tā gēge hěn yǒumíng.
His older brother is very famous.

SUPPLEMENTARY VOCABULARY

22 億 (yì) NU：hundred million

美國有幾億人？

Měiguó yǒu jǐyì rén?
How many hundred million people are there in America?

23 錶 (biǎo) N：watch

24 夠 (gòu) SV：to be enough

他ㄊㄚ 只ㄓˇ 給ㄍㄟˇ 我ㄨㄛˇ 五ㄨˇ 塊ㄎㄨㄞˋ 錢ㄑㄧㄢˊ，不ㄅㄨˋ 夠ㄍㄡˋ。

Tā jhǐh gěi wǒ wǔkuài cián, búgòu.
Tā zhǐ gěi wǒ wǔkuài qián, búgòu.
He only gave me five dollars, and that's not enough.

3 SYNTAX PRACTICE

I. Large Numbers

十	億	千	百	十	萬	千	百	十	(M)
二十	一億	兩千	三百	四十	五萬	六千	七百	八十	九
2,123,456,789									
							一百	零	二
									102

一百一十五	115
三千五百四（十）	3,540
五萬八（千）	58,000
三十二萬	320,000
十八萬七千五（百）	187,500
一百萬	1,000,000
兩千萬	20,000,000
三千四百六十萬	34,600,000
一億五千萬	150,000,000
十億	1,000,000,000
一百零八	108

兩千零五十	2,050
四萬零六百	40,600
一萬零三	10,003
十二萬零七百	120,700
一百零四萬	1,040,000

Please read these numbers in Chinese

273	4,001	36,050	190,168	9,407,020
805	6,030	91,000	403,207	280,000,000

II. 多 as an Indefinite Number

(I)

NU-	多	-M	N
三百 ($300~400)	多	塊	錢

1. 這個錶賣兩百多塊錢。
2. 我們學校有五千多個學生。
3. 李老師有一百多本中文書。

(II)

NU-	-M	多	N
三 ($3~4)	塊	多	錢

1. 那個小孩子只有一塊多錢。

2. 我們一共有八塊多錢，夠不夠？

3. 兩本書一共三塊多錢，真便宜。

Please make your own sentences using the given answers

1. 幾杯咖ㄎㄚ啡ㄈㄟ (kāfēi)？　（1～2杯）
2. 幾瓶ㄆㄧㄥˊ (píng)* 可ㄎㄜˇ樂ㄌㄜˋ (kělè)？　（3～4瓶）
3. 幾塊錢？　（7～8塊）
4. 多少人？　（2,000～3,000個）
5. 多少錢？　（$10,000～20,000）
6. 多少筆？　（70～80枝）
7. 多少汽車？　（100～200輛）
8. 多少老師？　（300～400位）
9. 多少書？　（30～40本）
10. 多少孩子？　（200～300個）

III. Nouns Modified by Stative Verbs

(I) Usually without 的

Simple unqualified stative verbs in their adjectival function more often omit 的.

SV	N
小	錶
a small watch	

1. 舊車便宜，新車貴。

2. 他真是一個好人。

* 瓶ㄆㄧㄥˊ (píng)：bottle of

3. 他們有兩個小孩子。

4. 有的人喜歡大車，有的人喜歡小車。

(II) Usually With的

When a modifying adverb is placed before a modified stative verb or a two or more syllable stative verb is used, **的** must be used. However, if the stative verb is "many" or "few", or is a disyllabic stative verb like **便宜** (cheap), then **的** is often omitted.

(A)	SV	-的	N
很	大	的	錶
a very large watch			
好	好看	的	錶
a nice-lookig watch			

1. 他們是很好的朋友。
2. 有名的人都很忙。
3. 他喜歡買便宜（的）東西。
4. 我有很多（的）日本東西。

Fill in the blanks with stative verbs

1. 她的狗很好看。

   她有一隻 ______________________ 狗。

2. 我媽媽很好。

   我有一個 ______________________ 媽媽。

3. 王先生很有名。

   王先生是 ______________________ 人。

4. 這個像機便宜，可是很好。

   這個______________________ 像機很好。

5. 那輛車舊，可是我要買。

我要買那輛＿＿＿＿＿＿＿＿＿＿＿＿車。

(Ⅲ) 的is required to be used when the modified noun is understood.

		SV	-的
我	要	大	的。
I want a (the) big one.			

1. 新的好看，舊的不好看。
2. 我要買便宜的，不要貴的。
3. 那兩個錶，小的是我的，大的是我先生的。
4. 那兩個人，高的姓張，矮ㄞˇ (ǎi)* 的姓李。

Look at the pictures and answer the following questions

1. 這兩位小姐，一位高，一位矮，哪位是日本人？

2. 這兩輛ㄌㄧㄤˋ (liàng) 車，一輛新，一輛舊，哪輛貴？

* 矮ㄞˇ (ǎi)：to be short

3. 這兩個孩子，一個胖ㄆㄤˋ (pàng)*，一個瘦ㄕㄡˋ (shòu)*，你喜歡哪個？

4. 這兩杯咖ㄎㄚ啡ㄈㄟ (kāfēi)，一杯熱，一杯不熱，你要哪杯？

* 胖ㄆㄤˋ (pàng)：to be fat
* 瘦ㄕㄡˋ (shòu)：to be skinny

5. 這兩個錶，一個大，一個小，哪個好看？

4 APPLICATION ACTIVITIES

I. Divide into groups and ask one another questions. Use the「我不知道⋯⋯」pattern.

eg. A：他忙嗎？
B：我不知道他忙不忙。

II. Divide into groups and ask one another questions. Use the「他問我⋯⋯」pattern.

eg. A：你有照像機嗎？
B：他問我有沒有照像機。

III. Tell the populations of the countries or the cities you know.

IV. Situation

1. Make conversations about buying or selling a car.

2. Two students have a conversation about their respective schools.

5 NOTES

1. Verbs are reduplicated to form what is usually known as the tentative aspect. Verbs in this form sometimes allow the verb to take on a more casual meaning.

eg. 看看 **take a look**
想一想 **think it over**

2. "I don't know whether he is busy……", when translated into Chinese, becomes「我不知道他忙不忙。」
In Chinese, the word "whether" needs not to be spoken. In subordinate clause, Chinese tend to uses the choice-type.
For instance "I asked him whether he wants to buy a book……" is usually translated as「我問他要不要買書。」

3. 零：If one or more zeros occur between numbers, must be spoken. However, it only needs to be spoken once.

eg.	三百零七	**307**
	三千零七	**3,007**
	三千零七十	**3,070**
	三萬零七十	**30,070**

When expressing a multi-digit number by its single digits, every 零 must be spoken.

eg.	一零五	**105**
	一零零五	**1,005**
	一零零五零	**10,050**

第七課　你的法文念[1]得[2]真好聽[3]

1 DIALOGUE

I

A：文生，你在[4]念什麼呢[5]？

B：我在念法文。

A：你的法文，念得真好聽。

B：謝謝，可是我學得很慢[6]。

A：學法文有意思[7]嗎？

B：很有意思，可是我覺得有一點兒[8]難[9]。

A：我也想學一點兒法國話[10]，你可以[11]教[12]我嗎？

B：現在[13]我的法國話還[14]說[15]得不好。不能[16]教你。

A：你會[17]不會唱[18]法國歌兒[19]？

B：我只會唱“Frere Jacques, Frere Jacques, Dormez-Vous, Dormez-Vous, ……”。

A：你唱得真好聽。

II

A：小張，我想請你吃[20]飯[21]。

B：好啊。

A：你喜歡吃中國菜[22]還是法國菜？

B：兩個我都喜歡。

A：你也喜歡喝[23]酒[24]嗎？

B：喜歡，可是我只能喝一點兒。

A：好，我請你吃中國菜，喝法國酒。

B：那太好了！謝謝！謝謝！

ㄉㄧˋ ㄑㄧ ㄎㄜˋ　ㄋㄧˇ ˙ㄉㄜ ㄈㄚˇ ㄨㄣˊ ㄋㄧㄢˋ ˙ㄉㄜ ㄓㄣ ㄏㄠˇ ㄊㄧㄥ

I

A：ㄨㄣˊ ㄕㄥ，ㄋㄧˇ ㄗㄞˋ ㄋㄧㄢˋ ㄕㄜˊ ˙ㄇㄜ ˙ㄋㄜ？

B：ㄨㄛˇ ㄗㄞˋ ㄋㄧㄢˋ ㄈㄚˇ ㄨㄣˊ。

A：ㄋㄧˇ ˙ㄉㄜ ㄈㄚˇ ㄨㄣˊ，ㄋㄧㄢˋ ˙ㄉㄜ ㄓㄣ ㄏㄠˇ ㄊㄧㄥ。

B：ㄒㄧㄝˋ ˙ㄒㄧㄝ，ㄎㄜˇ ㄕˋ ㄨㄛˇ ㄒㄩㄝˊ ˙ㄉㄜ ㄏㄣˇ ㄇㄢˋ。

A：ㄒㄩㄝˊ ㄈㄚˇ ㄨㄣˊ ㄧㄡˇ ㄧˋ ㄙ ˙ㄇㄚ？

B：ㄏㄣˇ ㄧㄡˇ ㄧˋ ㄙ，ㄎㄜˇ ㄕˋ ㄨㄛˇ ㄐㄩㄝˊ ˙ㄉㄜ ㄧㄡˇ ㄧˋ ㄉㄧㄢˇ ㄦ ㄋㄢˊ。

A：ㄨㄛˇ ㄧㄝˇ ㄒㄧㄤˇ ㄒㄩㄝˊ ㄧˋ ㄉㄧㄢˇ ㄦ ㄈㄚˇ ㄍㄨㄛˊ ㄏㄨㄚˋ，ㄋㄧˇ ㄎㄜˇ ㄧˇ ㄐㄧㄠ ㄨㄛˇ ˙ㄇㄚ？

B：ㄒㄧㄢˋ ㄗㄞˋ ㄨㄛˇ ˙ㄉㄜ ㄈㄚˇ ㄍㄨㄛˊ ㄏㄨㄚˋ ㄏㄞˊ ㄕㄨㄛ ˙ㄉㄜ ㄅㄨˋ ㄏㄠˇ。ㄅㄨˋ ㄋㄥˊ ㄐㄧㄠ ㄋㄧˇ。

A：ㄋㄧˇ ㄏㄨㄟˋ ㄅㄨˊ ㄏㄨㄟˋ ㄔㄤˋ ㄈㄚˇ ㄍㄨㄛˊ ㄍㄜ ㄦ？

B：ㄨㄛˇ ㄓˇ ㄏㄨㄟˋ ㄔㄤˋ“Frere Jacques, Frere Jacques, Dormez-Vous, Dormez-Vous, ……”。

A：ㄋㄧˇ ㄔㄤˋ ˙ㄉㄜ ㄓㄣ ㄏㄠˇ ㄊㄧㄥ。

II

A：ㄒㄧㄠˇ ㄓㄤ，ㄨㄛˇ ㄒㄧㄤˇ ㄑㄧㄥˇ ㄋㄧˇ ㄔ ㄈㄢˋ。

B：ㄏㄠˇ ˙ㄚ。

A：ㄋㄧˇ ㄒㄧˇ ㄏㄨㄢ ㄔ ㄓㄨㄥ ㄍㄨㄛˊ ㄘㄞˋ ㄏㄞˊ ㄕˋ ㄈㄚˇ ㄍㄨㄛˊ ㄘㄞˋ？

B：ㄌㄧㄤˇ ˙ㄍㄜ ㄨㄛˇ ㄉㄡ ㄒㄧˇ ㄏㄨㄢ。

A：ㄋㄧˇ ㄧㄝˇ ㄒㄧˇ ㄏㄨㄢ ㄏㄜ ㄐㄧㄡˇ ˙ㄇㄚ？

B：ㄒㄧˇ ㄏㄨㄢ，ㄎㄜˇ ㄕˋ ㄨㄛˇ ㄓˇ ㄋㄥˊ ㄏㄜ ㄧˋ ㄉㄧㄢˇ ㄦ。

A：ㄏㄠˇ，ㄨㄛˇ ㄑㄧㄥˇ ㄋㄧˇ ㄔ ㄓㄨㄥ ㄍㄨㄛˊ ㄘㄞˋ，ㄏㄜ ㄈㄚˇ ㄍㄨㄛˊ ㄐㄧㄡˇ。

B：ㄋㄚˋ ㄊㄞˋ ㄏㄠˇ ˙ㄉㄜ！ㄒㄧㄝˋ ˙ㄒㄧㄝ！ㄒㄧㄝˋ ˙ㄒㄧㄝ！

Dì Cī Kè Nǐde Fǎwún Niànde Jhēn Hǎotīng

I

A : Wúnshēng, nǐ zài niàn shénme ne?
B : Wǒ zài niàn Fǎwún.
A : Nǐde Fǎwún, niànde jhēn hǎotīng.
B : Sièsie, kěshìh wǒ syuéde hěn màn.
A : Syué Fǎwún yǒu yìsīh ma?
B : Hěn yǒu yìsīh, kěshìh wǒ jyuéde yǒuyìdiǎnr nán.
A : Wǒ yě siǎng syué yìdiǎnr Fǎguó huà, nǐ kěyǐ jiāo wǒ ma?
B : Siànzài wǒde Fǎguó huà hái shuōde bùhǎo, bùnéng jiāo nǐ.
A : Nǐ huèi búhuèi chàng Fǎguó gēr?
B : Wǒ jhǐh huèi chàng, "Frere Jacques, Frere Jacques, Dormez-Vous, Dormez-Vous, ...".
A : Nǐ chàngde jhēn hǎotīng.

II

A : Siǎo Jhāng, Wǒ siǎng cǐng nǐ chīhfàn.
B : Hǎo a.
A : Nǐ sǐhuān chīh Jhōngguó cài háishìh Fǎguó cài?
B : Liǎngge wǒ dōu sǐhuān.
A : Nǐ yě sǐhuān hē jiǒu ma ?
B : Sǐhuān, kěshìh wǒ jhǐh néng hē yìdiǎnr.
A : Hǎo, wǒ cǐng nǐ chīh Jhōngguó cài, hē Fǎguó jiǒu.
B : Nà tài hǎo le! Sièsie! Sièsie!

Dì Qī Kè　Nǐde Fǎwén Niànde Zhēn Hǎotīng

I

A：Wénshēng, nǐ zài niàn shénme ne?

B：Wǒ zài niàn Fǎwén.

A：Nǐde Fǎwén, niànde zhēn hǎotīng.

B：Xièxie, kěshì wǒ xuéde hěn màn.

A：Xué Fǎwén yǒu yìsī ma?

B：Hěn yǒu yìsī, kěshì wǒ juéde yǒuyìdiǎnr nán.

A：Wǒ yě xiǎng xué yìdiǎnr Fǎguó huà, nǐ kěyǐ jiāo wǒ ma?

B：Xiànzài wǒde Fǎguó huà hái shuōde bùhǎo, bùnéng jiāo nǐ.

A：Nǐ hùi búhùi chàng Fǎguó gēr?

B：Wǒ zhǐ hùi chàng, “Frere Jacques, Frere Jacques, Dormez-Vous, Dormez-Vous, ……”.

A：Nǐ chàngde zhēn hǎotīng.

II

A：Xiǎo Zhāng, Wǒ xiǎng qǐng nǐ chīfàn.

B：Hǎo a.

A：Nǐ xǐhuān chī Zhōngguó cài háishì Fǎguó cài?

B：Liǎngge wǒ dōu xǐhuān.

A：Nǐ yě xǐhuān hē jiǔ ma ?

B：Xǐhuān, kěshì wǒ zhǐ néng hē yìdiǎnr.

A：Hǎo, wǒ qǐng nǐ chī Zhōngguó cài, hē Fǎguó jiǔ.

B：Nà tài hǎo le! Xièxie! Xièxie!

LESSON 7 YOUR FRENCH REALLY SOUNDS NICE

I

A : Wensheng, what are you reading?

B : I am reading French.

A : Your French really sounds nice.

B : Thank you, but I am a very slow learner.

A : Is learning French interesting?

B : It's very interesting, but I feel it's a little bit difficult.

A : I also want to learn a little French, can you teach me?

B : Right now I do not speak very good French, so I cannot teach you yet.

A : Can you sing a French song?

B : I can only sing "Frere Jacques, Frere Jacques, Dormez-Vous, Dormez-Vous, ...".

A : You sing really well.

II

A : Little Zhang, I would like to invite you to eat.

B : Sure.

A : Do you like to eat Chinese or French food?

B : I like them both.

A : Do you also like to drink?

B : Yes, but I can't drink very much.

A : Good, I will invite you to eat Chinese food with French wine.

B : That's wonderful. Thank you! Thank you!

2 VOCABULARY

1 念 (niàn) V：to read aloud, to study

請你念。

Cǐng nǐ niàn.
Qǐng nǐ niàn.
Please read it out aloud.

念書 (niànshū) VO：read / study book (s)

我不喜歡念書。

Wǒ bù sǐhuān niànshū.
Wǒ bù xǐhuān niànshū.
I don't like to study (books).

2 得 (de)

P：a particle used between a verb or adjective and its complement to indicate manner or degree.

他念書，念得很好。

Tā niànshū, niànde hěn hǎo.
He reads / studies very well.

3 好聽 (hǎotīng) SV：to be melodious

那個歌兒很好聽。

Nèige gēr hěn hǎotīng.
That song is melodious.

聽 (tīng) V：to listen

我喜歡聽妹妹唱歌兒。

Wǒ sǐhuān tīng mèimei chànggēr.
Wǒ xǐhuān tīng mèimei chànggēr.
I like to listen to my younger sister singing.

4 在 (zài) A：indicating that action is in progress

他在看報。

Tā zài kàn bào.
He is reading the newspaper.

5 呢 (ne)

P：a particle indicating the situation or state of affairs is being sustain

他在吃飯呢。

Tā zài chīhfàn ne.
Tā zài chīfàn ne.
He is eating.

6 慢 (màn) SV/A：to be slow; slowly

我寫字，寫得不慢。

Wǒ siězìh, siěde búmàn.
Wǒ xiězì, xiěde búmàn.
I don't write slowly.

7 有意思 / ˙ㄙ (yǒuyìsīh / yǒuyìsī) (yǒuyìsih / yǒuyìsi)

SV：to be interesting

那本英文書很有意思。

Nèiběn Yīngwún shū hěn yǒuyìsīh.
Nèiběn Yīngwén shū hěn yǒuyìsī.
That English book is very interesting.

意思 (yìsīh / yìsī) N：meaning, definition

這個字有很多意思。

Jhèige zìh yǒu hěn duō yìsīh.
Zhèige zì yǒu hěn duō yìsī.
This character has many meanings.

8 有一點兒 (yǒuyìdiǎnr)

A：to be slightly, to be a little bit, to be somewhat

學中文有一點兒難。

Syué Jhōngwún yǒu yìdiǎnr nán.
Xué Zhōngwén yǒu yìdiǎnr nán.
Studying Chinese is a little difficult.

一點兒 (yìdiǎnr) NU-M：a little

我只懂一點兒日文。

Wǒ jhǐh dǒng yìdiǎnr Rìhwún.
Wǒ zhǐ dǒng yìdiǎnr Rìwén.
I only know a little Japanese.

9 難 (nán) SV：to be difficult

學英文難不難？

Syué Yīngwún nán bùnán?
Xué Yīngwén nán bùnán?
Is studying English difficult?

10 話 (huà) N：words, spoken language

王先生要學德國話。

Wáng Siānshēng yào syué Déguó huà.
Wáng Xiānshēng yào xué Déguó huà.
Mr. Wang wants to study (spoken) German.

11 可以 (kěyǐ) AV：can, may, be permitted, O.K.

你現在不可以說英文。

Nǐ siànzài bùkěyǐ shuō Yīngwún.
Nǐ xiànzài bùkěyǐ shuō Yīngwén.
You are not permitted to speak English now.

12 教 (jiāo) V：to teach

請你教我一點兒中國話，好嗎？

Cĭng nĭ jiāo wŏ yìdiănr Jhōngguó huà, hăo ma?
Qĭng nĭ jiāo wŏ yìdiănr Zhōngguó huà, hăo ma?
Please teach me a little Chinese, OK?

教書 (jiāoshū) VO：to teach

王老師教書，教得很好。

Wáng lăoshīh jiāoshū, jiāode hĕn hăo.
Wáng lăoshī jiāoshū, jiāode hĕn hăo.
Teacher Wang teaches very well.

13 現在 (siànzài / xiànzài) MA：now, right now

你現在很忙嗎？

Nĭ siànzài hĕn máng ma?
Nĭ xiànzài hĕn máng ma?
Are you very busy now?

14 還 (hái) A：still, yet, also

他的英文還說得不好。

Tāde Yīngwún hái shuōde bùhăo.
Tāde Yīngwén hái shuōde bùhăo.
He still can't speak English very well.

她會唱歌，還會跳舞。

Tā huèi chànggē, hái huèi tiàowŭ.
Tā hùi chànggē, hái hùi tiàowŭ.
She can sing and also dance.

15 說 (shuō) V：to speak, to say

他說他很忙。

Tā shuō tā hĕn máng.
He says he's very busy.

說話 (shuōhuà) VO：to speak, to say, to talk (words)

現在不可以說話。

Siànzài bùkěyǐ shuōhuà.
Xiànzài bùkěyǐ shuōhuà.
Right now talking is not permitted.

16 能 (néng) AV：can

你能不能給我那本書？

Nǐ néng bùnéng gěi wǒ nèiběn shū?
Can you give me that book?

17 會 (huèi / hùi) AV：can, know how to

他姐姐會說日本話。

Tā jiějie huèi shuō Rìhběn huà.
Tā jiějie hùi shuō Rìběn huà.
His elder sister can speak Japanese.

18 唱 (chàng) V：to sing

19 歌兒 (gēr) N：song（M：首 shǒu）

我很喜歡唱歌兒。

Wǒ hěn sǐhuān chànggēr.
Wǒ hěn xǐhuān chànggēr.
I like to sing (songs) very much.

20 吃 (chīh / chī) V：to eat

你要吃什麼？

Nǐ yào chīh shénme?
Nǐ yào chī shénme?
What would you like to eat?

21 飯 (fàn) N：food, meal

王先生要請我們吃飯。

Wáng Siānshēng yào cǐng wǒmen chīhfàn.

Wáng Xiānshēng yào qǐng wǒmen chīfàn.
Mr. Wang wants to invite us for a meal.

22 菜 (cài) N：food, cuisine

我很喜歡吃法國菜。
Wǒ hěn sǐhuān chīh Fǎguó cài.
Wǒ hěn xǐhuān chī Fǎguó cài.
I really like French cuisine.

23 喝 (hē) V：to drink

24 酒 (jiǒu / jiǔ) N：wine or liquor

李先生喜歡喝酒嗎？
Lǐ Siānshēng sǐhuān hē jiǒu ma?
Lǐ Xiānshēng xǐhuān hē jiǔ ma?
Does Mr. Li like to drink?

SUPPLEMENTARY VOCABULARY

25 寫字 (siězìh / xiězì) VO：to write characters

你喜不喜歡寫中國字？
Nǐ sǐ bùsǐhuān siě Jhōngguó zìh?
Nǐ xǐ bùxǐhuān xiě Zhōngguó zì?
Do you like to write Chinese characters?

寫 (siě / xiě) V：to write

他不會寫你的名字。
Tā búhuèi siě nǐde míngzìh.
Tā búhùi xiě nǐde míngzì.
He does not know how to write your name.

字 (zìh / zì) N：character

26 做事 (zuòshìh / zuòshì)

VO：to take care of things, to do things, to do work

他很能做事。

Tā hěn néng zuòshìh.
Tā hěn néng zuòshì.
He is very capable of handling things.

做 (zuò)　V：to do, to make

他在做什麼？

Tā zài zuò shénme?
What is he doing?

事 (shìh / shì)　N：matter, work

你有什麼事？

Nǐ yǒu shénme shìh?
Nǐ yǒu shénme shì?
What can I do for you?

27 做飯 (zuòfàn)　VO：to cook

王太太很會做飯。

Wáng Tàitai hěn huèi zuòfàn.
Wáng Tàitai hěn hùi zuòfàn.
Mrs. Wang can really cook. (Mrs. Wang is a good cook.)

28 畫畫兒 (huàhuàr)　VO：to paint, to draw

那個孩子很喜歡畫畫兒。

Nèige háizih hěn sǐhuān huàhuàr.
Nèige háizi hěn xǐhuān huàhuàr.
That child likes to draw pictures a lot.

畫 (huà)　V：to paint, to draw

畫兒 (huàr)　N：painting, picture（M：張 jhāng / zhāng）

29 快 (kuài) SV/A：to be fast; quickly

老師寫字，寫得很快。

Lǎoshīh siězìh, siěde hěn kuài.
Lǎoshī xiězì, xiěde hěn kuài.
The teacher writes (characters) very quickly.

3 SYNTAX PRACTICE

I. Verb Object Compounds (VO)

When certain English verbs are translated into Chinese, their Chinese equivalents usually appear in the VO form. For example, the English verb "to speak" is translated as **說話**, the literal meaning of which in Chinese is "to speak words".

V	(Mod.)	O
說		話
to speak (words)		
說	中國	話
to speak Chinese (words)		

看書	read (lit. look at book)
念書	study (lit. read aloud book)
寫字	write (lit. write word)
唱歌兒	sing (lit. sing song)
吃飯	eat (lit. eat meal)
喝酒	drink wine or alcohol
做事	work (lit. do thing)
做飯	cook (lit. make meal)
教書	teach (lit. teach book)

畫畫兒	paint (lit. paint picture)
跳ㄊㄧㄠˋ舞ㄨˇ (tiàowǔ)*	dance (lit. leap dance)

1. 有的學生不喜歡念書。
2. 我不會寫漢ㄏㄢˋ字ㄗˋ (hànzìh / hànzì)* 。
3. 你唱歌兒，他跳ㄊㄧㄠˋ舞ㄨˇ (tiàowǔ)，好不好？
4. 小孩子不會做飯，只會吃飯。
5. 他想看書，不想做事。

Answer the following questions

1. 你（不）喜歡做什麼？
2. 你（不）會做什麼？

II. Progressive Aspect

If progressive marker 在 is placed in front of the verb, it means the action is currently in progress. Sometimes the particle 呢 is placed at the end of the sentence indicating that the situation or state of affairs is being sustain.

* 跳ㄊㄧㄠˋ舞ㄨˇ (tiàowǔ)：dance
* 漢ㄏㄢˋ字ㄗˋ(hànzìh / hànzì)：Chinese character

S	在	V	O	(呢)?
你	在	做	什麼	(呢)?
What are you doing?				

1. 你們在做什麼(呢)?
   我們在跳ㄊㄧㄠˋ舞ㄨˇ (tiàowǔ)(呢)。
2. 孩子在做什麼(呢)?
   孩子在念書(呢)。
3. 你聽,誰在唱歌兒?
   我不知道誰在唱歌兒。
4. 你在寫字嗎?
   不,我在畫畫兒(呢)。

Answer the questions below

1. 王太太在做什麼?
2. 誰在寫字?
3. 王先生在看什麼呢?
4. 小狗在跳ㄊㄧㄠˋ舞ㄨˇ (tiàowǔ)嗎?

III. Verb Object as the Topic

V	O	Comment
學	中文	不難。
It's not difficult to learn Chinese.		

1. 吃飯不難，做飯難。
2. 看電影很有意思。
3. 畫畫兒他不太喜歡。
4. 跳ㄊㄧㄠˋ舞ㄨˇ (tiàowǔ) 我會，唱歌兒我不會。

Provide the following sentences with a verb object topic

1. ______________ 沒有意思。
2. ______________ 我很喜歡。
3. ______________ 很難。
4. ______________ 我會。

Ⅳ. 好 and 難 as Adverbial Prefixes

(Ⅰ) good or bad to look / listen / eat / drink……etc.

好看	難看
好聽	難聽
好吃	難吃
好喝	難喝

(Ⅱ) easy or difficult to understand / study / do / write……etc.

好懂	難懂
好學	難學
好做	難做
好寫	難寫

1. 中國字，有的好寫，有的不好寫。
2. 他覺得德國酒真好喝。
3. 這個歌兒好唱，也不難聽。
4. 法國飯好吃，可是不好做。

Use 好 or 難 as adverbial prefixes to complete the following sentences

1. Michael Jackson 的歌兒＿＿＿＿＿＿＿＿＿＿＿＿＿＿＿＿。
2. 臺灣菜＿＿＿＿＿＿＿＿＿＿＿＿＿＿＿＿。
3. 法國酒＿＿＿＿＿＿＿＿＿＿＿＿＿＿＿＿。
4. 那個字＿＿＿＿＿＿＿＿＿＿＿＿＿＿＿＿。
5. Picasso 的畫兒＿＿＿＿＿＿＿＿＿＿＿＿＿＿＿＿。
6. 漢ㄏㄢˋ堡ㄅㄠˇ (hànbǎo)＿＿＿＿＿＿＿＿＿＿＿＿＿＿＿＿。

7. 德國話＿＿＿＿＿＿＿＿＿＿＿＿。

8. 日本車＿＿＿＿＿＿＿＿＿＿＿＿。

V. Predicative Complements (describing the manner or the degree of the action)

(I)

S	V-	得	(A)	SV
你	做	得	很	好。
You do / did (something) very well.				

1. 他畫得真好。
2. 你寫得太小。
3. 她唱得很好聽。

(II) S-V-O as the Topic

S	V	O	,	V-	得	(A)	SV
他	說	臺灣話	,	說	得	很	好。
He speaks Taiwanese very well.							

1. 我說話，說得很快。
2. 他喝酒，喝得太多。
3. 你看中文書，看得很慢。

(III) Subject as the Topic

S	,	O	V-得	(A)	SV
他	,	日文	說得	很	好。
His spoken Japanese is very good.					

1. 我，中國字寫得不很好。
2. 你那位朋友，歌兒唱得很好聽。

3. 他兒子，書念得很好。

(Ⅳ) S 的 O as the Topic

S	的	O	,	V-得	(A)	SV
他	的	飯	，	做得	很	好。
He is a good cook.						

1. 王小姐的法文，說得真好。
2. 你的英文字，寫得太小。
3. 李老師的中國畫兒，畫得很好看。

Answer the questions below

1. 你媽媽做飯，做得怎ㄗㄣˇ麼˙ㄇㄜ樣ㄧㄤˋ (zěnmeyàng)？
2. 你的英文歌兒，唱得怎麼樣？
3. 你畫畫兒，畫得怎麼樣？
4. 你的中文字，寫得怎麼樣？
5. 你的舞ㄨˇ (wǔ)，跳ㄊㄧㄠˋ (tiào) 得怎麼樣？

4 APPLICATION ACTIVITIES

I. Each person talks about their interests and talents.

II. One person performs the action below. The other students describe his / her actions and give the actor an appraisal.

（唱歌兒，跳舞，畫畫兒，說日本話，寫中文字，吃飯，etc.）

eg. 他在跳舞。
他跳舞（他的舞），跳得很好。

III. Situation

1. **Two students share about their families members' hobbies, habits and talents.**

2. **A student invites another student out to have dinner, dance, watch a movie, etc.**

IV. Try to sing

兩ㄌㄧㄤˇ隻ㄓ老ㄌㄠˇ虎ㄏㄨˇ
Liǎngjhīh Lǎohǔ / Liǎngzhī Lǎohǔ
TWO TIGERS
兩隻 老虎 兩隻 老虎 跑得 快 跑得 快
一隻沒有耳朵 一隻沒有眼睛 真奇 怪 真奇 怪

兩ㄌㄧㄤˇ隻ㄓ老ㄌㄠˇ虎ㄏㄨˇ，兩ㄌㄧㄤˇ隻ㄓ老ㄌㄠˇ虎ㄏㄨˇ，跑ㄆㄠˇ得˙ㄉㄜ快ㄎㄨㄞˋ！跑ㄆㄠˇ得˙ㄉㄜ快ㄎㄨㄞˋ！

Liǎngjhīh lǎohǔ, liǎngjhīh lǎohǔ, pǎode kuài!Pǎode kuài!
Liǎngzhī lǎohǔ, liǎngzhī lǎohǔ, pǎode kuài!Pǎode kuài!
Two tigers, two tigers, running fast, running fast!

一ㄧˋ隻ㄓ沒ㄇㄟˊ有ㄧㄡˇ耳ㄦˇ朵˙ㄉㄨㄛ，一ㄧˋ隻ㄓ沒ㄇㄟˊ有ㄧㄡˇ眼ㄧㄢˇ睛ㄐㄧㄥ，
真ㄓㄣ奇ㄑㄧˊ怪ㄍㄨㄞˋ！真ㄓㄣ奇ㄑㄧˊ怪ㄍㄨㄞˋ！

Yìjhīh méiyǒu ěrduo, yìjhīh méiyǒu yǎnjīng,
Jhēn cíguài! Jhēn cíguài!
Yìzhī méiyǒu ěrduo, yìzhī méiyǒu yǎnjīng,
Zhēn qíguài! Zhēn qíguài!
One doesn't have ears, one doesn't have eyes,
how strange! How strange!

* 耳ㄦˇ朵˙ㄉㄨㄛ (ěrduo)：ear
* 老ㄌㄠˇ虎ㄏㄨˇ (lǎohǔ)：tiger
* 眼ㄧㄢˇ睛ㄐㄧㄥ (yǎnjīng)：eye
* 跑ㄆㄠˇ (pǎo)：to run
* 奇ㄑㄧˊ怪ㄍㄨㄞˋ (cíguài / qíguài)：to be strange

This song comes from the French song "Frere Jacques", which was adapted into Chinese. And this Chinese song, as its French version, is a popular children's song.

5 NOTES

1. V-得 complement：得 is placed directly after the verb or between the verb and its complement and indicates the manner or degree of the action.

eg. 他寫得很好。 **He writes well.**
我做得很快。 **I do it very quickly.**

2. 可以，能，會 can all be translated into English as "can", but their meanings are not the same in Chinese. 可以 (can; may) is generally used to indicate something is permitted.

eg. 我想請你吃飯，可以嗎？ **May I invite you for a dinner?**
老師，我現在可以說英文嗎？ **Teacher, may I speak English now?**

能 (can; be able to) is used to indicate physical ability or the possibility of something.

eg. 你能喝多少酒？ **How much (alcohol) can you drink?**
一百塊錢能買多少東西？ **How much can I buy for one hundred dollars?**
我沒有筆，不能寫字。 **I don't have a pen so I can't write.**

Note that **能** sometimes can also take the place of **可以**. Also, when the verb is omitted in a simple response to a question then **可以** is used.

eg. 你能不能給我一杯茶？ **Can you give me a cup of tea?**
可以。 **I can.**

會 (can; know how to)：indicates acquired ability or learned ability through practice.

eg. 我會說一點兒中國話。 **I can speak a little Chinese.**

第八課　這是我們新買的電視機

1 DIALOGUE

I

A：這是你們新買的電視機嗎？

B：是啊。

A：你常①看電視嗎？

B：常看，我最②愛③看王ㄨㄤˊ英ㄧㄥ英ㄧㄥ (Wáng Yīngyīng)*唱歌兒。

A：對啊，她唱的歌兒都很好聽。

B：她跳舞④也跳得不錯⑤。

A：她穿⑥的衣服⑦，我也喜歡。

B：聽說⑧她還會唱不少外國⑨歌兒，她的英文、法文也都說得很好。

A：我想她一定⑩有很多外國朋友。

* 王ㄨㄤˊ英ㄧㄥ英ㄧㄥ (Wáng Yīngyīng)：a Chinese name

II

A：你在學中國畫兒嗎？

B：是啊，你看，這張就[11]是我畫的。

A：你畫的這張畫兒真好看。

B：謝謝。

A：教你中國畫兒的老師姓什麼？

B：他姓錢。他是很有名的畫家[12]。

A：噢[13]，我知道他，他也教書法[14]，對不對？

B：對了[15]，他也教我書法。

A：你為什麼[16]要學書法？

B：因為[17]我覺得書法很美，所以[18]我想學學。

ㄉㄧˋ ㄅㄚ ㄎㄜˋ　ㄓㄜˋ ㄕˋ ㄨㄛˇ ˙ㄇㄣ ㄒㄧㄣ ㄇㄞˇ ˙ㄉㄜ ㄉㄧㄢˋ ㄕˋ ㄐㄧ

I

A：ㄓㄜˋ ㄕˋ ㄋㄧˇ ˙ㄇㄣ ㄒㄧㄣ ㄇㄞˇ ˙ㄉㄜ ㄉㄧㄢˋ ㄕˋ ㄐㄧ ˙ㄇㄚ？

B：ㄕˋ ˙ㄚ。

A：ㄋㄧˇ ㄔㄤˊ ㄎㄢˋ ㄉㄧㄢˋ ㄕˋ ˙ㄇㄚ？

B：ㄔㄤˊ ㄎㄢˋ，ㄨㄛˇ ㄗㄨㄟˋ ㄞˋ ㄎㄢˋ ㄨㄤˊ ㄧㄥ ㄧㄥ ㄔㄤˋ ㄍㄜ ㄦ。

A：ㄉㄨㄟˋ ˙ㄚ，ㄊㄚ ㄔㄤˋ ˙ㄉㄜ ㄍㄜ ㄦ ㄉㄡ ㄏㄣˇ ㄏㄠˇ ㄊㄧㄥ。

B：ㄊㄚ ㄊㄧㄠˋ ㄨˇ ㄧㄝˇ ㄊㄧㄠˋ ˙ㄉㄜ ㄅㄨˊ ㄘㄨㄛˋ。

A：ㄊㄚ ㄔㄨㄢ ˙ㄉㄜ ㄧ ㄈㄨˊ，ㄨㄛˇ ㄧㄝˇ ㄒㄧˇ ㄏㄨㄢ。

B：ㄊㄧㄥ ㄕㄨㄛ ㄊㄚ ㄏㄞˊ ㄏㄨㄟˋ ㄔㄤˋ ㄅㄨˋ ㄕㄠˇ ㄨㄞˋ ㄍㄨㄛˊ ㄍㄜ ㄦ，ㄊㄚ ˙ㄉㄜ ㄧㄥ ㄨㄣˊ、ㄈㄚˇ ㄨㄣˊ ㄧㄝˇ ㄉㄡ ㄕㄨㄛ ˙ㄉㄜ ㄏㄣˇ ㄏㄠˇ。

A：ㄨㄛˇ ㄒㄧㄤˇ ㄊㄚ ㄧˊ ㄉㄧㄥˋ ㄧㄡˇ ㄏㄣˇ ㄉㄨㄛ ㄨㄞˋ ㄍㄨㄛˊ ㄆㄥˊ ㄧㄡˇ。

II

A：ㄋㄧˇ ㄗㄞˋ ㄒㄩㄝˊ ㄓㄨㄥ ㄍㄨㄛˊ ㄏㄨㄚˋ ㄦ ˙ㄇㄚ？

B：ㄕˋ ˙ㄚ，ㄋㄧˇ ㄎㄢˋ，ㄓㄟˋ ㄓㄤ ㄐㄧㄡˋ ㄕˋ ㄨㄛˇ ㄏㄨㄚˋ ˙ㄉㄜ。

A：ㄋㄧˇ ㄏㄨㄚˋ ˙ㄉㄜ ㄓㄟˋ ㄓㄤ ㄏㄨㄚˋ ㄦ ㄓㄣ ㄏㄠˇ ㄎㄢˋ。

B：ㄒㄧㄝˋ ˙ㄒㄧㄝ。

A：ㄐㄧㄠ ㄋㄧˇ ㄓㄨㄥ ㄍㄨㄛˊ ㄏㄨㄚˋ ㄦ ˙ㄉㄜ ㄌㄠˇ ㄕ ㄒㄧㄥˋ ㄕㄜˊ ˙ㄇㄜ？

B：ㄊㄚ ㄒㄧㄥˋ ㄑㄧㄢˊ。ㄊㄚ ㄕˋ ㄏㄣˇ ㄧㄡˇ ㄇㄧㄥˊ ˙ㄉㄜ ㄏㄨㄚˋ ㄐㄧㄚ。

A：ㄛˋ，ㄨㄛˇ ㄓ ㄉㄠˋ ㄊㄚ，ㄊㄚ ㄧㄝˇ ㄐㄧㄠ ㄕㄨ ㄈㄚˇ，ㄉㄨㄟˋ ㄅㄨˊ ㄉㄨㄟˋ？

B：ㄉㄨㄟˋ ˙ㄉㄜ，ㄊㄚ ㄧㄝˇ ㄐㄧㄠ ㄨㄛˇ ㄕㄨ ㄈㄚˇ。

A：ㄋㄧˇ ㄨㄟˋ ㄕㄜˊ ˙ㄇㄜ ㄧㄠˋ ㄒㄩㄝˊ ㄕㄨ ㄈㄚˇ？

B：ㄧㄣ ㄨㄟˋ ㄨㄛˇ ㄐㄩㄝˊ ˙ㄉㄜ ㄕㄨ ㄈㄚˇ ㄏㄣˇ ㄇㄟˇ，ㄙㄨㄛˇ ㄧˇ ㄨㄛˇ ㄒㄧㄤˇ ㄒㄩㄝˊ ㄒㄩㄝˊ。

Dì Bā Kè　Jhè Shìh Wǒmen Sīn Mǎide Diànshìhjī

I

A : Jhè shìh nǐmen sīn mǎide diànshìhjī ma?

B : Shìh a.

A : Nǐ cháng kàn diànshìh ma?

B : Cháng kàn, wǒ zuèi ài kàn Wáng Yīngyīng chànggēr.

A : Duèi a, tā chàngde gēr dōu hěn hǎotīng.

B : Tā tiàowǔ, yě tiàode búcuò.

A : Tā chuānde yīfú, wǒ yě sǐhuān.

B : Tīngshuō tā hái huèi chàng bùshǎo wàiguó gēr, tāde Yīngwún, Fǎwún yě dōu shuōde hěn hǎo.

A : Wǒ siǎng tā yídìng yǒu hěn duō wàiguó péngyǒu.

II

A : Nǐ zài syué Jhōngguó huàr ma?

B : Shìh a, nǐ kàn, jhèijhāng jiòu shìh wǒ huàde.

A : Nǐ huàde jhèijhāng huàr jhēn hǎokàn.

B : Sièsie.

A : Jiāo nǐ Jhōngguó huàrde lǎoshīh sìng shénme?

B : Tā sìng Cián. Tā shih hěn yǒumíngde huàjiā.

A : Òu, wǒ jhīhdào tā, tā yě jiāo shūfǎ, duèi búduèi?

B : Duèile, tā yě jiāo wǒ shūfǎ.

A : Nǐ wèishénme yào syué shūfǎ?

B : Yīnwèi wǒ jyuéde shūfǎ hěn měi, suǒyǐ wǒ siǎng syuésyué.

Dì Bā Kè　Zhè Shì Wǒmen Xīn Mǎide Diànshìjī

I

A：Zhè shì nǐmen xīn mǎide diànshìjī ma?

B：Shì a.

A：Nǐ cháng kàn diànshì ma?

B：Cháng kàn, wǒ zùi ài kàn Wáng Yīngyīng chànggēr.

A：Dùi a, tā chàngde gēr dōu hěn hǎotīng.

B：Tā tiàowǔ, yě tiàode búcuò.

A：Tā chuānde yīfú, wǒ yě xǐhuān.

B：Tīngshuō tā hái huì chàng bùshǎo wàiguó gēr, tāde Yīngwén, Fǎwén yě dōu shuōde hěn hǎo.

A：Wǒ xiǎng tā yídìng yǒu hěn duō wàiguó péngyǒu.

II

A：Nǐ zài xué Zhōngguó huàr ma?

B：Shì a, nǐ kàn, zhèizhāng jiù shì wǒ huàde.

A：Nǐ huàde zhèizhāng huàr zhēn hǎokàn.

B：Xièxie.

A：Jiāo nǐ Zhōngguó huàrde lǎoshī xìng shénme?

B：Tā xìng Qián. Tā shì hěn yǒumíngde huàjiā.

A：Òu, wǒ zhīdào tā, tā yě jiāo shūfǎ, dùi búdùi?

B：Dùile, tā yě jiāo wǒ shūfǎ.

A：Nǐ wèishénme yào xué shūfǎ?

B：Yīnwèi wǒ juéde shūfǎ hěn měi, suǒyǐ wǒ xiǎng xuéxué.

LESSON 8 THIS IS OUR NEWLY PURCHASED TELEVISION

I

A : Is this the new TV set you just bought?

B : Yes.

A : Do you watch television often?

B : Quite often. I like to watch Wang Yingying sing the most.

A : All the songs she sings are very melodious.

B : She also dances very well.

A : I like the clothes she wears, too.

B : I heard she can sing quite a few foreign songs. She speaks English and French very well.

A : I'm certain she has lot of foreign friends.

II

A : Are you studying Chinese brush painting?

B : Yes! Look, here is one of my paintings.

A : The painting you painted is really beautiful.

B : Thank you.

A : What's the name of your Chinese painting teacher?

B : His last name is Qian. He is a very famous painter.

A : Oh, I know him; he also teaches calligraphy, right?

B : Right! He also teaches me calligraphy.

A : Why do you want to study calligraphy?

B : I think calligraphy is very beautiful, so I want to study it.

2 VOCABULARY

1 常(常) [cháng (cháng)]　A：often, usually

他常（常）說他很忙。

Tā cháng (cháng) shuō tā hěn máng.
He often says he's very busy.

2 最 (zuèi / zuì)　A：the most, -est

我覺得學法文最難。

Wǒ jyuéde syué Fǎwún zuèi nán.
Wǒ juéde xué Fǎwén zuì nán.
I think that studying French is the most difficult.

3 愛 (ài)　V/AV：to love

我很愛小孩子。

Wǒ hěn ài siǎoháizih.
Wǒ hěn ài xiǎoháizi.
I love children.

他最愛吃臺灣菜。

Tā zuèi ài chīh Táiwān cài.
Tā zuì ài chī Táiwān cài.
He loves to eat Taiwanese food the most.

4 跳舞 (tiàowǔ)　VO：to dance

他說他想學跳舞。

Tā shuō tā siǎng syué tiàowǔ.
Tā shuō tā xiǎng xué tiàowǔ.
He said he wants to learn to dance.

5 不錯 (búcuò) SV：to be not bad, pretty good, quite well

王先生唱歌兒，唱得不錯。

Wáng Siānshēng chàng gēr, chàngde búcuò.
Wáng Xiānshēng chàng gēr, chàngde búcuò.
Mr. Wang sings quiet well.

錯 (cuò) SV/N：to be wrong / mistake, fault

這是我的錯。

Jhè shìh wŏde cuò.
Zhè shì wŏde cuò.
This is my fault.

6 穿 (chuān) V：to wear, to put on

7 衣服 (yīfú) N：clothes, clothing（M：件 jiàn）

我沒有很多衣服。

Wŏ méiyŏu hĕn duō yīfú.
I don't have many clothes.

8 聽說 (tīngshuō) IE：hear, hear it said

我聽說他很會做飯。

Wŏ tīngshuō tā hĕn huèi zuòfàn.
Wŏ tīngshuō tā hĕn huì zuòfàn.
I heard he really knows how to cook.

9 外國 (wàiguó) N：foreign, foreign country

學外國話有意思嗎？

Syué wàiguó huà yŏuyìsīh ma?
Xué wàiguó huà yŏuyìsī ma?
Is studying foreign languages interesting?

外 (wài) L：outside, exterior

外文 (wàiwún / wàiwén) N：foreign language

10 一定 (yídìng)　A：certainly, indeed, surely, must

我想他一定是美國人。

Wǒ siǎng tā yídìng shìh Měiguó rén.
Wǒ xiǎng tā yídìng shì Měiguó rén.
I think he must be an American.

不一定 (bùyídìng)　A：uncertain, not for sure, not necessarily

貴的東西不一定好。

Guèide dōngsī bùyídìng hǎo.
Gùide dōngxī bùyídìng hǎo.
Expensive things are not necessarily good.

11 就 (jiòu / jiù)　A：the very (exactly), only

A：請問，哪位是李小姐？
B：我就是。

A：Cǐngwùn, něiwèi shìh Lǐ Siǎojiě?
B：Wǒ jiòu shìh.
A：Qǐngwèn, něiwèi shì Lǐ Xiǎojiě?
B：Wǒ jiù shì.
A：Excuse me, who is Miss Li?
B：I am. (I'm the very person)

我就有一塊錢。

Wǒ jiòu yǒu yíkuài cián.
Wǒ jiù yǒu yíkuài qián.
I only have one dollar.

12 畫家 (huàjiā)　N：a painter (an artist)

他哥哥是一個畫家。

Tā gēge shìh yíge huàjiā.
Tā gēge shì yíge huàjiā.
His older brother is a painter.

13 噢 (òu) INT：Oh!

14 書法 (shūfǎ) N：calligraphy

張小姐的書法寫得很好。

Jhāng Siǎojiěde shūfǎ siěde hěn hǎo.
Zhāng Xiǎojiěde shūfǎ xiěde hěn hǎo.
Miss Zhang's calligraphy is great.

15 對了 (duèile / dùile) IE：right, correct

A：請問，您是張先生嗎？
B：對了，我就是。

A：Cǐngwùn, nín shìh Jhāng Siānshēng ma?
B：Duèile, wǒ jiòu shìh.
A：Qǐngwèn, nín shì Zhāng Xiānshēng ma?
B：Dùile, wǒ jiù shì.
A：Excuse me, are you Mr. Zhang?
B：Yes, I am.

16 為什麼 (wèishénme) MA：why

他為什麼不念書？

Tā wèishénme bú niànshū?
Why didn't he study?

17 因為 (yīnwèi) MA：because

我不能寫字，因為我沒有筆。

Wǒ bùnéng siězìh, yīnwèi wǒ méiyǒu bǐ.
Wǒ bùnéng xiězì, yīnwèi wǒ méiyǒu bǐ.
I can't write (characters) because I don't have a pen.

18 所以 (suǒyǐ) MA：therefore, so

因為他是畫家，所以他很會畫畫兒。

Yīnwèi tā shìh huàjiā, suǒyǐ tā hěn huèi huàhuàr.
Yīnwèi tā shì huàjiā, suǒyǐ tā hěn huì huàhuàr.
He is a painter, so he really knows how to paint.

SUPPLEMENTARY VOCABULARY

19 母親 (mǔcīn / mǔqīn) N：mother

我母親很喜歡買外國東西。

Wǒ mǔcīn hěn sǐhuān mǎi wàiguó dōngsī.
Wǒ mǔqīn hěn xǐhuān mǎi wàiguó dōngxī.
My mother really likes to buy foreign things.

母 (mǔ) N：mother, female

親 (cīn / qīn) BF：blood relation, relative

20 父母 (fùmǔ) N：parents

我父母都很忙。

Wǒ fùmǔ dōu hěn máng.
My parents are both very busy.

父 (fù) N：father, male relative

父親 (fùcīn / fùqīn) N：father

21 生意 (shēngyì) N：business, trade

那個人很會做生意。

Nèige rén hěn huèi zuò shēngyì.
Nèige rén hěn hùi zuò shēngyì.
That person can really do business.

22 有錢 (yǒucián / yǒuqián) SV：to have money, to be rich

做生意的都有錢嗎？

Zuò shēngyì de dōu yǒucián ma?
Zuò shēngyì de dōu yǒuqián ma?
Are all businessmen rich?

23 件 (jiàn) M：measure word for clothes, things, affairs, etc.

這件衣服很好看。

Jhèijiàn yīfú hěn hǎokàn.
Zhèijiàn yīfú hěn hǎokàn.
This outfit looks nice.

24 茶 (chá) N：tea

外國人都喜歡喝臺灣茶嗎？

Wàiguó rén dōu sǐhuān hē Táiwān chá ma?
Wàiguó rén dōu xǐhuān hē Táiwān chá ma?
Do foreigners all like to drink Taiwanese tea?

25 水 (shuěi / shuǐ) N：water

請給我一杯熱水。

Cǐng gěi wǒ yìbēi rèshuěi.
Qǐng gěi wǒ yìbēi rèshuǐ.
Please give me a cup of hot water.

26 容易 (róngyì) SV：to be easy

我覺得跳舞容易，唱歌兒難。

Wǒ jyuéde tiàowǔ róngyì, chànggēr nán.
Wǒ juéde tiàowǔ róngyì, chànggēr nán.
I think dancing is easy, but singing is difficult.

我的中文名字很容易寫。

Wŏde Jhōngwún míngzìh hĕn róngyì siĕ.
Wŏde Zhōngwén míngzì hĕn róngyì xiĕ.
My Chinese name is very easy to write.

3 SYNTAX PRACTICE

I. Nouns Modified by Clauses with 的

In Chinese the modifying clause must be placed before the noun it modifies. In addition, **的** is added after the modifying clause.

(I)

S	V	的	N
他	畫	的	畫兒
the painting which he painted			

1. 老師說的話，我都懂。
2. 小孩子看的書都不難。
3. 他們賣的衣服都太貴。
4. 我最喜歡吃我母親做的菜。
5. 父母喜歡的東西，孩子不一定喜歡。

(II)

(AV)	V	O	的	N
喜歡	畫	畫兒	的	人
the person who enjoys painting				

1. 愛看電視的孩子很多。
2. 懂中文的外國人不多。

3. 做生意的人不都有錢。
4. 說英文的人不都是美國人。
5. 喜歡唱歌兒的人不都喜歡跳舞。

Answer the questions below

1. 你做的菜好吃嗎？
2. 你寫的中國字好看嗎？
3. 你會唱的歌兒多不多？
4. 你買的東西，你父母都喜歡嗎？
5. 你最喜歡的台灣菜叫什麼？
6. 想學中文的美國人多不多？
7. 會說哪種外國話的美國人最多？
8. 喜歡看書的人都常買書嗎？
9. 會做衣服的美國小姐多不多？
10. 會說中國話的人都會教中文嗎？

II. Specified Nouns Modified by Clauses with 的

When a noun is already specified by a demonstrative pronoun such as 這 or 那，the modifying clause is often placed in front of the demonstrative pronoun.

(I)

S	V	的	DEM(NU)-M	N
你	唱	的	這　個	歌兒
the song that you are singing				

1. 她穿的那件衣服很好看。
2. 你喝的那杯茶是臺灣茶。

3. 他寫的那兩本書都不錯。
4. 我很喜歡你照的這張像片兒。
5. 我買的這個照像機是日本貨。

(II)

(AV) V	O	的	DEM(NU)-M	N
愛	唱 歌兒	的	那 兩 個	孩子
those two children who enjoy singing				

1. 喝酒的那位先生要一個杯子。
2. 賣畫兒的那個人也賣筆。
3. 教書法的那位老師，畫兒也畫得不錯。
4. 會說法國話的那個美國學生有很多法國朋友。
5. 跳舞的那兩個人，一個是我哥哥，一個是他女朋友。

Look at the pictures and complete the sentences below

1. 唱歌兒的這位小姐是英國人嗎？
她唱的這個歌兒是哪國歌兒？你會不會唱？
她穿的這件衣服，你覺得好看嗎？

2. 教中文的這位老師姓什麼？
   他寫的那些字你都會念嗎？
   學中文的這三個學生都是好學生嗎？

3. 念書的這個孩子是男的還是女的？
   他念的這本書叫什麼名字？

4. 這兩個孩子，哪個胖？

5. 我買的這輛車，你喜歡嗎？

III. Clausal Expressions which Have Become Independent Nouns

Some modifying clauses with 的, such as those used to represent a profession, can function as nouns. However, such derived nouns are often not used in formal situations.

做生意的	a businessman
賣報的	a newspaper vendor
做飯的	a cook
唱歌兒的	a singer

1. 聽說那個賣報的有七個孩子。
2. 那兩個做生意的都很有錢。
3. 那個做飯的只會做臺灣菜。
4. 那個賣書的，英文說得不錯。
5. 那個唱歌兒的叫什麼名字？

Fill in the blanks with "VO 的"

1. ______________ 常說：「我們賣的東西都好，也便宜」。
2. 那個 ______________ 問我要不要買報。

3. ______________ 問我：「我做的菜，你喜歡嗎？」

4. 那個 ______________ 問我：「你要買什麼錶？」

5. 那個 ______________ 會唱很好聽的歌兒。

IV. Adverbs 因為……所以 Used as Correlative Conjunctions

If the subject (which function as the topic) in a preceding and following clause is the same, then the subject of the second clause can be omitted; and the subject of the first clause can be placed at the beginning of the sentence.

1. 因為我喜歡看書，所以（我）常常買書。
2. 他因為很熱，所以要喝水。
3. 因為這個歌兒很容易，所以我們都會唱。
4. 因為她母親是法國人，所以她會說法國話。
5. 因為他有很多英國朋友，所以他英文說得不錯。

Answer the questions below using the 因為……所以 pattern

1. 你為什麼要學中文？
2. 你為什麼不喜歡那個人？
3. 你為什麼要買新電視機？
4. 為什麼你的錢常常不夠？
5. 那種車為什麼很貴？

4 APPLICATION ACTIVITIES

I. Insert the words given below into sentences

e.g 東西很貴。

那個	那個東西很貴。
小	那個小東西很貴。
他買的	他買的那個小東西很貴。

1. 孩子很有意思。

那個	______________
男	______________
小	______________
美國	______________
很胖的	______________
喜歡說話的	______________

2. 書叫什麼名字？

那本	______________
日文	______________
很有意思的	______________
你看的	______________

II. Talk about your favorite person, thing, and song; or about your least favorite song, activities, etc.

我最喜歡的人是 ______________ 。

我最喜歡的車是 ______________ 。

我最（不）喜歡看的電視節ㄐㄧㄝˊ目ㄇㄨˋ (jiémù)* 是 ________ 。

我最（不）喜歡吃的（東西）是 ________ 。

III. Every person should give his/her own opinions on the following topics.

________ 的人很多。

________ 的人很少。

________ 的人沒有錢。

________ 的學生是好學生。

________ 的老師是好老師。

________ 的父母是好父母。

________ 的太太是好太太。

* 節ㄐㄧㄝˊ目ㄇㄨˋ (jiémù)：program

第九課　你們學校在①哪裡②？

1 DIALOGUE

I

A：你們學校在哪裡？

B：在大學路③。

A：學生多不多？

B：不太多，只有五、六千個學生。

A：有宿ㄙㄨˋ舍ㄕㄜˋ (sùshè)*嗎？

B：有，圖書館④後⑤面的大樓⑥就是學生宿舍。

A：你常在宿舍裡⑦看書嗎？

B：不，宿舍裡人太多，我常在圖書館看書。

A：學校附近⑧有書店⑨嗎？

B：有，學校外面⑩有兩家⑪書店，學生都喜歡在那兒⑫買書。

A：那麼⑬，學生看書、買書都很方便⑭。

B：是啊。

* 宿ㄙㄨˋ舍ㄕㄜˋ (sùshè)：dormitory

II

A：請問，您這所[15]房子[16]要賣嗎？

B：是的。

A：我可不可以看看？

B：可以，可以。這是客廳[17]。飯廳[18]在那邊[19]。飯廳旁邊[20]的那間[21]屋子[22]是廚ㄔㄨˊ房ㄈㄤˊ (chúfáng)*。

A：樓上[23]有幾個房間[24]？

B：樓上有四個房間，都很大。

A：附近有小學[25]嗎？

B：有，離[26]這兒不遠[27]。

A：在什麼地方[28]？

B：就在東一路。

A：這所房子賣多少錢？

B：三十萬。

A：這所房子不錯，可是有一點兒貴，我要再想一想，謝謝您。再見。

B：再見。

* 廚ㄔㄨˊ房ㄈㄤˊ (chúfáng)：kitchen

ㄉㄧˋ ㄐㄧㄡˇ ㄎㄜˋ　ㄋㄧˇ ˙ㄇㄣ ㄒㄩㄝˊ ㄒㄧㄠˋ ㄗㄞˋ ㄋㄚˇ ㄌㄧˇ？

I

A：ㄋㄧˇ ˙ㄇㄣ ㄒㄩㄝˊ ㄒㄧㄠˋ ㄗㄞˋ ㄋㄚˇ ㄌㄧˇ？

B：ㄗㄞˋ ㄉㄚˋ ㄒㄩㄝˊ ㄌㄨˋ。

A：ㄒㄩㄝˊ ㄕㄥ ㄉㄨㄛ ㄅㄨˋ ㄉㄨㄛ？

B：ㄅㄨˊ ㄊㄞˋ ㄉㄨㄛ，ㄓˇ ㄧㄡˇ ㄨˇ、ㄌㄧㄡˋ ㄑㄧㄢ ˙ㄍㄜ ㄒㄩㄝˊ ㄕㄥ。

A：ㄧㄡˇ ㄙㄨˋ ㄕㄜˋ ˙ㄇㄚ？

B：ㄧㄡˇ，ㄊㄨˊ ㄕㄨ ㄍㄨㄢˇ ㄏㄡˋ ㄇㄧㄢˋ ˙ㄉㄜ ㄉㄚˋ ㄌㄡˊ ㄐㄧㄡˋ ㄕˋ ㄒㄩㄝˊ ㄕㄥ ㄙㄨˋ ㄕㄜˋ。

A：ㄋㄧˇ ㄔㄤˊ ㄗㄞˋ ㄙㄨˋ ㄕㄜˋ ㄌㄧˇ ㄎㄢˋ ㄕㄨ ˙ㄇㄚ？

B：ㄅㄨˋ，ㄙㄨˋ ㄕㄜˋ ㄌㄧˇ ㄖㄣˊ ㄊㄞˋ ㄉㄨㄛ，ㄨㄛˇ ㄔㄤˊ ㄗㄞˋ ㄊㄨˊ ㄕㄨ ㄍㄨㄢˇ ㄎㄢˋ ㄕㄨ。

A：ㄒㄩㄝˊ ㄒㄧㄠˋ ㄈㄨˋ ㄐㄧㄣˋ ㄧㄡˇ ㄕㄨ ㄉㄧㄢˋ ˙ㄇㄚ？

B：ㄧㄡˇ，ㄒㄩㄝˊ ㄒㄧㄠˋ ㄨㄞˋ ㄇㄧㄢˋ ㄧㄡˇ ㄌㄧㄤˇ ㄐㄧㄚ ㄕㄨ ㄉㄧㄢˋ，ㄒㄩㄝˊ ㄕㄥ ㄉㄡ ㄒㄧˇ ㄏㄨㄢ ㄗㄞˋ ㄋㄚˋ ㄦ ㄇㄞˇ ㄕㄨ。

A：ㄋㄚˋ ˙ㄇㄜ，ㄒㄩㄝˊ ㄕㄥ ㄎㄢˋ ㄕㄨ、ㄇㄞˇ ㄕㄨ ㄉㄡ ㄏㄣˇ ㄈㄤ ㄅㄧㄢˋ。

B：ㄕˋ ˙ㄚ。

II

A：ㄑㄧㄥˇ ㄨㄣˋ，ㄋㄧㄣˊ ㄓㄟˋ ㄙㄨㄛˇ ㄈㄤˊ ˙ㄗ ㄧㄠˋ ㄇㄞˋ ˙ㄇㄚ？

B：ㄕˋ ˙ㄉㄜ。

A：ㄨㄛˇ ㄎㄜˇ ㄅㄨˋ ㄎㄜˇ ㄧˇ ㄎㄢˋ ㄎㄢˋ？

B：ㄎㄜˇ ㄧˇ，ㄎㄜˇ ㄧˇ。ㄓㄜˋ ㄕˋ ㄎㄜˋ ㄊㄧㄥ。ㄈㄢˋ ㄊㄧㄥ ㄗㄞˋ ㄋㄟˋ ㄅㄧㄢ。ㄈㄢˋ ㄊㄧㄥ ㄆㄤˊ ㄅㄧㄢ ˙ㄉㄜ ㄋㄟˋ ㄐㄧㄢ ㄨ ˙ㄗ ㄕˋ ㄔㄨˊ ㄈㄤˊ。

A：ㄌㄡˊ ㄕㄤˋ ㄧㄡˇ ㄐㄧˇ ˙ㄍㄜ ㄈㄤˊ ㄐㄧㄢ？

B：ㄌㄡˊ ㄕㄤˋ ㄧㄡˇ ㄙˋ ˙ㄍㄜ ㄈㄤˊ ㄐㄧㄢ，ㄉㄡ ㄏㄣˇ ㄉㄚˋ。

A：ㄈㄨˋ ㄐㄧㄣˋ ㄧㄡˇ ㄒㄧㄠˇ ㄒㄩㄝˊ ˙ㄇㄚ？

B：ㄧㄡˇ，ㄌㄧˊ ㄓㄜˋ ㄦ ㄅㄨˋ ㄩㄢˇ。

A：ㄗㄞˋ ㄕㄜˊ ˙ㄇㄜ ㄉㄧˋ ㄈㄤ？

B：ㄐㄧㄡˋ ㄗㄞˋ ㄉㄨㄥ ㄧ ㄌㄨˋ。
A：ㄓㄟˋ ㄙㄨㄛˇ ㄈㄤˊ ˙ㄗ ㄇㄞˋ ㄉㄨㄛ ㄕㄠˇ ㄑㄧㄢˊ？
B：ㄙㄢ ㄕˊ ㄨㄢˋ。
A：ㄓㄟˋ ㄙㄨㄛˇ ㄈㄤˊ ˙ㄗ ㄅㄨˊ ㄘㄨㄛˋ，ㄎㄜˇ ㄕˋ ㄧㄡˇ ㄧˋ ㄉㄧㄢˇ ㄦ ㄍㄨㄟˋ，ㄨㄛˇ ㄧㄠˋ ㄗㄞˋ ㄒㄧㄤˇ ㄧˋ ㄒㄧㄤˇ，ㄒㄧㄝˋ ˙ㄒㄧㄝ ㄋㄧㄣˊ。ㄗㄞˋ ㄐㄧㄢˋ。
B：ㄗㄞˋ ㄐㄧㄢˋ。

Dì Jiǒu Kè　Nǐmen Syuésiào Zài Nǎlǐ?

I

A : Nǐmen syuésiào zǎi nǎlǐ?
B : Zài Dàsyué Lù.
A : Syuéshēng duō bùduō?
B : Bútài duō, jhǐh yǒu wǔ, liòuciān ge syuéshēng.
A : Yǒu sùshè ma?
B : Yǒu, túshūguǎn hòumiànde dàlóu jiòushìh syuéshēng sùshè.
A : Nǐ cháng zài sùshèlǐ kànshū ma?
B : Bù, sùshèlǐ rén tài duō, wǒ cháng zài túshūguǎn kànshū.
A : Syuésiào fùjìn yǒu shūdiàn ma?
B : Yǒu, syuésiào wàimiàn yǒu liǎngjiā shūdiàn, syuéshēng dōu sǐhuān zài nàr mǎi shū.
A : Nàme, syuéshēng kànshū, mǎi shū dōu hěn fāngbiàn.
B : Shìh a.

II

A : Cǐngwùn, nín jhèisuǒ fángzih yào mài ma?
B : Shìhde.
A : Wó kě bùkěyǐ kànkàn?
B : Kěyǐ, kěyǐ. Jhè shìh kètīng. Fàntīng zài nèibiān. Fàntīng pángbiānde

nèijiān wūzih shìh chúfáng.

A：Lóushàng yǒu jǐge fángjiān?

B：Lóushàng yǒu sìhge fángjiān, dōu hěn dà.

A：Fùjìn yǒu siǎosyué ma?

B：Yǒu, lí jhèr bùyuǎn.

A：Zài shénme dìfāng?

B：Jiòu zài Dōngyī Lù.

A：Jhèisuǒ fángzih mài duōshǎo cián?

B：Sānshíhwàn.

A：Jhèisuǒ fángzih búcuò, kěshìh yǒu yìdiǎnr guèi, wǒ yào zài siǎngyìsiǎng. Sièsie nín, zàijiàn.

B：Zàijiàn.

Dì Jiǔ Kè　Nǐmen Xuéxiào Zài Nǎlǐ?

I

A：Nǐmen xuéxiǎo zài nǎlǐ?

B：Zài Dàxué Lù.

A：Xuéshēng duō bùduō?

B：Bútài duō, zhǐ yǒu wǔ, liùqiān ge xuéshēng.

A：Yǒu sùshè ma?

B：Yǒu, túshūguǎn hòumiànde dàlóu jiùshì xuéshēng sùshè.

A：Nǐ cháng zài sùshèlǐ kànshū ma?

B：Bù, sùshèlǐ rén tài duō, wǒ cháng zài túshūguǎn kànshū.

A：Xuéxiào fùjìn yǒu shūdiàn ma?

B：Yǒu, xuéxiào wàimiàn yǒu liǎngjiā shūdiàn, xuéshēng dōu xǐhuān zài nàr mǎi shū.

A：Nàme, xuéshēng kànshū, mǎi shū dōu hěn fāngbiàn.

B：Shì a.

II

A：Qǐngwùn, nín zhèisuǒ fángzi yào mài ma?

B：Shìde.

A：Wǒ kě bùkěyǐ kànkàn?

B：Kěyǐ, kěyǐ. Zhè shì kètīng. Fàntīng zài nèibiān. Fàntīng pángbiānde nèijiān wūzi shì chúfáng.

A：Lóushàng yǒu jǐge fángjiān?

B：Lóushàng yǒu sìge fángjiān, dōu hěn dà.

A：Fùjìn yǒu xiǎoxué ma?

B：Yǒu, lí zhèr bùyuǎn.

A：Zài shénme dìfāng?

B：Jiù zài Dōngyī Lù.

A：Zhèisuǒ fángzi mài duōshǎo qián?

B：Sānshíwàn.

A：Zhèisuǒ fángzi búcuò, kěshì yǒu yìdiǎnr guì, wǒ yào zài xiǎngyìxiǎng. Xièxie nín, zàijiàn.

B：Zàijiàn.

LESSON 9 WHERE IS YOUR SCHOOL?

I

A：Where is your school?

B：It's on University Road.

A：Does your school have many students?

B：Not very many. It only has five to six thousand students.

A：Does it have dormitories?

B：Yes, it does. The big building behind the library is the student dormitory.

A：Do you often study in the dormitory?

B：No, there are too many people in the dormitory; I often go to the library to study.

A：Is there a bookstore near the school?

B：Yes, there are two bookstores outside the school. All the students like to buy their books there.

A：Well, in that case, it's very convenient for students to read and buy books.

B：Yes.

II

A：Excuse me, do you want to sell this house?

B：Yes.

A：May I take a look at it?

B：You certainly can. This is the living room. The dining room is over there. The room next to the dining room is the kitchen.

A：How many rooms are there upstairs?

B：There are four rooms upstairs, all very large.

A：Is there an elementary school nearby?

B：Yes there is, and it's not far from here.

A：Where is it?

B：On First East Road.

A：How much is this house selling for?

B：Three hundred thousand dollars.

A：This house is nice, but it's a little expensive. I want to think it over. Thank you, good-bye.

B：Good-bye.

2 NARRATION

我父親的書房[29]在樓下[30]。書房裡有很多書，有中文的，也有外文的。房間當ㄉㄤ中ㄓㄨㄥ (dāngjhōng /dāngzhōng)*有一張大桌子[31]，桌子旁邊有一個椅子[32]。我父親常在這兒看書。

桌子上有筆，有杯子，還有一些小東西。椅子後面的牆ㄑㄧㄤˊ (ciáng/qiáng)*上有一張很好看的畫兒。

現在書房裡沒有人，可是我們的小貓兒在桌子底下[33]。

---

* 當ㄉㄤ中ㄓㄨㄥ (dāngjhōng /dāngzhōng)：in the middle of, the center
* 牆ㄑㄧㄤˊ (ciáng/qiáng)：wall

ㄨㄛˇ ㄈㄨˋ ㄑㄧㄣ ˙ㄉㄜ ㄕㄨ ㄈㄤˊ ㄗㄞˋ ㄌㄡˊ ㄒㄧㄚˋ。ㄕㄨ ㄈㄤˊ ㄌㄧˇ ㄧㄡˇ ㄏㄣˇ ㄉㄨㄛ ㄕㄨ，ㄧㄡˇ ㄓㄨㄥ ㄨㄣˊ ˙ㄉㄜ，ㄧㄝˇ ㄧㄡˇ ㄨㄞˋ ㄨㄣˊ ˙ㄉㄜ。ㄈㄤˊ ㄐㄧㄢ ㄉㄤ ㄓㄨㄥ ㄧㄡˇ ㄧˋ ㄓㄤ ㄉㄚˋ ㄓㄨㄛ ˙ㄗ，ㄓㄨㄛ ˙ㄗ ㄆㄤˊ ㄅㄧㄢ ㄧㄡˇ ㄧˊ ˙ㄍㄜ ㄧˇ ˙ㄗ。ㄨㄛˇ ㄈㄨˋ ㄑㄧㄣ ㄔㄤˊ ㄗㄞˋ ㄓㄜˋ ㄦ ㄎㄢˋ ㄕㄨ。

ㄓㄨㄛ ˙ㄗ ㄕㄤˋ ㄧㄡˇ ㄅㄧˇ，ㄧㄡˇ ㄅㄟ ˙ㄗ，ㄏㄞˊ ㄧㄡˇ ㄧˋ ㄒㄧㄝ ㄒㄧㄠˇ ㄉㄨㄥ ㄒㄧ。ㄧˇ ˙ㄗ ㄏㄡˋ ㄇㄧㄢˋ ˙ㄉㄜ ㄑㄧㄤˊ ㄕㄤˋ ㄧㄡˇ ㄧˋ ㄓㄤ ㄏㄣˇ ㄏㄠˇ ㄎㄢˋ ˙ㄉㄜ ㄏㄨㄚˋ ㄦ。

ㄒㄧㄢˋ ㄗㄞˋ ㄕㄨ ㄈㄤˊ ㄌㄧˇ ㄇㄟˊ ㄧㄡˇ ㄖㄣˊ，ㄎㄜˇ ㄕˋ ㄨㄛˇ ˙ㄇㄣ ˙ㄉㄜ ㄒㄧㄠˇ ㄇㄠ ㄦ ㄗㄞˋ ㄓㄨㄛ ˙ㄗ ㄉㄧˇ ㄒㄧㄚˋ。

Wǒ fùcīnde shūfáng zài lóusià. Shūfáng lǐ yǒu hěn duō shū, yǒu Jhōngwúnde, yě yǒu wàiwúnde. Fángjiān dāngjhōng yǒu yìjhāng dà jhuōzih, jhuōzih pángbiān yǒu yíge yǐzih. Wǒ fùcīn cháng zài jhèr kànshū.

Jhuōzihshàng yǒu bǐ, yǒu bēizih, hái yǒu yìsiē siǎo dōngsī. Yǐzih hòumiànde ciángshàng yǒu yìjhāng hěn hǎokànde huàr.

Siànzài shūfánglǐ méiyǒu rén, kěshìh wǒmende siǎo māor zài jhuōzih dǐsià.

Wǒ fùqīnde shūfáng zài lóuxià. Shūfánglǐ yǒu hěn duō shū, yǒu Zhōngwénde, yě yǒu wàiwénde. Fángjiān dāngzhōng yǒu yìzhāng dà zhuōzi, zhuōzi pángbiān yǒu yíge yǐzi. Wǒ fùqīn cháng zài zhèr kànshū.

Zhuōzishàng yǒu bǐ, yǒu bēizi, hái yǒu yìxiē xiǎo dōngxī. Yǐzi hòumiànde qiángshàng yǒu yìzhāng hěn hǎokànde huàr.

Xiànzài shūfánglǐ méiyǒu rén, kěshì wǒmende xiǎo māor zài zhuōzi dǐxià.

My father's study is downstairs. There are many books in the study, including Chinese and foreign books. In the middle of the room there is a big desk, and at the side of the desk there is a chair. My father often studies here.

On the desk are pens and cups and a few other small things. On the wall behind the chair there is a beautiful painting.

Right now there is no one in the study, but our little cat is under the desk.

3 VOCABULARY

1 在 (zài) V/CV：to be (at, in, on, etc.)

2 哪裡 / 哪兒 (nǎlǐ / nǎr) N(QW)：where

你家在哪裡？
Nǐ jiā zài nǎ lǐ?
Where is your home?

3 路 (lù) N：road（M：條 tiáo）

這是東一路。
Jhè shìh Dōngyī Lù.
Zhè shì Dōngyī Lù.
This is lst East Road.

4 圖書館 (túshūguǎn) N：library

她不在圖書館。
Tā bú zài túshūguǎn.
She's not at the library.

5 後面 (hòumiàn) N(PW)：behind, back

你後面是張先生。
Nǐ hòumiàn shìh Jhāng Siānshēng.
Nǐ hòumiàn shì Zhāng Xiānshēng.
Behind you is Mr. Zhang.

後 (hòu) L：after, behind

面 (miàn) N：face, surface, side

6 大樓 (dàlóu) N：big building, skyscraper（M：座 zuò）

樓 (lóu) N：floor, story

他家在二樓。

Tā jiā zài èrlóu.
His home is on the second floor.

7 裡 (lǐ) L：in

圖書館裡有很多書。

Túshūguǎnlǐ yǒu hěn duō shū.
There are many books in the library.

裡面 (lǐmiàn) N(PN)：inside

誰在裡面？

Shéi zài lǐmiàn?
Who is inside?

8 附近 (fùjìn) N(PW)：nearby

我家附近沒有大學。

Wǒ jiā fùjìn méiyǒu dàsyué.
Wǒ jiā fùjìn méiyǒu dàxué.
There is no university near my home.

近 (jìn) SV：to be near

9 書店 (shūdiàn) N：bookstore

那家書店裡有很多學生。

Nèijiā shūdiànlǐ yǒu hěn duō syuéshēng.
Nèijiā shūdiànlǐ yǒu hěn duō xuéshēng.
There are many students in that bookstore.

店 (diàn) N/BF：store, shop

10 外面 (wàimiàn) N(PW)：outside

他在外面。

Tā zài wàimiàn.
He is outside.

11 家 (jiā) M：measure word for stores

那家書店就賣中文書。

Nèijiā shūdiàn jiòu mài Jhōngwún shū.
Nèijiā shūdiàn jiù mài Zhōngwén shū.
That bookstore sells Chinese books only.

12 那兒／那裡 (nàr / nàlǐ) N(PW)：there

你的衣服不在那兒。

Nǐde yīfú bú zài nàr.
Your clothes are not there.

13 那麼 (nàme) A：well, in that case

A：他不在客廳。
B：那麼，他一定在書房。

A：Tā bú zài kètīng.
B：Nàme, tā yídìng zài shūfáng.
A：He's not in the living room.
B：Well, he must be in the study then.

14 方便 (fāngbiàn) SV：to be convenient

我家附近有很多書店，所以買書很方便。

Wǒ jiā fùjìn yǒu hěn duō shūdiàn, suǒyǐ mǎi shū hěn fāngbiàn.
Near my home there are many bookstores; therefore, buying books is very convenient.

15 所 (suǒ) M：measure word for building

東一路有一所學校。

Dōngyī Lù yǒu yìsuǒ syuésiào.
Dōngyī Lù yǒu yìsuǒ xuéxiào.
There is a school on First East Road.

16 房子 (fángzih / fángzi) N：house（M：所 suǒ）

那所房子很大。

Nèisuǒ fángzih hěn dà.
Nèisuǒ fángzi hěn dà.
That house is very big.

17 客廳 (kètīng) N：living room

我家的客廳不大。

Wǒ jiāde kètīng búdà.
The living room in my home is not very large.

18 飯廳 (fàntīng) N：dining room

他們在飯廳吃飯呢。

Tāmen zài fàntīng chīhfàn ne.
Tāmen zài fàntīng chīfàn ne.
They are eating in the dining room.

19 那邊 (nèibiān) N(PW)：there, over there

那邊沒有房子。

Nèibiān méi yǒu fángzih.
Nèibiān méi yǒu fángzi.
There is no house over there.

邊 (biān) N(PW)：side

這邊 (jhèibiān / zhèibiān) N(PW)：here, over here

20 旁邊 (pángbiān) N(PW)：beside

她在我旁邊。

Tā zài wǒ pángbiān.

She is beside me.

21 間 (jiān) M：measure word for rooms

那間是客廳

Nèijiān shìh kètīng.

Nèijiān shì kètīng.

That room is the living room.

22 屋子 (wūzih / wūzi) N：room

那間屋子裡有人。

Nèijiān wūzihlǐ yǒu rén.

Nèijiān wūzilǐ yǒu rén.

There are people in that room.

23 樓上 (lóushàng) N(PW)：upstairs

我的書房在樓上。

Wǒde shūfáng zài lóushàng.

My study is upstairs.

上 (shàng) L：up, on

上面 (shàngmiàn) N(PW)：above, up there

上面有很多畫兒。

Shàngmiàn yǒu hěn duō huàr.

There are many paintings up there.

24 房間 (fángjiān) N：room

這是我妹妹的房間。

Jhè shìh wǒ mèimeide fángjiān.

Zhè shì wǒ mèimeide fángjiān.

This is my younger sister's room.

25 小學 (siǎosyué / xiǎoxué) N：elementary school

那個小學有很多學生。

Nèige siǎosyué yǒu hěn duō syuéshēng.
Nèige xiǎoxué yǒu hěn duō xuéshēng.
That elementary school has many students.

26 離 (lí) CV：be away from, apart from, separated from

我家離他家很近。

Wǒ jiā lí tā jiā hěn jìn.
My home is very close to his.

27 遠 (yuǎn) SV：to be far from

臺灣離美國很遠。

Táiwān lí Měiguó hěn yuǎn.
Táiwān lí Měiguó hěn yuǎn.
Taiwan is far from America.

28 地方 (dìfāng) N：place

你家在什麼地方？

Nǐ jiā zài shénme dìfāng?
Where is your home?

地 (dì) N：the earth, land, soil

SUPPLEMENTARY VOCABULARY

29 書房 (shūfáng) N：study

他在書房裡看書呢。

Tā zài shūfánglǐ kànshū ne.
He is studying in the study.

30 樓下 (lóusià / lóuxià)　N(PW)：downstairs

下 (sià / xià)　L：down, under

下面 (siàmiàn / xiàmiàn)　N(PW)：under, below

你的筆在書下面。

Nǐde bǐ zài shū siàmiàn.
Nǐde bǐ zài shū xiàmiàn.
Your pen is under the book.

31 桌子 (jhuōzih / zhuōzi)　N：table

你的書在那張桌子上。

Nǐde shū zài nèijhāng jhuōzihshàng.
Nǐde shū zài nèizhāng zhuōzishàng.
Your book is on that table.

桌 (jhuō / zhuō)　BF：table

書桌 (shūjhuō / shūzhuō)　N：desk

32 椅子 (yǐzih / yǐzi)　N：chair

33 底下 (dǐsià / dǐxià)　N(PW)：underneath, below, beneath

椅子底下沒有東西。

Yǐzih dǐsià méiyǒu dōngsī.
Yǐzi dǐxià méiyǒu dōngxī.
There is nothing under the chair.

34 前面 (ciánmiàn / qiánmiàn)　N(PW)：front, ahead

我家就在前面。

Wǒ jiā jiòu zài ciánmiàn.
Wǒ jiā jiù zài qiánmiàn.
My home is right ahead.

前 (cián / qián)　L：front, forward, before

35 這裡 / 這兒 (jhèlǐ / zhèlǐ, jhèr / zhèr) N(PW)：here

他的書在這兒。

Tāde shū zài jhèr.
Tāde shū zài zhèr.
His book is here.

36 飯館兒 (fànguǎnr) N：restaurant

那家飯館兒是新的。

Nèijiā fànguǎnr shìh sīnde.
Nèijiā fànguǎnr shì xīnde.
That restaurant is new.

37 商店 (shāngdiàn) N：store

我家附近有很多商店。

Wǒ jiā fùjìn yǒu hěn duō shāngdiàn .
There are many stores near my home.

4 SYNTAX PRACTICE

I. Place words

(I) Proper Noun used as a Place Word

中國、美國、日本、臺灣、臺北 (Táiběi)*、紐約 (Niǒuyuē / Niǔyuē)*，etc.

(II) Positional Noun used as a Place Word

上面、下面、裡面、外面、前面、後面、上邊、下邊、裡邊、外邊、前邊、後邊、旁邊、這裡、那裡、當中 、底下，etc.

* 臺 / 台北 (Táiběi)：Taipei

* 紐約 (Niǒuyuē / Niǔyuē)：New York

(Ⅲ) Noun＋Positional Noun used as a Place Word

桌子上（面）、房子裡（面）、學校前面、椅子底下、我家後面、我這兒、你旁邊，etc.

II. 在 as Main Verb (with place word as complement), is used to indicate "Y is located at X".

S	在	PW
書	在	哪兒？
Where is the book?		
書	在	桌子上。
The book is on the table.		

1. 我父母都在日本。
2. 請問，洗手間 (sǐshǒujiān / xǐshǒujiān)* 在哪裡？
   洗手間在那邊。
3. 他的東西在椅子底下。
4. 你的筆在我這兒。
5. 現在他不在家，他在學校裡。
6. 爸爸不在書房，也不在客廳。

Look at the pictures and complete the sentences below

1. 大衛在哪裡?
2. 書在哪兒?
3. 筆在哪兒?
4. 狗在哪兒?
5. 桌子在哪裡?

* 洗手間 (sǐshǒujiān / xǐshǒujiān)：bathroom, rest room

III. Existence in a Place

When 有 (there is) is used after a place word, the meaning conveyed is "in X there is Y".

PW	有 N
哪兒	有 華文報？
Where are Chinese newspapers?	
圖書館裡	有 華文報。
In the library there are Chinese newspapers.	

1. 樓上有三個房間。
2. 桌子上有一個杯子。
3. 我家那兒沒有好飯館兒。
4. 學校附近有很多商店。
5. 那間屋子裡沒有人。
6. 那邊有很多房子。

Look at the pictures and complete the sentences below

1. 椅子底下有什麼？
2. 桌子上面有什麼東西？
3. 桌子旁邊有幾個人？
4. 屋子裡有什麼？

IV. 在 as a Coverb of Location

在, which is used as a coverb (or preposition) to show where the action of the subject is taking place, is generally placed together with its object in front of the main verb.

S 在 PW V O
他 在 大學 念 書。 He is studying at (the) university.

1. 父親在書房裡看書呢。
2. 我不常在飯館兒吃飯。
3. 你現在在哪裡做事？
   我在大學教書。
4. 媽媽在客廳裡看電視呢。
5. 他哥哥姐姐都在美國念書。
6. 他們在大樓前面說話呢。

Look at the picture and complete the sentences below

1. 父親在 ____________________。
2. 母親在 ____________________。
3. 哥哥在 ____________________。
4. 姐姐在 ____________________。
5. 妹妹在 ____________________。
6. 弟弟在 ____________________。

V. Nouns Modified by Place Expressions

(在) PW 的 N
(在) 桌子上 的 那本書 that book on the table

1. 前面的那個人是我朋友。
2. 東一路的那些房子都很貴。
3. 在你家前面的那輛汽車是我的。
4. 我家附近的飯館兒都不錯。
5. 他家在學校後面（的）那個大樓的五樓。
6. 你前面（的）那本書上的那枝筆是他的。

Look at the picture and complete the sentences below

1. ____________________ 的那位先生是張先生。
2. ____________________ 的那位太太是張太太。
3. ____________________ 的那個孩子是張先生的女兒。
4. ____________________ 的那個人是張先生的朋友。
5. ____________________ 的那輛車是張家的。
6. ____________________ 的那輛車是張家朋友的。
7. ____________________ 的那隻狗很大。

車房 (chēfáng)：garage

VI. Distance with Coverb 離

The coverb **離** is used to indicate the distance from one place to another (e.g. X **離** Y **遠／近**)。

N	離	N	(A)	遠／近
我家	離	學校	不很	遠。
My home is not very far from school.				

1. 台灣離美國真遠。
2. 我家離他家不近。
3. 那個飯館兒離這兒不遠。
4. 他買的那所房子離學校不太遠，也不太近。
5. 圖書館離宿ㄙㄨˋ舍ㄕㄜˋ (sùshè) 很近。

Look at the picture and complete the sentences below

1. 我家離飯館兒 ____________________。
2. 我家離圖書館 ____________________。
3. 老師家離圖書館 __________________。
4. 我家離老師家 ____________________。
5. 書店離我家 ______________________。

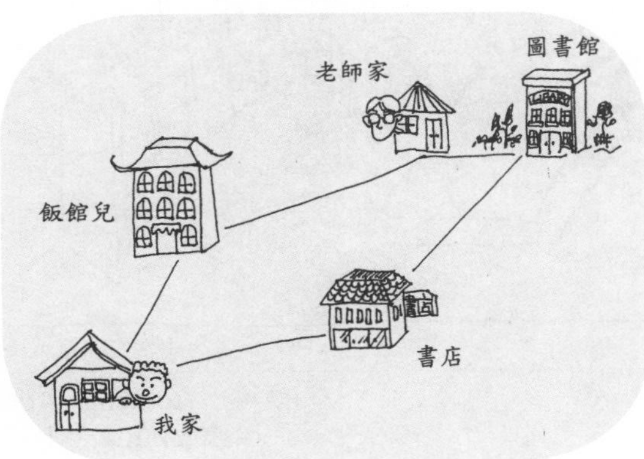

5 APPLICATION ACTIVITIES

I. Describe the things in your classroom, and describe where they are located. (The teacher may want to write the names of the objects on the objects themselves.)

II. Draw a picture describing your room.

III. Have one student orally describe objects in the room in the picture, and the other students listen and draw another picture. Compare pictures when finished.

黑板 (hēibǎn)：black board
門 (mén)：door
窗 (chuāng)：window
床 (chuáng)：bed
檯燈 (táidēng)：desk lamp
書架 (shūjià)：bookcase
衣櫃 (yīguì)：wardrobe

IV. Situations

Take a friend along and describe your new house to him or her.

6 NOTES

1. Positional suffix **面**, can be interchanged with **頭**ㄊㄡˊ (tóu) or **邊**.

e.g.

上面＝上頭＝上邊	**above, on top of**
下面＝下頭＝下邊	**below, under**
裡面＝裡頭＝裡邊	**inside**
外面＝外頭＝外邊	**outside**
前面＝前頭＝前邊	**front, in front of**
後面＝後頭＝後邊	**back, behind**

2. Positional Nouns, such as **上面、外面、底下**, etc., can be used like any other noun: they can also be added to the end of other nouns. When they are used in this way, with the Chinese words for **上** "on" or **裡** "in" for example, the suffix **面 / 頭** and **邊** are often omitted.

e.g. 下面有筆。

There are pens below. There are pens on the bottom.

他在外面。

He is outside.

你的書在桌子上（面）。

Your book is on the table.

屋子裡（頭）的那個人是我弟弟。

The person inside the room is my younger brother.

3. If city, country or proper nouns occur after **在**, they never take the positional suffix **裡面** or **裡**.

e.g. 在臺灣有很多有名的畫家。
There are many famous painters in Taiwan.
在臺灣裡有很多有名的畫家。(incorrect)
在臺灣裡面有很多有名的畫家。(incorrect)

Note that some place nouns such as **家** or **學校** that occur after **在** can also omit the localizer **裡**.

e.g. 我媽媽不在家。
My mother isn't home.
王先生在不在學校？
Is Mr. Wang at school?

4. **"是的"** is translated as "right" in English; however, it is more formal in meaning than **"是啊"** which also means "right".

5. **屋子** and **房間** both mean "room" in English. However their usage is slightly different. **屋子** is generally used to describe any kind of rooms, whereas **房間** is usually used to describe a room in a home, a hotel or a dormitory, etc.

第十課　我到[1]日本去了[2]

1 DIALOGUE

I

A：聽說你到日本去了。

B：是啊。

A：你是為什麼去的？

B：我是去玩兒[3]的。

A：你是一個人去的嗎？

B：不是，我是跟[4]兩個朋友一塊兒[5]去的。

A：你們是怎麼[6]去的？

B：我們是坐[7]飛機[8]去的。

A：現在到日本去玩兒的人多不多？飛機票[9]好買嗎？

B：現在去的人不太多，飛機票不難買。

A：你們玩兒得怎麼樣[10]？

B：我們玩兒得很好。

A：你們是什麼時候[11]回來[12]的？

B：我們是昨天晚[13]上[14]回來的，所以現在很累[15]。

II

A：你到哪兒去？

B：我到學校去。

A：你走路[16]去啊？

B：是啊。

A：為什麼不開車[17]去呢？

B：這個時候，在學校裡
停車[18]的地方不好找[19]。

A：走路去不累嗎？

B：還好[20]。我們學校離這兒不遠。

ㄉㄧˋ ㄕˊ ㄎㄜˋ　ㄨㄛˇ ㄉㄠˋ ㄖˋ ㄅㄣˇ ㄑㄩˋ ˙ㄌㄜ

I

A：ㄊㄧㄥ ㄕㄨㄛ ㄋㄧˇ ㄉㄠˋ ㄖˋ ㄅㄣˇ ㄑㄩˋ ˙ㄌㄜ。

B：ㄕˋ ˙ㄚ。

A：ㄋㄧˇ ㄕˋ ㄨㄟˋ ㄕㄜˊ ˙ㄇㄜ ㄑㄩˋ ˙ㄉㄜ？

B：ㄨㄛˇ ㄕˋ ㄑㄩˋ ㄨㄢˊ ㄦ ˙ㄉㄜ。

A：ㄋㄧˇ ㄕˋ ㄧˊ ˙ㄍㄜ ㄖㄣˊ ㄑㄩˋ ˙ㄉㄜ ˙ㄇㄚ？

B：ㄅㄨˊ ㄕˋ，ㄨㄛˇ ㄕˋ ㄍㄣ ㄌㄧㄤˇ ˙ㄍㄜ ㄆㄥˊ ㄧㄡˇ ㄧˊ ㄎㄨㄞˋ ㄦ ㄑㄩˋ ˙ㄉㄜ。

A：ㄋㄧˇ ˙ㄇㄣ ㄕˋ ㄗㄣˇ ˙ㄇㄜ ㄑㄩˋ ˙ㄉㄜ？

B：ㄨㄛˇ ˙ㄇㄣ ㄕˋ ㄗㄨㄛˋ ㄈㄟ ㄐㄧ ㄑㄩˋ ˙ㄉㄜ。

A：ㄒㄧㄢˋ ㄗㄞˋ ㄉㄠˋ ㄖˋ ㄅㄣˇ ㄑㄩˋ ㄨㄢˊ ㄦ ˙ㄉㄜ ㄖㄣˊ ㄉㄨㄛ ㄅㄨˋ ㄉㄨㄛ？ㄈㄟ ㄐㄧ ㄆㄧㄠˋ ㄏㄠˇ ㄇㄞˇ ˙ㄇㄚ？

B：ㄒㄧㄢˋ ㄗㄞˋ ㄑㄩˋ ˙ㄉㄜ ㄖㄣˊ ㄅㄨˊ ㄊㄞˋ ㄉㄨㄛ，ㄈㄟ ㄐㄧ ㄆㄧㄠˋ ㄅㄨˋ ㄋㄢˊ ㄇㄞˇ。

A：ㄋㄧˇ ˙ㄇㄣ ㄨㄢˊ ㄦ ˙ㄉㄜ ㄗㄣˇ ˙ㄇㄜ ㄧㄤˋ？

B：ㄨㄛˇ ˙ㄇㄣ ㄨㄢˊ ㄦ ˙ㄉㄜ ㄏㄣˇ ㄏㄠˇ。

A：ㄋㄧˇ ˙ㄇㄣ ㄕˋ ㄕㄜˊ ˙ㄇㄜ ㄕˊ ㄏㄡˋ ㄏㄨㄟˊ ㄌㄞˊ ˙ㄉㄜ？

B：ㄨㄛˇ ˙ㄇㄣ ㄕˋ ㄗㄨㄛˊ ㄊㄧㄢ ㄨㄢˇ ㄕㄤˋ ㄏㄨㄟˊ ㄌㄞˊ ˙ㄉㄜ，ㄙㄨㄛˇ ㄧˇ ㄒㄧㄢˋ ㄗㄞˋ ㄏㄣˇ ㄌㄟˋ。

II

A：ㄋㄧˇ ㄉㄠˋ ㄋㄚˇ ㄦ ㄑㄩˋ？

B：ㄨㄛˇ ㄉㄠˋ ㄒㄩㄝˊ ㄒㄧㄠˋ ㄑㄩˋ。

A：ㄋㄧˇ ㄗㄡˇ ㄌㄨˋ ㄑㄩˋ ˙ㄚ？

B：ㄕˋ ˙ㄚ。

A：ㄨㄟˋ ㄕㄜˊ ˙ㄇㄜ ㄅㄨˋ ㄎㄞ ㄔㄜ ㄑㄩˋ ˙ㄋㄜ？

B：ㄓㄜˋ ˙ㄍㄜ ㄕˊ ㄏㄡˋ，ㄗㄞˋ ㄒㄩㄝˊ ㄒㄧㄠˋ ㄌㄧˇ ㄊㄧㄥˊ ㄔㄜ ˙ㄉㄜ ㄉㄧˋ ㄈㄤ ㄅㄨˋ ㄏㄠˇ ㄓㄠˇ。

A：ㄗㄡˇ ㄌㄨˋ ㄑㄩˋ ㄅㄨˋ ㄌㄟˋ ˙ㄇㄚ？

B：ㄏㄞˊ ㄏㄠˇ。ㄨㄛˇ ˙ㄇㄣ ㄒㄩㄝˊ ㄒㄧㄠˋ ㄌㄧˊ ㄓㄜˋ ㄦ ㄅㄨˋ ㄩㄢˇ。

Dì Shíh Kè　Wǒ Dào Rìhběn Cyùle

I

A：Tīngshuō nǐ dào Rìhběn cyùle.

B：Shìh a.

A：Nǐ shìh wèishénme cyùde?

B：Wǒ shìh cyù wánrde.

A：Nǐ shìh yíge rén cyùde ma?

B：Búshìh, wǒ shìh gēn liǎngge péngyǒu yíkuàir cyùde.

A：Nǐmen shìh zěnme cyùde?

B：Wǒmen shìh zuò fēijī cyùde.

A：Siànzài dào Rìhběn cyù wánrde rén duō bùduō? Fēijī piào hǎo mǎi ma?

B：Siànzài cyùde rén bútài duō, fēijī piāo bùnán mǎi.

A：Nǐmen wánrde zěnmeyàng?

B：Wǒmen wánrde hěn hǎo.

A：Nǐmen shìh shénme shíhhòu huéiláide?

B：Wǒmen shìh zuótiān wǎnshàng huéiláide, suǒyǐ siànzài hěn lèi.

II

A：Nǐ dào nǎr cyù?

B：Wǒ dào syuésiào cyù.

A：Nǐ zǒulù cyù a?

B：Shìh a.

A：Wèishénme bù kāichē cyù ne?

B：Jhège shíhhòu, zài syuésiàolǐ tíngchēde dìfāng bùhǎo jhǎo.

A：Zǒulù cyù búlèi ma?

B：Hái hǎo. Wǒmen syuésiào lí jhèr bùyuǎn.

Dì Shí Kè　Wǒ Dào Rìběn Qùle

I

A：Tīngshuō nǐ dào Rìběn Qùle.
B：Shì a.
A：Nǐ shì wèishénme qùde?
B：Wǒ shì qù wánrde.
A：Nǐ shì yíge rén qùde ma?
B：Búshì, wǒ shì gēn liǎngge péngyǒu yíkuàir qùde.
A：Nǐmen shì zěnme qùde?
B：Wǒmen shì zuò fēijī qùde.
A：Xiànzài dào Rìběn qù wánrde rén duō bùduō? Fēijī piào hǎo mǎi ma?
B：Xiànzài qùde rén bútài duō, fēijī piāo bùnán mǎi.
A：Nǐmen wánrde zěnmeyàng?
B：Wǒmen wánrde hěn hǎo.
A：Nǐmen shì shénme shíhòu huíláide?
B：Wǒmen shì zuótiān wǎnshàng huíláide, suǒyǐ xiànzài hěn lèi.

II

A：Nǐ dào nǎr qù?
B：Wǒ dào xuéxiào qù.
A：Nǐ zǒulù qù a?
B：Shì a.
A：Wèishénme bù kāichē qù ne?
B：Zhège shíhòu, zài xuéxiàolǐ tíngchēde dìfāng bùhǎo zhǎo.
A：Zǒulù qù búlèi ma?
B：Hái hǎo. Wǒmen xuéxiào lí zhèr bùyuǎn.

LESSON 10 I WENT TO JAPAN

I

A : I heard you went to Japan.

B : Right.

A : Why did you go there?

B : I went for pleasure.

A : Did you go by yourself?

B : No, I went together with two friends.

A : How did you get there?

B : We went by plane.

A : Are there many people going to Japan for pleasure now? Are airplane tickets easy to buy?

B : There aren't many people going now. Airplane tickets aren't difficult to buy.

A : How was the trip?

B : We had a lot of fun.

A : When did you come back?

B : We came back last night, so now we're very tired.

II

A : Where are you going?

B : I'm going to school.

A : Are you walking there?

B : Right.

A : Why don't you drive?

B : At this time of the day, a parking space at school is hard to find.

A : Aren't you getting tired from walking?

B : It's O.K. Our school is not far from here.

2 NARRATION

大明：

昨天早上㉑我跟父母一塊兒坐飛機從臺灣㉒到日本來了。我們是在飛機上吃的午飯㉓，飛機上的飯很好吃。這兩天，我們開汽車到很多地方去玩兒。我父親開車，開得不錯。現在我還不知道什麼時候回國。我母親說日本離臺灣不遠，她要坐船回去。可是我父親覺得坐船太慢，船票也不便宜。我想坐飛機跟坐船㉔都好，都很方便。

美美上

ㄉㄚˋ ㄇㄧㄥˊ：

ㄗㄨㄛˊ ㄊㄧㄢ ㄗㄠˇ ㄕㄤˋ ㄨㄛˇ ㄍㄣ ㄈㄨˋ ㄇㄨˇ ㄧˊ ㄎㄨㄞˋ ㄦ ㄗㄨㄛˋ ㄈㄟ ㄐㄧ ㄘㄨㄥˊ ㄊㄞˊ ㄨㄢ ㄉㄠˋ ㄖˋ ㄅㄣˇ ㄌㄞˊ ˙ㄌㄜ。ㄨㄛˇ ˙ㄇㄣ ㄕˋ ㄗㄞˋ ㄈㄟ ㄐㄧ ㄕㄤˋ ㄔ ˙ㄉㄜ ㄨˇ ㄈㄢˋ，ㄈㄟ ㄐㄧ ㄕㄤˋ ˙ㄉㄜ ㄈㄢˋ ㄏㄣˇ ㄏㄠˇ ㄔ。ㄓㄜˋ ㄌㄧㄤˇ ㄊㄧㄢ，ㄨㄛˇ ˙ㄇㄣ ㄎㄞ ㄘˋ ㄔㄜ ㄉㄠˋ ㄏㄣˇ ㄉㄨㄛ ㄉㄧˋ ㄈㄤ ㄑㄩˋ ㄨㄢˊ ㄦ。ㄨㄛˇ ㄈㄨˋ ㄑㄧㄣ ㄎㄞ ㄔㄜ，ㄎㄞ ˙ㄉㄜ ㄅㄨˊ ㄘㄨㄛˋ。ㄒㄧㄢˋ ㄗㄞˋ ㄨㄛˇ ㄏㄞˊ ㄅㄨˋ ㄓ ㄉㄠˋ ㄕㄣˊ ˙ㄇㄜ ㄕˊ ㄏㄡˋ ㄏㄨㄟˊ ㄍㄨㄛˊ。ㄨㄛˇ ㄇㄨˇ ㄑㄧㄣ ㄕㄨㄛ ㄖˋ ㄅㄣˇ ㄌㄧˊ ㄊㄞˊ ㄨㄢ ㄅㄨˋ ㄩㄢˇ，ㄊㄚ ㄧㄠˋ ㄗㄨㄛˋ ㄔㄨㄢˊ ㄏㄨㄟˊ ㄑㄩˋ。ㄎㄜˇ ㄕˋ ㄨㄛˇ ㄈㄨˋ ㄑㄧㄣ ㄐㄩㄝˊ ˙ㄉㄜ ㄗㄨㄛˋ ㄔㄨㄢˊ ㄊㄞˋ ㄇㄢˋ，ㄔㄨㄢˊ ㄆㄧㄠˋ ㄧㄝˇ ㄅㄨˋ ㄆㄧㄢˊ ㄧˊ。ㄨㄛˇ ㄒㄧㄤˇ ㄗㄨㄛˋ ㄈㄟ ㄐㄧ ㄍㄣ ㄗㄨㄛˋ ㄔㄨㄢˊ ㄉㄡ ㄏㄠˇ，ㄉㄡ ㄏㄣˇ ㄈㄤ ㄅㄧㄢˋ。

ㄇㄟˇ ˙ㄇㄟ ㄕㄤˋ

Dàmíng:

Zuótiān zǎoshàng wǒ gēn fùmǔ yíkuàir zuò fēijī cóng Táiwān dào Rìběn láile. Wǒmen shìh zài fēijīshàng chīhde wǔfàn, fēijīshàngde fàn hěn hǎochīh. Jhè liǎngtiān, wǒmen kāi cìchē dào hěnduō dìfāng cyù wánr. Wǒ fùcīn kāichē, kāide búcuò. Siànzài wǒ hái bù jhīhdào shénme shíhhòu huéiguó. Wǒ mǔcīn shuō Rìběn lí Táiwān bùyuǎn, tā yào zuò chuán huéicyù. Kěshìh wǒ fùcīn jyuéde zuò chuán tài màn, chuánpiào yě bùpiányí. Wǒ siǎng zuò fēijī gēn zuò chuán dōu hǎo, dōu hěn fāngbiàn.

Měiměi shàng

Dàmíng:

Zuótiān zǎoshàng wǒ gēn fùmǔ yíkuàir zuò fēijī cóng Táiwān dào Rìběn láile. Wǒmen shì zài fēijīshàng chīde wǔfàn, fēijīshàngde fàn hěn hǎochī. Zhè liǎngtiān, wǒmen kāi qìchē dào hěnduō dìfāng qù wánr. Wǒ fùqīn kāichē, kāide búcuò. Xiànzài wǒ hái bù zhīdào shénme shíhòu huíguó. Wǒ mǔqīn shuō Rìběn lí Táiwān bùyuǎn, tā yào zuò chuán huíqù. Kěshì wǒ fùqīn juéde zuò chuán tài màn, chuánpiào yě bùpiányí. Wǒ xiǎng zuò fēijī gēn zuò chuán dōu hǎo, dōu hěn fāngbiàn.

Měiměi shàng

Daming:

Yesterday morning my parents and I arrived in Japan by airplane from Taiwan. We ate lunch on the plane. The food was quite good. In Japan we drove to many places. My father drove quite well. Right now I still don't know when I will be coming back. My mother says Japan is not far from Taiwan, so she wants to go back by ship. But my father thinks a ship is too slow and the tickets aren't cheap. Either by plane or by ship is fine with me. They are both convenient.

Meimei

3 VOCABULARY

1 到ㄉㄠˋ (dào) V/CV：to reach, to arrive; to leave for

他ㄊㄚ已ㄧˇ經ㄐㄧㄥ到ㄉㄠˋ家ㄐㄧㄚ了˙ㄌㄜ。

Tā yǐjīng dào jiā le.
He arrived home, already.

我ㄨㄛˇ到ㄉㄠˋ學ㄒㄩㄝˊ校ㄒㄧㄠˋ去ㄑㄩˋ。

Wǒ dào syuésiào cyù.
Wǒ dào xuéxiào qù.
I am going to school.

2 了˙ㄌㄜ (le)

P : It indicates the completion of an action, and in some situation can be translated as past tense in English.

張ㄓㄤ太ㄊㄞˋ太˙ㄊㄞ到ㄉㄠˋ美ㄇㄟˇ國ㄍㄨㄛˊ去ㄑㄩˋ了˙ㄌㄜ。

Jhāng Tàitai dào Měiguó cyùle.
Zhāng Tàitai dào Měiguó qùle.
Mrs. Zhang went to America.

3 玩ㄨㄢˊ兒ㄦ (wánr) V：to play, to enjoy

小ㄒㄧㄠˇ孩ㄏㄞˊ子˙ㄗ都ㄉㄡ很ㄏㄣˇ喜ㄒㄧˇ歡ㄏㄨㄢ玩ㄨㄢˊ兒ㄦ。

Siǎoháizih dōu hěn sǐhuān wánr.
Xiǎoháizi dōu hěn xǐhuān wánr.
Little children all like to play.

4 跟ㄍㄣ (gēn) CV/CONJ：with, and

5 一ㄧˊ塊ㄎㄨㄞˋ兒ㄦ (yíkuàir) A：together, together with, with

我ㄨㄛˇ不ㄅㄨˋ要ㄧㄠˋ跟ㄍㄣ他ㄊㄚ一ㄧˊ塊ㄎㄨㄞˋ兒ㄦ去ㄑㄩˋ日ㄖˋ本ㄅㄣˇ。

Wǒ búyào gēn tā yíkuàir cyù Rìhběn.
Wǒ búyào gēn tā yíkuàir qù Rìběn.
I don't want to go to Japan with him.

6 怎麼 (zěnme) A(QW)：how

你的名字怎麼寫？

Nǐde míngzìh zěnme siě?
Nǐde míngzì zěnme xiě?
How do you write your name?

7 坐 (zuò)

V/CV：to "sit" on a plane, boat or train, etc., (to go) by

我爸爸是坐飛機到法國去的。

Wǒ bàba shìh zuò fēijī dào Fǎguó cyùde.
Wǒ bàba shì zuò fēijī dào Fǎguó qùde.
My father went to France by airplane.

請坐 (cǐng zuò / qǐng zuò) IE：have a seat, sit down, please.

8 飛機 (fēijī) N：airplane（M：架 jià）

他說坐飛機很有意思。

Tā shuō zuò fēijī hěn yǒu yìsīh.
Tā shuō zuò fēijī hěn yǒu yìsī.
He said flying is very interesting.

飛 (fēi) V：to fly

9 票 (piào) N：ticket（M：張 jhāng / zhāng）

電影票一張多少錢？

Diànyǐng piào yìjhāng duōshǎo cián?
Diànyǐng piào yìzhāng duōshǎo qián?
How much for one movie ticket?

10 怎麼樣 (zěnmeyàng)

IE：How about......? How's everything?

那個飯館兒的菜怎麼樣？

Nèige fànguǎnrde cài zěnmeyàng?
How is the food at that restaurant?

11 什麼時候 (shénme shíhhòu / shénme shíhòu)

MA(QW)：when, what time

他什麼時候去美國？

Tā shénme shíhhòu cyù Měiguó?
Tā shénme shíhòu qù Měiguó?
When will he go to America?

時候 (shíhhòu / shíhòu) N：time

12 回來 (huéilái / huílái) V：to return, to come back

回 (huéi / huí) V：to return

回去 (huéicyù / huíqù) V：to leave, to go back

你現在要回去嗎？

Nǐ siànzài yào huéicyù ma?
Nǐ xiànzài yào huíqù ma?
Do you want to go back now?

來 (lái) V：to come

我朋友很想到這兒來。

Wǒ péngyǒu hěn siǎng dào jhèr lái.
Wǒ péngyǒu hěn xiǎng dào zhèr lái.
My friend wants very much to come here.

13 昨天 (zuótiān) MA/N(TW)：yesterday

他昨天沒到學校來。

Tā zuótiān méi dào syuésiào lái.

Tā zuótiān méi dào xuéxiào lái.
He didn't come to school yesterday.

天 (tiān)　N/M：day, sky

14 晚上 (wǎnshàng)　MA/N(TW)：evening

昨天晚上你念書了嗎？

Zuótiān wǎnshàng nǐ niànshūle ma?
Did you study last night?

晚 (wǎn)　SV：to be late

晚飯 (wǎnfàn)　N：dinner, supper

王先生不常在家吃晚飯。

Wáng Siānshēng bùcháng zài jiā chīh wǎnfàn.
Wáng Xiānshēng bùcháng zài jiā chī wǎnfàn.
Mr. Wang doesn't eat dinner at home very often.

15 累 (lèi)　SV：to be tired

今天我覺得很累。

Jīntiān wǒ jyuéde hěn lèi.
Jīntiān wǒ juéde hěn lèi.
I feel very tired today.

16 走路 (zǒulù)　VO：to walk (in the road or street)

他很喜歡走路。

Tā hěn sǐhuān zǒulù.
Tā hěn xǐhuān zǒulù.
He likes walking a lot.

走 (zǒu)　V：to walk

他很累，所以走得很慢。

Tā hěn lèi, suǒyǐ zǒude hěn màn.
He's very tired, so he's walking very slowly.

17 開車 (kāichē) VO：to drive (a car)

李小姐開車開得很快。

Lǐ Siǎojiě kāichē kāide hěn kuài.
Lǐ Xiǎojiě kāichē kāide hěn kuài.
Miss Li drives very fast.

開 (kāi) V：to drive, to open, to turn on

18 停車 (tíngchē) VO：to park a car

這兒不可以停車。

Jhèr bùkěyǐ tíngchē.
Zhèr bùkěyǐ tíngchē.
No parking is allowed here.

停 (tíng) V：to stop

19 找 (jhǎo / zhǎo) V：to look for, to search, to invite (unformaly)

你在找什麼？

Nǐ zài jhǎo shénme?
Nǐ zài zhǎo shénme?
What are you looking for?

王小姐找我一塊兒去買東西。

Wáng Siǎojiě jhǎo wǒ yíkuàir cyù mǎi dōngsī.
Wáng Xiǎojiě zhǎo wǒ yíkuàir qù mǎi dōngxī.
Ms. Wang asks me to go shopping with her.

20 還好 (háihǎo) IE：OK, not bad

SUPPLEMENTARY VOCABULARY

21 早上 (zǎoshàng) MA/N(TW)：morning

他明天早上不做事。

Tā míngtiān zǎoshàng búzuòshìh.
Tā míngtiān zǎoshàng búzuòshì.
He is not working tomorrow morning.

早飯 (zǎofàn)　N：breakfast

22 從 (cóng)　CV：from

那個學生不是從日本來的。

Nèige syuéshēng búshìh cóng Rìhběn lái de.
Nèige xuéshēng búshì cóng Rìběn lái de.
That student is not from Japen.

23 午飯 / 中飯 (wǔfàn, jhōngfàn / wǔfàn, zhōngfàn)

N：lunch

午 (wǔ)　BF：noon, midday

上午 (shàngwǔ)　MA/N(TW)：before noon, morning

他明天上午不能來這兒。

Tā míngtiān shàngwǔ bùnéng lái jhèr.
Tā míngtiān shàngwǔ bùnéng lái zhèr.
He can't come here tomorrow morning.

中午 (jhōngwǔ / zhōngwǔ)　MA/N(TW)：noon

下午 (siàwǔ / xiàwǔ)　MA/N(TW)：afternoon

24 船 (chuán)

N：ship, boat（M：艘 sāo，隻 jhīh / zhī，條 tiáo）

我不喜歡坐船。

Wǒ bù sǐhuān zuò chuán.
Wǒ bù xǐhuān zuò chuán.
I don't like traveling by ship.

25 火車 (huǒchē)　N：train（M：列 liè）

我們要坐火車去。

Wǒmen yào zuò huǒchē cyù.
Wǒmen yào zuò huǒchē qù.
We want to travel by train.

火 (huǒ) N：fire

26 公共汽車 (gōnggòngcìchē / gōnggòngqìchē)

N：city bus（M：輛 liàng）

從我家到學校有很多公共汽車。

Cóng wǒ jiā dào syúesiào yǒu hěn duō gōnggòngcìchē.
Cóng wǒ jiā dào xúexiào yǒu hěn duō gōnggòngqìchē.
There are a lot of buses from my house to school.

公車 (gōngchē) N：city bus

27 明天 (míngtiān) MA/N(TW)：tomorrow

明天我不去他那兒。

Míngtiān wǒ búcyù tā nàr.
Míngtiān wǒ búqù tā nàr.
Tomorrow I am not going to his place.

28 已經 (yǐjīng) A：already

王老師已經回國了。

Wáng lǎoshīh yǐjīng huéiguóle.
Wáng lǎoshī yǐjīng huíguóle.
Teacher Wang already returned to her (or his) country.

29 看見 (kànjiàn) V：to see

你昨天看見珍妮了嗎？

Nǐ zuótiān kànjiàn Jhēnní le ma.
Nǐ zuótiān kànjiàn Zhēnní le ma.
Did you see Jenny yesterday?

30 今天 (jīntiān) MA/N(TW)：today

4 SYNTAX PRACTICE

I. Coming and Going

Verbs 來 and 去 both indicate motion (come / go) and direction. 來 indicates motion towards the speaker, whereas 去 indicates motion towards some point away from the speaker.

(I) From and To

從 and 到 are coverbs that indicate motion and direction. 從 indicates motion away from some point, whereas 到 indicates motion towards a point.

S (Neg-)	從／到	PW	來／去
我	從	家裡	來。
I came from home.			
你	到	哪兒	去？
Where are you going?			

1. 請你到我這兒來。
2. 你從哪兒來？

   我從東一路來。
3. 我們不從家裡去，我們從學校去。
4. 我從樓上到樓下來吃晚飯。

(II) Means of Travel or Means of Transportation

坐 is a coverb indicating means of transportation. 坐 and its object precede the main verb and usually mean getting or traveling from the place to another.

S (Neg-)	by means of	來／去
我	坐火車	去。
I (will) go by train.		

1. 你怎麼去？

   我坐公共汽車去。

2. 他坐船來嗎？

   不，他坐飛機來。

3. 你們開車去還是坐飛機去？

   我們坐飛機去。

4. 你坐公車到學校來嗎？

   不，我走路到學校來。

(Ⅲ) Purpose of Coming and Going

The reason, or purpose, for coming or going is placed either immediately before or after the main verb 來 or 去.
If 來 or 去 appears before the verb phrase, it then emphasizes "purpose".
If 來 or 去 appears after the verb phrase, it then emphasizes "direction".
a.

S (Neg-)	來／去	Purpose
我	來	學中文。
I came in order to study Chinese.		

b.

S (Neg-)	Purpose	來／去
我	學中文	來。
I came (here) to study Chinese.		

1. 你去做什麼？

   我去買報。

2. 他買什麼去？

他買筆去。

3. 她到你家來做什麼？

她來念書。

4. 我明天要到圖書館看書去，你去不去？

好，我也去。

Have a conversation based on the picture

II. The Particle 了 Indicating the Completion of the Action or of the Predicate.

(I) 了 as a Sentence Final Particle

When 了 is used as a sentence final particle, it usually indicates the action or the affair has already taken place.

S	(A)	V	(O)	了
他	已經	來		了。
He has already come.				
我	昨天	看見	他	了。
Yesterday I saw him.				

1. 她已經走了。
2. 他們都已經回家了。
3. 我昨天去看電影了。
4. 我們今天早上學中文了。
5. 孩子昨天念書了，也寫字了。

(II) 了 Can Function Both as a Verb Suffix and a Sentence Final Particle

If a verb in a sentence carries a simple object, then 了 can be placed both after the main verb and at the end of the sentence. This usage often indicates the action has "already" been completed.

S	(A)	V	了	O	了
我	已經	吃	了	飯	了。
I have already eaten.					

1. 我已經買了書了。
2. 爸爸已經看了報了。
3. 媽媽已經做了飯了。
4. 你昨天已經給了我錢了。

Answer the questions below

1. 你昨天做什麼了？(Give at least five different answers.)

2. 今天你已經做了什麼事了？
3. 昨天你到哪兒去了？

III. Negation of Completed Action with 沒（有）

S	(A)	沒	V	O
我	今天	沒	吃	早飯。
I didn't eat breakfast today.				

1. 我昨天沒看電視。
2. 他今天早上沒到學校來。
3. 昨天我們沒唱歌兒，也沒跳舞。
4. 昨天下午我沒在圖書館看書。

Answer the questions below

1. 你昨天沒做什麼？(Give a minimum of five actions.)
2. 你昨天沒到哪兒去？

IV. Negated and Suspended Action with 還沒（有）……（呢）

S	還沒-	V	O	呢
我	還沒	吃	午飯	呢。
I haven't eaten lunch yet.				

1. 我還沒寫字呢。
2. 我還沒給你錢呢。
3. 老師還沒回去呢。
4. 今天的報，我還沒看呢。

Answer the questions below

1. 什麼事是你要做，可是還沒做的？
2. 什麼地方是你要去，可是還沒去的？

V. Types of Questions of Completed Action

a.

S	V	O	了	嗎
你	看	書	了	嗎？
Have / Did you read the book?				

b.

S	沒-	V	O	嗎
你	沒	看	書	嗎？
Haven't / Didn't you read the book?				

c.

S	V	O	了	沒有
你	看	書	了	沒有？
Have / Did you read the book, or not?				

d.

S	V	O	了	沒V
你	看	書	了	沒看？
Have / Did you read the book, or not?				

1. a. 他昨天來了嗎？
   b. 他昨天沒來嗎？

c. 他昨天來了沒有？

d. 他昨天來了沒來？

2. a. 你吃早飯了嗎？

b. 你沒吃早飯嗎？

c. 你吃早飯了沒有？

d. 你吃早飯了沒吃？

Ask your classmates what they did

VI. 是……的 Construction Stressing Circumstances Connected with the Action of the Main Verb

When one wants to emphasize the time when an action is occurring, the place where the action is occurring, the starting point of the action, the place to which the person or thing went, the means of conveyance used, the purpose of coming (or going) etc., then place 是 in front of the words you want to stress, and **的** at the end of the sentence or after the main verb.

This pattern is often used when the action took place in the past.

In a positive sentence 是 can be omitted from the pattern, but in a negative sentence it cannot.

S/O (Neg-)	是	Subject/Time/Place/Means	V (O)	的	(O)
我	是	昨天	買	的	書。
Yesterday I bought the book.					
我	是	在那家書店	買	的	書。
I bought the book at that bookstore.					
我	是	跟我姐姐去	買	的	書。
I went with my old sister to buy the book.					
這本書	是	我	買	的。	
I bought the book.					

1. 這本書是誰寫的？

2. 你是不是坐汽車來的？
3. 我是從法國來的，不是從英國來的。
4. 他是昨天中午來的，不是晚上來的。
5. 我昨天是在飯館兒吃的晚飯。
6. 今天我是跟朋友一塊兒吃的中飯。

One student ask questions according to the sentences given by the teacher and other students answer the questions

1. 王老師買房子了。
2. 李小姐跳舞了。
3. 張先生去英國了。
4. 趙太太有一個新錶。

5 APPLICATION ACTIVITIES

I. Each person should describe how they spent their time yesterday.

For example: What did they do? What did they eat? Where did they go to eat? Where did they go? How did they get there? etc.

II. Each person should describe their plan for the day.

For example: What do they want to do in the morning? Where do they want to go? Where do they want to eat lunch? What do they want to do in the afternoon? etc.

III. Situations

1. **Two students meet on Friday and inquire about plans for the weekend.**

2. **Two students meet on Monday and ask each other what they did over the weekend.**

6 NOTES

When using 從、到 or 在 if there is no place word after the noun (the object of the sentence), then 這兒 or 那兒 must be added after the noun or the object.

eg. 請在我這兒吃飯。 **Please eat at my place.**

你要不要到他那兒去？ **Do you want to go to his place or not?**

第十一課　你幾點鐘①下課②？

1 DIALOGUE

I

A：今天下午你有課嗎？

B：有，下午我有兩個鐘頭③的課。

A：你幾點鐘下課？

B：三點半。

A：我也是三點半下課。聽說有一個電影不錯，我們一起④去看，好不好？

B：好啊！電影是幾點鐘的？

A：五點一刻⑤。我想下了課，馬上⑥就⑦去買票。

B：那麼，我三點四十分⑧在學校門口⑨等⑩你，好嗎？

A：好啊！下午見。

II

(at the hotel counter)

A：您好。今天玩兒得好吧[11]？

B：很好。可是太累了。現在幾點鐘了？

A：已經十點過[12]七分了。明天早上[13]要叫您起床[14]嗎？

B：要。請您差[15]五分七點叫我。

A：您在房間吃早飯嗎？

B：不，我七點半到樓下來吃早飯。吃了早飯，就到火車站[16]去。

A：您坐幾點鐘的火車？

B：我坐八點二十分的火車。

A：票已經買了嗎？

B：已經買了。

A：那一定沒問題[17]。明天見。

B：明天見。

ㄉㄧˋ ㄕˊ ㄧ ㄎㄜˋ ㄋㄧˇ ㄐㄧˇ ㄉㄧㄢˇ ㄓㄨㄥ ㄒㄧㄚˋ ㄎㄜˋ？

I

A：ㄐㄧㄣ ㄊㄧㄢ ㄒㄧㄚˋ ㄨˇ ㄋㄧˇ ㄧㄡˇ ㄎㄜˋ ˙ㄇㄚ？

B：ㄧㄡˇ，ㄒㄧㄚˋ ㄨˇ ㄨㄛˇ ㄧㄡˇ ㄌㄧㄤˇ ˙ㄍㄜ ㄓㄨㄥ ㄊㄡˊ ˙ㄉㄜ ㄎㄜˋ。

A：ㄋㄧˇ ㄐㄧˇ ㄉㄧㄢˇ ㄓㄨㄥ ㄒㄧㄚˋ ㄎㄜˋ？

B：ㄙㄢ ㄉㄧㄢˇ ㄅㄢˋ。

A：ㄨㄛˇ ㄧㄝˇ ㄕˋ ㄙㄢ ㄉㄧㄢˇ ㄅㄢˋ ㄒㄧㄚˋ ㄎㄜˋ。ㄊㄧㄥ ㄕㄨㄛ ㄧㄡˇ ㄧˊ ˙ㄍㄜ ㄉㄧㄢˋ ㄧㄥˇ ㄅㄨˊ ㄘㄨㄛˋ，ㄨㄛˇ ˙ㄇㄣ ㄧˋ ㄑㄧˇ ㄑㄩˋ ㄎㄢˋ，ㄏㄠˇ ㄅㄨˋ ㄏㄠˇ？

B：ㄏㄠˇ ˙ㄚ！ㄉㄧㄢˋ ㄧㄥˇ ㄕˋ ㄐㄧˇ ㄉㄧㄢˇ ㄓㄨㄥ ˙ㄉㄜ？

A：ㄨˇ ㄉㄧㄢˇ ㄧˊ ㄎㄜˋ。ㄨㄛˇ ㄒㄧㄤˇ ㄒㄧㄚˋ ˙ㄌㄜ ㄎㄜˋ，ㄇㄚˇ ㄕㄤˋ ㄐㄧㄡˋ ㄑㄩˋ ㄇㄞˇ ㄆㄧㄠˋ。

B：ㄋㄚˇ ˙ㄇㄜ，ㄨㄛˇ ㄙㄢ ㄉㄧㄢˇ ㄙˋ ㄕˊ ㄈㄣ ㄗㄞˋ ㄒㄩㄝˊ ㄒㄧㄠˋ ㄇㄣˊ ㄎㄡˇ ㄉㄥˇ ㄋㄧˇ，ㄏㄠˇ ˙ㄇㄚ？

A：ㄏㄠˇ ˙ㄚ！ㄒㄧㄚˋ ㄨˇ ㄐㄧㄢˋ。

II

(at the hotel counter)

A：ㄋㄧㄣˊ ㄏㄠˇ。ㄐㄧㄣ ㄊㄧㄢ ㄨㄢˊ ㄦ ˙ㄉㄜ ㄏㄠˇ ˙ㄅㄚ？

B：ㄏㄣˇ ㄏㄠˇ。ㄎㄜˇ ㄕˋ ㄊㄞˋ ㄌㄟˋ ˙ㄌㄜ。ㄒㄧㄢˋ ㄗㄞˋ ㄐㄧˇ ㄉㄧㄢˇ ㄓㄨㄥ ˙ㄌㄜ？

A：ㄧˇ ㄐㄧㄥ ㄕˊ ㄉㄧㄢˇ ㄍㄨㄛˋ ㄑㄧ ㄈㄣ ˙ㄌㄜ。ㄇㄧㄥˊ ㄊㄧㄢ ㄗㄠˇ ㄕㄤˋ ㄧㄠˋ ㄐㄧㄠˋ ㄋㄧㄣˊ ㄑㄧˇ ㄔㄨㄤˊ ˙ㄇㄚ？

B：ㄧㄠˋ。ㄑㄧㄥˇ ㄋㄧㄣˊ ㄔㄚˋ ㄨˇ ㄈㄣ ㄑㄧ ㄉㄧㄢˇ ㄐㄧㄠˋ ㄨㄛˇ。

A：ㄋㄧㄣˊ ㄗㄞˋ ㄈㄤˊ ㄐㄧㄢ ㄔ ㄗㄠˇ ㄈㄢˋ ˙ㄇㄚ？

B：ㄅㄨˋ，ㄨㄛˇ ㄑㄧ ㄉㄧㄢˇ ㄅㄢˋ ㄉㄠˋ ㄌㄡˊ ㄒㄧㄚˋ ㄌㄞˊ ㄔ ㄗㄠˇ ㄈㄢˋ。ㄔ ˙ㄌㄜ ㄗㄠˇ ㄈㄢˋ，ㄐㄧㄡˋ ㄉㄠˋ ㄏㄨㄛˇ ㄔㄜ ㄓㄢˋ ㄑㄩˋ。

A：ㄋㄧㄣˊ ㄗㄨㄛˋ ㄐㄧˇ ㄉㄧㄢˇ ㄓㄨㄥ ˙ㄉㄜ ㄏㄨㄛˇ ㄔㄜ？

B：ㄨㄛˇ ㄗㄨㄛˋ ㄅㄚ ㄉㄧㄢˇ ㄦˋ ㄕˊ ㄈㄣ ˙ㄉㄜ ㄏㄨㄛˇ ㄔㄜ。

A：ㄆㄧㄠˋ ㄧˇ ㄐㄧㄥ ㄇㄞˇ ˙ㄌㄜ ˙ㄇㄚ？

B：ㄧˇ ㄐㄧㄥ ㄇㄞˇ ˙ㄌㄜ。

A：ㄋㄚˋ ㄧˊ ㄉㄧㄥˋ ㄇㄟˊ ㄨㄣˋ ㄊㄧˊ。ㄇㄧㄥˊ ㄊㄧㄢ ㄐㄧㄢˋ。

B：ㄇㄧㄥˊ ㄊㄧㄢ ㄐㄧㄢˋ。

Dì Shíhyī Kè Nǐ Jǐdiǎnjhōng Siàkè?

I

A : Jīntiān siàwǔ nǐ yǒu kè ma?

B : Yǒu, siàwǔ wǒ yǒu liǎngge-jhōngtóu-de kè.

A : Nǐ jǐdiǎnjhōng siàkè?

B : Sāndiǎn-bàn.

A : Wǒ yě shìh sāndiǎn-bàn siàkè. Tīngshuō yǒu yíge diànyǐng búcuò, wǒmen yìcǐ cyù kàn, hǎo bùhǎo?

B : Hǎo a! Diànyǐng shìh jǐdiǎnjhōng-de?

A : Wǔdiǎn yíkè. wó siǎng siàle kè, mǎshàng jiòu cyù mǎi piào.

B : Nàme, wǒ sāndiǎn-sìhshíh-fēn zài syuésiào ménkǒu děng nǐ, hǎo ma?

A : Hǎo a! Siàwǔ jiàn.

II

(at the hotel counter)

A : Nín hǎo. Jīntiān wánrde hǎo ba?

B : Hěn hǎo. Kěshìh tài lèi le. Siànzài jǐdiǎnjhōng le?

A : Yǐjīng shíhdiǎn guò cīfēn le. Míngtiān zǎoshàng yào jiào nín cǐchuáng ma?

B : Yào. Cǐng nín chà wǔfēn cīdiǎn jiào wǒ.

A : Nín zài fángjiān chīh zǎofàn ma?

B : Bù, wǒ cīdiǎn-bàn dào lóusià lái chīh zǎofàn. Chīhle zǎofàn, jiòu dào huǒchējhàn cyù.

A : Nín zuò jǐdiǎnjhōng-de huǒchē?

B : Wǒ zuò bādiǎn-èrshíhfēn-de huǒchē.

A : Piào yǐjīng mǎile ma?

B：Yǐjīng mǎile.

A：Nà yídìng méi wùntí. Míngtiān jiàn.

B：Míngtiān jiàn.

Dì Shíyī Kè Nǐ Jǐdiǎnzhōng Xiàkè?

I

A：Jīntiān xiàwǔ nǐ yǒu kè ma?

B：Yǒu, xiàwǔ wǒ yǒu liǎngge-zhōngtóu-de kè.

A：Nǐ jǐdiǎnzhōng xiàkè?

B：Sāndiǎn-bàn.

A：Wǒ yě shì sāndiǎn-bàn xiàkè. Tīngshuō yǒu yíge diànyǐng búcuò, wǒmen yìqǐ qù kàn, hǎo bùhǎo?

B：Hǎo a! Diànyǐng shì jǐdiǎnzhōng-de?

A：Wǔdiǎn yíkè. wó xiǎng xiàle kè, mǎshàng jiù qù mǎi piào.

B：Nàme, wǒ sāndiǎn-sìshí-fēn zài xuéxiào ménkǒu děng nǐ, hǎo ma?

A：Hǎo a! Xiàwǔ jiàn.

II

(at the hotel counter)

A：Nín hǎo. Jīntiān wánrde hǎo ba?

B：Hěn hǎo. Kěshì tài lèi le. Xiànzài jǐdiǎnzhōng le?

A：Yǐjīng shídiǎn guò qīfēn le. Míngtiān zǎoshàng yào jiào nín qǐchuáng ma?

B：Yào. Qǐng nín chà wǔfēn qīdiǎn jiào wǒ.

A：Nín zài fángjiān chī zǎofàn ma?

B：Bù, wǒ qīdiǎn-bàn dào lóuxià lái chī zǎofàn. Chīle zǎofàn, jiù dào huǒchēzhàn qù.

A：Nín zuò jǐdiǎnzhōng-de huǒchē?

B：Wǒ zuò bādiǎn-èrshífēn-de huǒchē.

A : Piào yǐjīng mǎile ma?
B : Yǐjīng mǎile.
A : Nà yídìng méi wèntí. Míngtiān jiàn.
B : Míngtiān jiàn.

LESSON 11 WHEN DO YOU GET OUT OF CLASS?

I

A : Do you have class this afternoon?
B : Yes, this afternoon I have two hours of class.
A : What time / when do you get out of class?
B : 3:30 p.m.
A : I also get out of class at 3:30. I heard there's a pretty good movie (showing). Let's go see it together, OK?
B : Great! When is the movie (starting)?
A : 5:15. I think after class (I'll / we'll) go buy tickets right away.
B : In that case I'll wait for you at the school entrance at 3:40, OK?
A : OK. See you this afternoon.

II

(at the hotel counter)
A : Hello, did you have a good time today?
B : Very good, but too tiring. What time is it now?
A : Seven minutes past ten. Do you want me to wake you up tomorrow morning?
B : Yes. Please call me at five minutes to seven.
A : Will you be eating breakfast in your room?
B : No. At seven thirty I will come downstairs to eat breakfast.
A : Which (lit. What time) train are you catching?

B：I'm taking the eight twenty train.

A：Have you already bought your ticket?

B：Yes, I have.

A：Well, then you won't have any problems. See you tomorrow.

B：See you tomorrow.

2 NARRATION

我每[18]天早上七點鐘起床。七點一刻吃早飯。吃了飯，看了報，就開車到公司[19]去。我們公司九點上班，下午五點下[20]班，中午休[21]息一個鐘頭。

晚上回家吃了晚飯，有的時候看一會兒[22]電視，有的時候看看書，做做別的[23]事。差不多十一點半睡[24]覺。

ㄨㄛˇ ㄇㄟˇ ㄊㄧㄢ ㄗㄠˇ ㄕㄤˋ ㄑㄧ ㄉㄧㄢˇ ㄓㄨㄥ ㄑㄧˇ ㄔㄨㄤˊ。ㄑㄧ ㄉㄧㄢˇ ㄧˊ ㄎㄜˋ ㄔ ㄗㄠˇ ㄈㄢˋ。
ㄔ ˙ㄌㄜ ㄈㄢˋ，ㄎㄢˋ ˙ㄌㄜ ㄅㄠˋ，ㄐㄧㄡˋ ㄎㄞ ㄔㄜ ㄉㄠˋ ㄍㄨㄥ ㄙ ㄑㄩˋ。ㄨㄛˇ ˙ㄇㄣ ㄍㄨㄥ ㄙ ㄐㄧㄡˇ ㄉㄧㄢˇ
ㄕㄤˋ ㄅㄢ，ㄒㄧㄚˋ ㄨˇ ㄨˇ ㄉㄧㄢˇ ㄒㄧㄚˋ ㄅㄢ，ㄓㄨㄥ ㄨˇ ㄒㄧㄡ ㄒㄧˊ ㄧˊ ˙ㄍㄜ ㄓㄨㄥ ㄊㄡˊ。

ㄨㄢˇ ㄕㄤˋ ㄏㄨㄟˊ ㄐㄧㄚ ㄔ ˙ㄌㄜ ㄨㄢˇ ㄈㄢˋ，ㄧㄡˇ ˙ㄉㄜ ㄕˊ ㄏㄡˋ ㄎㄢˋ ㄧˋ ㄏㄨㄟˇ ㄦ ㄉㄧㄢˋ
ㄕˋ，ㄧㄡˇ ˙ㄉㄜ ㄕˊ ㄏㄡˋ ㄎㄢˋ ㄎㄢˋ ㄕㄨ，ㄗㄨㄛˋ ㄗㄨㄛˋ ㄅㄧㄝˊ ˙ㄉㄜ ㄕˋ。ㄔㄚˋ ㄅㄨˋ ㄉㄨㄛ ㄕˊ ㄧ ㄉㄧㄢˇ
ㄅㄢˋ ㄕㄨㄟˋ ㄐㄧㄠˋ。

Wǒ měitiān zǎoshàng cīdiǎnjhōng cǐchuáng. Cīdiǎn yíkè chīh zǎofàn. Chīhle fàn, kànle bào, jiòu kāichē dào gōngsīh cyù. Wǒmen gōngsīh jiǒudiǎn shàngbān, siàwǔ wǔdiǎn siàbān. Jhōngwǔ siōusí yíge-jhōngtóu.

Wǎnshàng huéijiā chīhle wǎnfàn, yǒude shíhhòu kàn yìhuěir diànshìh, yǒude shíhhòu kànkàn shū, zuòzuò biéde shìh. Chàbùduō shíhyīdiǎn-bàn shuèijiào.

Wǒ měitiān zǎoshàng qīdiǎnzhōng qǐchuáng. Qīdiǎn yíkè chī zǎofàn. Chīle fàn, kànle bào, jiù kāichē dào gōngsī qù. Wǒmen gōngsī jiǔdiǎn shàngbān, xiàwǔ wǔdiǎn xiàbān. Zhōngwǔ xiūxí yíge-zhōngtóu.

Wǎnshàng huíjiā chīle wǎnfàn, yǒude shíhòu kàn yìhuǐr diànshì, yǒude shíhòu kànkàn shū, zuòzuò biéde shì. Chàbùduō shíyīdiǎn-bàn shuìjiào.

I get up every morning at seven o'clock. I eat breakfast at seven fifteen. After eating breakfast and reading the newspaper, I drive to the company. Our company starts work at nine o'clock, and ends work at five o'clock, with an hour break at noon for lunch.

In the evening after eating dinner, I sometimes watch a little television, do some reading, or do some other things. I go to sleep about eleven thirty.

3 VOCABULARY

1 點（鐘）[diǎn (jhōng / zhōng)] M：o’clock

我今天下午一點（鐘）有課。

Wǒ jīntiān siàwǔ yìdiǎnjhōng yǒukè.
Wǒ jīntiān xiàwǔ yìdiǎnzhōng yǒukè.
I have class this afternoon at one o’clock.

點 (diǎn) M/N：o’clock; point, spot

現在是三點半。

Siànzài shìh sāndiǎn-bàn.
Siànzài shì sāndiǎn-bàn.
It is now three thirty.

鐘 (jhōng / zhōng) N：clock

2 下課 (siàkè / xiàkè) VO/IE：to get out of class, end of class

我們還沒下課呢。

Wǒmen hái méi siàkè ne.
Wǒmen hái méi xiàkè ne.
We have not finished class yet.

下 (sià / xià) V：to disembark, to get off

你在哪裡下車？

Nǐ zài nǎlǐ sià chē?
Nǐ zài nǎlǐ xià chē?
Where do you get off?

課 (kè) N/M：class; measure word for lessons

我明天沒有課。

Wǒ míngtiān méiyǒu kè.
I don’t have any classes tomorrow.

這課不太難。

Jhèikè bútài nán.
Zhèikè bútài nán.
This lesson isn't very difficult.

3 鐘頭 (jhōngtóu / zhōngtóu)

N：hour（小時 siǎoshíh / xiǎoshí）

我每天學兩個鐘頭的中文。

Wǒ měitiān syué liǎngge-jhōngtóu-de Jhōngwún.
Wǒ měitiān xué liǎngge-zhōngtóu-de Zhōngwén.
Everyday I study Chinese for two hours.

4 一起 (yìcǐ / yìqǐ)

A：together

他是跟朋友一起來的。

Tā shìh gēn péngyǒu yìcǐ láide.
Tā shì gēn péngyǒu yìqǐ láide.
He came together with his friends.

5 刻 (kè)

M：a quarter of an hour

現在是五點一刻。

Siànzài shìh wǔdiǎn-yíkè.
Xiànzài shì wǔdiǎn-yíkè.
It is now five fifteen.

6 馬上 (mǎshàng)

A：immediately

請等一會兒，他馬上來。

Cǐng děng yìhuěir, tā mǎshàng lái.
Qǐng děng yìhuǐr, tā mǎshàng lái.
Please wait a moment. He'll come immediately.

7 就 (jiòu / jiù) A：then, right away

昨天你下了課，就回家了嗎？

Zuótiān nǐ siàle kè, jiòu huéijiā le ma?
Zuótiān nǐ xiàle kè, jiù huíjiā le ma?
Yesterday after you got out of class, did you (then) go home?

8 分（鐘）[fēn (jhōng / zhōng)] M(-N)：minute

現在是六點十分。

Siànzài shìh liòudiǎn-shíhfēn.
Xiànzài shì liùdiǎn-shífēn.
It is now six ten.

一刻鐘有十五分鐘。

Yíkèjhōng yǒu shíhwǔfēnjhōng.
Yíkèzhōng yǒu shíwǔfēnzhōng.
There are fifteen minutes in a quarter of an hour.

9 門口 (ménkǒu) N：entrance, doorway

門 (mén) N：door, gate

10 等 (děng) V：to wait

她在那裡等誰？

Tā zài nàlǐ děng shéi?
For whom is she waiting there?

11 吧 (ba) P：question particle, implying probability

你們昨天玩兒得好吧？

Nǐmen zuótiān wánrde hǎo ba?
You enjoyed yourselves yesterday, didn't you?

12 過 (guò) V：to pass

現在是九點過三分。

Siànzài shìh jiǒudiǎn guò sānfēn.
Xiànzài shì jiǔdiǎn guò sānfēn.
It is now three minutes past nine o'clock.

A：八點半到了嗎？
B：已經過了。

A : Bādiǎn-bàn dàole ma?
B : Yǐjīng guòle.
A : Is it 8:30 yet?
B : It is already after 8:30.

13 上 (shàng) V：to go to, to get on, to board

你上哪兒去？

Nǐ shàng nǎr cyù?
Nǐ shàng nǎr qù?
Where are you going?

我去上課。

Wǒ cyù shàngkè.
Wǒ qù shàngkè.
I'm going to the class.

他已經上飛機了。

Tā yǐjīng shàng fēijī le.
He already boarded the plane.

14 起床 (cǐchuáng / qǐchuáng) VO：to get up

我今天早上是六點起床的。

Wǒ jīntiān zǎoshàng shìh lioùdiǎn cǐchuáng de.
Wǒ jīntiān zǎoshàng shì liùdiǎn qǐchuáng de.
This morning I got up at six o'clock.

床 (chuáng)　N：bed（M：張 jhāng / zhāng）

15 差 (chà)　V：to lack, to be short of

我的錢不夠，還差十塊錢。

Wǒde cián búgòu, hái chà shíhkuài cián.
Wǒde qián búgòu, hái chà shíkuài qián.
I don't have enough money. I'm still ten dollars short.

現在是差十分五點。

Siànzài shìh chà shíhfēn wǔdiǎn.
Xiànzài shì chà shífēn wǔdiǎn.
It is now ten minutes to five.

差不多 (chàbùduō)　A：about, almost

他說的話，我差不多都懂。

Tā shuōde huà, wǒ chàbùduō dōu dǒng.
I almost understand all he says.

16 火車站 (huǒchējhàn / huǒchēzhàn)　N：train station

我家離火車站很遠。

Wǒ jiā lí huǒchējhàn hěn yuǎn.
Wǒ jiā lí huǒchēzhàn hěn yuǎn.
My home is very far from the train station.

站 (jhàn / zhàn)　V/N：to stand; (train, bus) station

公車站 (gōngchējhàn / gōngchēzhàn)
N：bus stand, bus stop

17 沒問題 (méiwùntí / méiwèntí)　IE：no problem

A：你明天能來嗎？
B：沒問題，我一定能來。

A : Nǐ míngtiān néng lái ma?
B : Méi wùntí, wǒ yídìng néng lái.
B : Méi wèntí, wǒ yídìng néng lái.

A : Can you come tomorrow?
B : No problem, I can definitely come.

問題 (wùntí / wèntí) N：problem / question

我有一個問題想請問您。

Wǒ yǒu yíge wùntí siǎng cǐngwùn nín.
Wǒ yǒu yíge wèntí xiǎng qǐngwèn nín.
I have a question I want to ask you.

SUPPLEMENTARY VOCABULARY

18 每 (měi) DEM：every

我弟弟每天七點起床。

Wǒ dìdi měitiān cīdiǎn cǐchuáng.
Wǒ dìdi měitiān qīdiǎn qǐchuáng.
My younger brother gets up every day at seven o'clock.

19 公司 (gōngsīh / gōngsī) N：company（M：家 jiā）

他的公司在什麼路？

Tāde gōngsīh zài shénme lù?
Tāde gōngsī zài shénme lù?
What road is his company on?

20 上班 (shàngbān)

VO：to begin work, to start work, to go to work

你每天幾點上班？

Nǐ měitiān jǐdiǎn shàngbān?
What time do you go to work every day?

班 (bān) N/M：class, measure word for a group

21 休息 (siōusí / xiūxí) V：to rest

我要休息十分鐘。

Wǒ yào siōusí shíhfēnjhōng.
Wǒ yào xiūxí shífēnzhōng.
I want to rest for 10 minutes.

22 一會兒 (yìhuěir / yìhuǐr)

MA/N：a moment, a short while（一下 yísià / yíxià）

請你在這兒等一會兒／一下。

Cǐng nǐ zài jhèr děng yìhuěir / yísià.
Qǐng nǐ zài zhèr děng yìhuǐr / yíxià.
Please wait here a moment.

23 別的 (biéde) N：other

我就有一張桌子，沒有別的。

Wǒ jiòu yǒu yìjhāng jhuōzih, méiyǒu biéde.
Wǒ jiù yǒu yìzhāng zhuōzi, méiyǒu biéde.
I only have one table. I don't have any others.

別（的）人 [bié (de) rén] N：other people

別 (bié) A：don't

別說英文！

Bié shuō Yīngwún!
Bié shuō Yīngwén!
Don't speak English!

24 睡覺 (shuèijiào / shuìjiào) VO：to sleep

你昨天睡了幾個鐘頭的覺？

Nǐ zuótiān shuèile jǐge-jhōngtóu-de jiào.
Nǐ zuótiān shuìle jǐge-zhōngtóu-de jiào.
How many hours did you sleep yesterday?

睡 (shuèi / shuì)　V：to sleep

覺 (jiào)　N：sleep

25 夜裡 (yèlǐ)　MA/N(TW)：night

昨天夜裡很冷。

Zuótiān yèlǐ hěn lěng.
Last night it was very cold.

夜 (yè)　N / M：night

26 對不起 (duèibùcǐ / duìbùqǐ)　IE：I'm sorry; Excuse me.

對不起，我不能去。

Duèibùcǐ, wǒ bùnéng cyù.
Duìbùqǐ, wǒ bùnéng qù.
Sorry, I can not go.

對不起，請問現在幾點鐘？

Duèibùcǐ, cǐngwùn siànzài jǐdiǎnjhōng.
Duìbùqǐ, qǐngwèn xiànzài jǐdiǎnzhōng.
Excuse me, could you tell me what time it is?

4 SYNTAX PRACTICE

I. Time Expressions by the Clock

(I) Time When, by the Clock

三點鐘	three o'clock (3:00)
三點（零／過）五分	five minutes past three (3:05)
三點十分	three-ten (3:10)
三點十五分（or 三點一刻）	three-fifteen (3:15)

三點二十（分）	three-twenty (3:20)
三點三十分（or 三點半）	three-thirty (3:30)
三點四十五（分）or 三點三刻	three forty-five (3:45), or
or 差一刻四點 or 四點差一刻	fifteen minutes till four (3:45)
三點五十（分）or 差十分四點 or 四點差十分	three-fifty (3:50), or ten minutes to four (3:50)
三點多鐘	past three o'clock, between three and four o'clock
三、四點鐘	three or four o'clock

(II) Time Spent, by the Clock

一分鐘	one minute
兩、三分鐘	two or three minutes
十分鐘	ten minutes
十幾分鐘（or 十多分鐘）	more than ten minutes (11-19 minutes)
十五分鐘（or 一刻鐘）	fifteen minutes, a quarter of an hour
三十分鐘（or 半個鐘頭）	thirty minutes, half an hour
四十五分鐘（or 三刻鐘）	forty-five minutes, three quarters of an hour
一個鐘頭	one hour
一個鐘頭零五分鐘	one hour and five minutes
一個半鐘頭	one and a half hours
一個多鐘頭	more than one hour (1-2 hours)
兩、三個鐘頭	two or three hours
十幾個鐘頭	over ten hours (11-19 hours)

II. Time When Precedes the Verb

(S)	Time When (S)	V	O
你	什麼時候	吃	晚飯？
When do you eat dinner?			
我	六點半	吃	晚飯。
I eat dinner at 6:30.			

1. 你每天幾點鐘起床？
   我每天七點鐘起床。
2. 你明天下午幾點鐘來？
   我兩點十分來。
3. 你們什麼時候到他家去？
   我們今天下午去。
4. 她幾點鐘上課？
   她九點鐘上課。
5. 昨天他是幾點鐘睡覺的？
   夜裡一點多。

Look at the pictures and complete the sentences below

1. 他早上什麼時候起床？
2. 他幾點鐘吃午飯？
3. 他的火車幾點鐘開？
4. 他幾點鐘回家？

III. Time Spent Stands after the Verb

(I)

	S	V	Time Spent
請	你	坐	一會兒。
Please have a seat for a moment.			

1. 我要休息十分鐘。
2. 對不起，請您等一會兒。

(II) a.

S	(A)	V	Time Spent	（的）	O
我	每天	寫	一個鐘頭	的	中國字。
Every day I practice writing Chinese characters for one hour.					

b.

S	(A)	V	O,	V	Time Spent
我	每天	寫	中國字，	寫	一個鐘頭。
Every day I practice writing Chinese characters for one hour.					

1. a. 你每天上幾個鐘頭的中文課？
   我每天上兩個鐘頭的中文課。
   b. 你每天上中文課，上幾個鐘頭？
   我每天上中文課，上兩個鐘頭。

2. a. 我今天要教一個鐘頭的英文。
   b. 我今天教英文，要教一個鐘頭。
3. a. 他每天睡六、七個鐘頭的覺。
   b. 他每天睡覺，睡六、七個鐘頭。

Answer the questions below

1. 你每天睡幾個鐘頭的覺？
2. 你每天上幾個鐘頭的中文課？
3. 你每天看幾個鐘頭的電視？
4. 現在你要休息幾分鐘？

IV. S V 了 O as a Dependent Clause

When the sentence pattern S V了O appears, it generally means that the sentence is unfinished. In this case there must follow a subsequent statement serving as the main clause that completes the sentence. Such a main clause is usually introduced by the fixed adverb **就**. When this type of sentence pattern is used, the initial action in the beginning of the sentence is followed almost immediately by a second action.

a. Past

(TW)	S	V_1	了	O_1,	(S_2)	就	V_2	O_2	了
（昨天）	我	下	了	課，		就	回	家	了。
(Yesterday) after I got out of class, I went home.									

b. Habitual Action

(TW)	S	V_1	了	O_1,	(S_2)	就	V_2	O_2
（每天）	我	下	了	課，		就	回	家
(Everyday) after I get out of class, I go home.								

c. Future

(TW)	S	V_1	了	O_1,	(S_2) 就	（要）	V_2	O_2
（今天）	我	下	了	課，	就	（要）	回	家
(Today) when I get out of class, I'll go home.								

1. a. 今天我吃了早飯，就到學校來了。
   b. 每天我吃了早飯，就到學校來。
   c. 明天我吃了早飯，就要到學校來。
2. a. 她昨天吃了晚飯，就念書了。
   b. 她每天吃了晚飯，就念書。
   c. 她今天吃了晚飯，就要念書。
3. a. 昨天下了班，我們就去喝酒了。
   b. 每天下了班，我們就去喝酒。
   c. 今天下了班，我們就要去喝酒。
4. a. 那個孩子昨天到了家，就看電視了。
   b. 那個孩子每天到了家，就看電視。
   c. 那個孩子說他到了家，就要看電視。
5. a. 昨天我很累，吃了飯，就睡覺了。
   b. 每天我都很累，吃了飯，就睡覺。
   c. 今天我很累，吃了飯，就要睡覺。

Please complete the following sentences

1. 我每天早上看了報，____________________。
2. 他昨天回了家，____________________。
3. 我今天下了課，____________________。

4. ______________________________，就休息了。

5. ________________________________，就回家。

6. _________________________，就要去買東西。

5 APPLICATION ACTIVITIES

I. Every one use “你每天V多少時候的O？” and “你每天VO，V多少時候？” to ask a classmate questions. After he/she has answered all the questions, then everybody should say his/her daily schedule.

II. Everyone use “昨天你是幾點鐘VO的？” to ask a classmate, the someone will give a composite description of what happened to him/her yesterday.

III. Use “S V_1 了O_1, 就 V_2 O_2” sentence pattern, to say something one after another about one student's daily schedule.

IV. Situation

Two students plan to go see a movie, play basketball（**打籃球** dǎláncióu / dǎlánqiú）or watch a basketball game（**看籃球賽** kàn lánciósài / kàn lánqiúsài）, etc.

6 NOTES

1. The units for measuring clock time in Chinese are: 點 (for hours) 刻 (for quarters on hour), 分 (for minutes). If one wishes to indicate the exact time, then 鐘 (clock) is often added after 點. However, in cases where the fractional time indicated is often omitted.

e.g.	三點鐘	**3:00**
	三點一刻	**3:15**
	三點五十分	**3:50**

Note that when telling time, if the unit of time is over ten minutes, then 分 can be omitted.

e.g.	三點四十	**3:40**
	五點十七	**5:17**

When telling time and the time unit after the hour is under ten minutes, a 零 (zero) or 過 (to pass) can be inserted.

e.g. 三點零五分 **3:05**
五點過五分 **5:05**

If only a few minutes remaining before the hour, say "差 X 分 Y 點" or "Y 點差 X 分"

e.g. 差三分十點／十點差三分 **9:57**

2. When expressing the time of day in Chinese the English word "hour" can be indicated by either 鐘頭 or 小時. One important difference between the two is that 鐘頭 must always use the measure word 個, whereas 小時 dose not usually need this measure word. The reason that 小時 does not need 個 is because 小時 itself can act as a measure word. Also, of these two units for "hour" in Chinese, 小時 is often used in written Chinese, whereas 鐘頭 is not.

e.g. 一個鐘頭 **one hour**
一（個）小時 **one hour**

第十二課 我到外國去了八個多月[1]

1 DIALOGUE

I

A：好久不見，聽說你到歐洲[2]去了。

B：是啊，我到歐洲去了八個多月。

A：你都到了哪些國家[3]？

B：我去了德國、英國，還有法國。

A：明年[4]我也想到德國去旅行[5]，什麼時候去最好？

B：我想從六月到十月天氣都不錯。冬天太[6]冷了。

A：春天呢？

B：春天有[7]的地方常下雨[8]。

A：那，我應該[9]夏天[10]去。

B：對啊，夏天去最好。

II

A：最近都[11]沒看到[12]你，你到哪兒去了？

B：我跟父母到日本去了一個星期[13]，昨天剛[14]回來的。我們什麼時候考試[15]，你知道嗎？

A：下星期三。

B：一共考多少課？

A：老師說一共考十二課。

B：你念了幾課了？

A：我已經念了七課了，你呢？

B：我在日本只看了兩課，還有十課沒看呢，怎麼辦[16]？

A：別著急[17]，還有一星期呢。我現在要到圖書館去看書，你去不去？

B：好啊，我跟你一起去。

ㄉㄧˋ ㄕˊ ㄦˋ ㄎㄜˋ　ㄨㄛˇ ㄉㄠˋ ㄨㄞˋ ㄍㄨㄛˊ ㄑㄩˋ ˙ㄌㄜ ㄅㄚ ˙ㄍㄜ ㄉㄨㄛ ㄩㄝˋ

I

A：ㄏㄠˇ ㄐㄧㄡˇ ㄅㄨˊ ㄐㄧㄢˋ，ㄊㄧㄥ ㄕㄨㄛ ㄋㄧˇ ㄉㄠˋ ㄡ ㄓㄡ ㄑㄩˋ ˙ㄌㄜ。

B：ㄕˋ ˙ㄚ，ㄨㄛˇ ㄉㄠˋ ㄡ ㄓㄡ ㄑㄩˋ ˙ㄌㄜ ㄅㄚ ˙ㄍㄜ ㄉㄨㄛ ㄩㄝˋ。

A：ㄋㄧˇ ㄉㄡ ㄉㄠˋ ˙ㄌㄜ ㄋㄟˇ ㄒㄧㄝ ㄍㄨㄛˊ ㄐㄧㄚ？

B：ㄨㄛˇ ㄑㄩˋ ˙ㄌㄜ ㄉㄜˊ ㄍㄨㄛˊ、ㄧㄥ ㄍㄨㄛˊ，ㄏㄞˊ ㄧㄡˇ ㄈㄚˇ ㄍㄨㄛˊ。

A：ㄇㄧㄥˊ ㄋㄧㄢˊ ㄨㄛˇ ㄧㄝˇ ㄒㄧㄤˇ ㄉㄠˋ ㄉㄜˊ ㄍㄨㄛˊ ㄑㄩˋ ㄌㄩˇ ㄒㄧㄥˊ，ㄕㄜˊ ˙ㄇㄜ ㄕˊ ㄏㄡˋ ㄑㄩˋ ㄗㄨㄟˋ ㄏㄠˇ？

B：ㄨㄛˇ ㄒㄧㄤˇ ㄘㄨㄥˊ ㄌㄧㄡˋ ㄩㄝˋ ㄉㄠˋ ㄕˊ ㄩㄝˋ ㄊㄧㄢ ㄑㄧˋ ㄉㄡ ㄅㄨˊ ㄘㄨㄛˋ。ㄉㄨㄥ ㄊㄧㄢ ㄊㄞˋ ㄌㄥˇ ˙ㄌㄜ。

A：ㄔㄨㄣ ㄊㄧㄢ ˙ㄋㄜ？

B：ㄔㄨㄣ ㄊㄧㄢ ㄧㄡˇ ˙ㄉㄜ ㄉㄧˋ ㄈㄤ ㄔㄤˊ ㄒㄧㄚˋ ㄩˇ。

A：ㄋㄚˋ，ㄨㄛˇ ㄧㄥ ㄍㄞ ㄒㄧㄚˋ ㄊㄧㄢ ㄑㄩˋ。

B：ㄉㄨㄟˋ ˙ㄚ，ㄒㄧㄚˋ ㄊㄧㄢ ㄑㄩˋ ㄗㄨㄟˋ ㄏㄠˇ。

II

A：ㄗㄨㄟˋ ㄐㄧㄣˋ ㄉㄡ ㄇㄟˊ ㄎㄢˋ ㄉㄠˋ ㄋㄧˇ，ㄋㄧˇ ㄉㄠˋ ㄋㄚˇ ㄦ ㄑㄩˋ ˙ㄌㄜ？

B：ㄨㄛˇ ㄍㄣ ㄈㄨˋ ㄇㄨˇ ㄉㄠˋ ㄖˋ ㄅㄣˇ ㄑㄩˋ ˙ㄌㄜ ㄧˊ ˙ㄍㄜ ㄒㄧㄥ ㄑㄧˊ，ㄗㄨㄛˊ ㄊㄧㄢ ㄍㄤ ㄏㄨㄟˊ ㄌㄞˊ ˙ㄌㄜ。ㄨㄛˇ ˙ㄇㄣ ㄕㄜˊ ˙ㄇㄜ ㄕˊ ㄏㄡˋ ㄎㄠˇ ㄕˋ，ㄋㄧˇ ㄓ ㄉㄠˋ ˙ㄇㄚ？

A：ㄒㄧㄚˋ ㄒㄧㄥ ㄑㄧˊ ㄙㄢ。

B：ㄧˊ ㄍㄨㄥˋ ㄎㄠˇ ㄉㄨㄛ ㄕㄠˇ ㄎㄜˋ？

A：ㄌㄠˇ ㄕ ㄕㄨㄛ ㄧˊ ㄍㄨㄥˋ ㄎㄠˇ ㄕˊ ㄦˋ ㄎㄜˋ。

B：ㄋㄧˇ ㄋㄧㄢˋ ˙ㄌㄜ ㄐㄧˇ ㄎㄜˋ ˙ㄌㄜ？

A：ㄨㄛˇ ㄧˇ ㄐㄧㄥ ㄋㄧㄢˋ ˙ㄌㄜ ㄑㄧ ㄎㄜˋ ˙ㄌㄜ，ㄋㄧˇ ˙ㄋㄜ？

B：ㄨㄛˇ ㄗㄞˋ ㄖˋ ㄅㄣˇ ㄓˇ ㄎㄢˋ ˙ㄌㄜ ㄌㄧㄤˇ ㄎㄜˋ，ㄏㄞˊ ㄧㄡˇ ㄕˊ ㄎㄜˋ ㄇㄟˊ ㄎㄢˋ ˙ㄋㄜ，ㄗㄣˇ ˙ㄇㄜ ㄅㄢˋ？

A：ㄅㄧㄝˊ ㄓㄠ ㄐㄧˊ，ㄏㄞˊ ㄧㄡˇ ㄧˋ ㄒㄧㄥ ㄑㄧˊ ˙ㄋㄜ。ㄨㄛˇ ㄒㄧㄢˋ ㄗㄞˋ ㄧㄠˋ ㄉㄠˋ ㄊㄨˊ ㄕㄨ ㄍㄨㄢˇ ㄑㄩˋ ㄎㄢˋ ㄕㄨ，ㄋㄧˇ ㄑㄩˋ ㄅㄨˊ ㄑㄩˋ？

B：ㄏㄠˇ ˙ㄚ，ㄨㄛˇ ㄍㄣ ㄋㄧˇ ㄧˋ ㄑㄧˊ ㄑㄩˋ。

Dì Shíhèr Kè Wǒ Dào Wàiguó Cyùle Bāge-duō Yuè

I

A : Hǎo jiǒu bújiàn, tīngshuō nǐ dào Ōujhōu cyùle.

B : Shìh a, wǒ dào Ōujhōu cyùle bāge-duō yuè.

A : Nǐ dōu dàole něisiē guójiā?

B : Wǒ cyùle Déguó, Yīngguó, háiyǒu Fǎguó.

A : Míngnián wǒ yě siǎng dào Déguó cyù lyǔsíng, shénme shíhhòu cyù zuèi hǎo?

B : Wǒ siǎng cóng liòuyuè dào shíhyuè tiāncì dōu búcuò. Dōngtiān tài lěng le.

A : Chūntiān ne?

B : Chūntiān yǒude dìfāng cháng siàyǔ.

A : Nà, wǒ yīnggāi siàtiān cyù.

B : Duèi a, siàtiān cyù zuèi hǎo.

II

A : Zuèijìn dōu méikàndào nǐ, nǐ dào nǎr cyùle?

B : Wǒ gēn fùmǔ dào Rìhběn cyùle yíge sīngcí, zuótiān gāng huéilái de. Wǒmen shénme shíhhòu kǎoshìh, nǐ jhīhdào ma?

A : Sià sīngcísān.

B : Yígòng kǎo duōshǎokè?

A : Lǎoshīh shuō yígòng kǎo shíhèr kè.

B : Nǐ niànle jǐkè le?

A : Wǒ yǐjīng niànle cīkè le, nǐ ne?

B : Wǒ zài Rìhběn jhǐh niànle liǎngkè, hái yǒu shíhkè méiniàn ne, zěnmebàn?

A : Bié jhāojí, hái yǒu yìsīngcí ne. Wǒ siànzài yào dào túshūguǎn cyù kànshū, nǐ cyù búcyù?

B : Hǎo a, wǒ gēn nǐ yìcǐ cyù.

Dì Shíèr Kè　Wǒ Dào Wàiguó Qùle Bāge-duō Yuè

I

A：Hǎo jiǔ bújiàn, tīngshuō nǐ dào Ōuzhōu qùle.

B：Shì a, wǒ dào Ōuzhōu qùle bāge-duō yuè.

A：Nǐ dōu dàole něixiē guójiā?

B：Wǒ qùle Déguó, Yīngguó, háiyǒu Fǎguó.

A：Míngnián wǒ yě xiǎng dào Déguó qù lǚxíng, shénme shíhòu qù zuì hǎo?

B：Wǒ xiǎng cóng liùyuè dào shíyuè tiānqì dōu búcuò. Dōngtiān tài lěng le.

A：Chūntiān ne?

B：Chūntiān yǒude dìfāng cháng xiàyǔ.

A：Nà, wǒ yīnggāi xiàtiān qù.

B：Duì a, xiàtiān qù zuì hǎo.

II

A：Zuìjìn dōu méikàndào nǐ, nǐ dào nǎr qùle?

B：Wǒ gēn fùmǔ dào Rìběn qùle yíge xīngqí, zuótiān gāng huílái de. Wǒmen shénme shíhòu kǎoshì, nǐ zhīdào ma?

A：Xià xīngqísān.

B：Yígòng kǎo duōshǎokè?

A：Lǎoshī shuō yígòng kǎo shíèr kè.

B：Nǐ niànle jǐkè le?

A：Wǒ yǐjīng niànle qīkè le, nǐ ne?

B：Wǒ zài Rìběn zhǐ niànle liǎngkè, hái yǒu shíkè méiniàn ne, zěnmebàn?

A：Bié zhāojí, hái yǒu yìxīngqí ne. Wǒ xiànzài yào dào túshūguǎn qù kànshū, nǐ qù búqù?

B：Hǎo a, wǒ gēn nǐ yìqǐ qù.

LESSON 12 I WENT ABROAD FOR MORE THAN EIGHT MONTHS

I

A：Long time no see. I heard you went to Europe.

B：Yes, I went to Europe for more than eight months.

A：Which countries did you go to?

B：I went to Germany, England, and France, too.

A：I am also thinking to take a trip to Germany next year. What's the best time to go?

B：I think from June to October the weather is pretty good. Winter is too cold.

A：How about spring?

B：In spring it rains quite often in some places.

A：Well, in that case I'll go in summer.

B：Right, it's best to go in summer.

II

A：I haven't seen you recently, where did you go?

B：I went to Japan for a week with my parents, and just came back yesterday. When are we going to have our test, do you know?

A：Next Wednesday.

B：How many chapters did the teacher say were going to be on the test?

A：Twelve chapters.

B：How many chapters have you read?

A：I've already read seven chapters, and you?

B：I only read two chapters in Japan. I still have ten chapters left.

A：Don't be nervous. You still have one week. I want to go to the library now to study. Do you want to go?

B：OK, I'll go with you.

2 NARRATION

今年八月張老師在歐洲旅行了兩個星期，去了很多有名的地方，覺得很有意思。他說歐洲的夏天天氣很好，旅行的人最多。冬天太冷，秋天[18]不冷不熱，可是有的地方常下雨，所以到歐洲去旅行，春天、夏天是最好的季節[19]。

張老師在歐洲只去了德國、法國兩個國家，他還想到別的地方去看看，可是時間[20]不夠，明年春天他要再到歐洲去，他聽說那裡的春天風景[21]很美。

ㄐㄧㄣ ㄋㄧㄢˊ ㄅㄚ ㄩㄝˋ ㄓㄤ ㄌㄠˇ ㄕ ㄗㄞˋ ㄡ ㄓㄡ ㄌㄩˇ ㄒㄧㄥˊ ˙ㄌㄜ ㄌㄧㄤˇ ˙ㄍㄜ ㄒㄧㄥ ㄑㄧˊ，ㄑㄩˋ ˙ㄌㄜ ㄏㄣˇ ㄉㄨㄛ ㄧㄡˇ ㄇㄧㄥˊ ˙ㄉㄜ ㄉㄧˋ ㄈㄤ，ㄐㄩㄝˊ ˙ㄉㄜ ㄏㄣˇ ㄧㄡˇ ㄧˋ ㄙ。ㄊㄚ ㄕㄨㄛ ㄡ ㄓㄡ ˙ㄉㄜ ㄒㄧㄚˋ ㄊㄧㄢ ㄊㄧㄢ ㄑㄧˋ ㄏㄣˇ ㄏㄠˇ，ㄌㄩˇ ㄒㄧㄥˊ ˙ㄉㄜ ㄖㄣˊ ㄗㄨㄟˋ ㄉㄨㄛ。ㄉㄨㄥ ㄊㄧㄢ ㄊㄞˋ ㄌㄥˇ，ㄑㄧㄡ ㄊㄧㄢ ㄅㄨˋ ㄌㄥˇ ㄅㄨˊ ㄖㄜˋ，ㄎㄜˇ ㄕˋ ㄧㄡˇ ˙ㄉㄜ ㄉㄧˋ ㄈㄤ ㄔㄤˊ ㄒㄧㄚˋ ㄩˇ，ㄙㄨㄛˇ ㄧˇ ㄉㄠˋ ㄡ ㄓㄡ ㄑㄩˋ ㄌㄩˇ ㄒㄧㄥˊ，ㄔㄨㄣ ㄊㄧㄢ、ㄒㄧㄚˋ ㄊㄧㄢ ㄕˋ ㄗㄨㄟˋ ㄏㄠˇ ˙ㄉㄜ ㄐㄧˋ ㄐㄧㄝˊ。

ㄓㄤ ㄌㄠˇ ㄕ ㄗㄞˋ ㄡ ㄓㄡ ㄓˇ ㄑㄩˋ ˙ㄌㄜ ㄉㄜˊ ㄍㄨㄛˊ、ㄈㄚˇ ㄍㄨㄛˊ ㄌㄧㄤˇ ˙ㄍㄜ ㄍㄨㄛˊ ㄐㄧㄚ，ㄊㄚ ㄏㄞˊ ㄒㄧㄤˇ ㄉㄠˋ ㄅㄧㄝˊ ˙ㄉㄜ ㄉㄧˋ ㄈㄤ ㄑㄩˋ ㄎㄢˋ ㄎㄢˋ，ㄎㄜˇ ㄕˋ ㄕˊ ㄐㄧㄢ ㄅㄨˊ ㄍㄡˋ，ㄇㄧㄥˊ ㄋㄧㄢˊ ㄔㄨㄣ ㄊㄧㄢ ㄊㄚ ㄧㄠˋ ㄗㄞˋ ㄉㄠˋ ㄡ ㄓㄡ ㄑㄩˋ，ㄊㄚ ㄊㄧㄥ ㄕㄨㄛ ㄋㄚˋ ㄌㄧˇ ˙ㄉㄜ ㄔㄨㄣ ㄊㄧㄢ ㄈㄥ ㄐㄧㄥˇ ㄏㄣˇ ㄇㄟˇ。

Jīnnián bāyuè Jhāng lǎoshīh zài Ōujhōu lyǔsíngle liǎngge sīngcí, cyùle hěn duō yǒumíngde dìfāng, jyuéde hěn yǒuyìsīh. Tā shuō Ōujhōude siàtiān tiāncì hěn hǎo, lyǔsíngde rén zuèi duō. Dōngtiān tài lěng, ciōutiān bùlěng búrè, kěshìh yǒude dìfāng cháng siàyǔ, suǒyǐ dào Ōujhōu cyù lyǔsíng, chūntiān, siàtiān shìh zuèi hǎode jìjié.

Jhāng lǎoshīh zài Ōujhōu jhǐh cyùle Déguó, Fǎguó liǎngge guójiā, tā hái siǎng dào biéde dìfāng cyù kànkàn, kěshìh shíhjiān búgòu, míngnián chūntiān tā yào zài dào Ōujhōu cyù, tā tīngshuō nàlǐde chūntiān fōngjǐng hěn měi.

Jīnnián bāyuè Zhāng lǎoshī zài Ōuzhōu lǚxíngle liǎngge xīngqí, qùle hěn duō yǒumíngde dìfāng, juéde hěn yǒuyìsī. Tā shuō Ōuzhōude xiàtiān tiānqì hěn hǎo, lǚxíngde rén zuì duō. Dōngtiān tài lěng, qiūtiān bùlěng búrè, kěshì yǒude dìfāng cháng xiàyǔ, suǒyǐ dào Ōuzhōu qù lǚxíng, chūntiān, xiàtiān shì zuì hǎode jìjié.

Zhāng lǎoshī zài Ōuzhōu zhǐ qùle Déguó, Fǎguó liǎngge guójiā, tā hái xiǎng dào biéde dìfāng qù kànkàn, kěshì shíjiān búgòu, míngnián chūntiān tā yào zài dào Ōuzhōu qù, tā tīngshuō nàlǐde chūntiān fēngjǐng hěn měi.

In August of this year Teacher Zhang took a trip to Europe for two weeks, visiting many famous places and thinking it was very interesting. He said the weather in Europe is the best in summer and that's when the most people travel. It's too cold in winter. Fall is neither hot nor cold; however in some places it rains quite often. So spring and summer are the best times to travel in Europe.

Teacher Zhang only visited Germany and France. He wished he could see other places, but there wasn't enough time. Next year he wants to go back to Europe again. He heard that spring time is very beautiful there.

3 VOCABULARY

1 月 (yuè) N：month

現在是幾月？

Siànzài shìh jǐyuè?
Xiànzài shì jǐyuè?
What month is it?

2 歐洲 (Ōujhōu / Ōuzhōu) N：Europe

明年我想到歐洲去。

Míngnián wǒ siǎng dào Ōujhōu cyù.
Míngnián wǒ xiǎng dào Ōuzhōu qù.
Next year I want to go to Europe.

3 國家 (guójiā) N：nation, country

美國是一個很大的國家。

Měiguó shìh yíge hěn dàde guójiā.
Měiguó shì yíge hěn dàde guójiā.
United States is a very large country.

4 明年 (míngnián) MA/N(TW)：next year

明年你要到哪兒去？

Míngnián nǐ yào dào nǎr cyù?
Míngnián nǐ yào dào nǎr qù?
Where do you want to go next year?

年 (nián) N/M：year

一年有十二個月。

Yìnián yǒu shíhèrge yuè.
Yìnián yǒu shíèrge yuè.
There are twelve months in a year.

去年 (cyùnián / qùnián)　MA/N(TW)：last year
今年 (jīnnián)　MA/N(TW)：this year
新年 (sīnnián / xīnnián)　MA/N(TW)：new year

5 旅行 (lyǔsíng / lǚxíng)　V/N：to travel, to take a trip

我很喜歡旅行。

Wǒ hěn sǐhuān lyǔsíng.
Wǒ hěn xǐhuān lǚxíng.
I love traveling.

旅館 (lyǔguǎn / lǚguǎn)　N：hotel, inn（M：家 jiā）
行 (síng / xíng)　SV：to be OK, to be permitted

明天去，行不行？

Míngtiān cyù, síng bùsíng?
Míngtiān qù, xíng bùxíng?
Would it be OK to go tomorrow?

6 冬天 (dōngtiān)　MA/N(TW)：winter, wintertime

美國冬天的天氣怎麼樣？

Měiguó dōngtiānde tiānci zěnmeyàng?
Měiguó dōngtiānde tiānqì zěnmeyàng?
What's the winter weather like in America?

7 春天 (chūntiān)　MA/N(TW)：spring, springtime

明年春天我要去法國旅行。

Míngnián chūntiān wǒ yào cyù Fǎguó lyǔsíng.
Míngnián chūntiān wǒ yào qù Fǎguó lǚxíng.
I want to travel to France next spring.

8 下雨 (siàyǔ / xiàyǔ)　VO：to rain

外面在下雨呢。

Wàimiàn zài siàyǔ ne.
Wàimiàn zài xiàyǔ ne.
It's raining outside.

雨 (yǔ)　N：rain（M：場 chǎng）

9 應該 (yīnggāi)　AV：should, ought to

你每天應該念三個鐘頭的書。
Nǐ měitiān yīnggāi niàn sānge-jhōngtóu-de shū.
Nǐ měitiān yīnggāi niàn sānge-zhōngtóu-de shū.
You should study every day for three hours.

該 (gāi)　AV：should

10 夏天 (siàtiān / xiàtiān)　MA/N(TW)：summer, summertime

夏天去旅行的人最多。
Siàtiān cyù lyǔsíngde rén zuèi duō.
Xiàtiān qù lǚxíngde rén zuì duō.
Summertime is when the most people go traveling.

11 最近 (zuèijìn / zuìjìn)　MA：recently, lately

最近這兒常下雨。
Zuèijìn jhèr cháng siàyǔ.
Zuìjìn zhèr cháng xiàyǔ.
Recently it has often rained here.

12 看到 (kàndào)　V：to see

你是什麼時候看到他的？
Nǐ shìh shénme shíhhòu kàndào tā de?
Nǐ shì shénme shíòu kàndào tā de?
When did you see him?

13 星期 (sīngcí / xīngqí)　N：week（禮拜 lǐbài）

一個月有四個多星期。

Yíge yuè yǒu sìhge-duō sīngcí.
Yíge yuè yǒu sìge-duō xīngqí.
One month contains a little more than four weeks.

期ㄑㄧˊ (cí / qí)　M：measure word for school semesters

學ㄒㄩㄝˊ期ㄑㄧˊ (syuécí / xuéqí)　N/M：semester

14 剛ㄍㄤ (gāng)　A：just, recently

那ㄋㄟˋ個ㄍㄜ˙學ㄒㄩㄝˊ生ㄕㄥ剛ㄍㄤ從ㄘㄨㄥˊ英ㄧㄥ國ㄍㄨㄛˊ來ㄌㄞˊ。

Nèige syuéshēng gāng cóng Yīngguó lái.
Nèige xuéshēng gāng cóng Yīngguó lái.
That student just came from England.

剛ㄍㄤ剛ㄍㄤ (gānggāng)　MA(TW)/A：just now

剛ㄍㄤ剛ㄍㄤ你ㄋㄧˇ說ㄕㄨㄛ什ㄕㄜˊ麼ㄇㄜ˙？

Gānggāng nǐ shuō shénme?
What did you say just now?

15 考ㄎㄠˇ試ㄕˋ (kǎoshìh / kǎoshì)　VO/N：to take a test; test, exam

學ㄒㄩㄝˊ生ㄕㄥ都ㄉㄡ不ㄅㄨˋ喜ㄒㄧˇ歡ㄏㄨㄢ考ㄎㄠˇ試ㄕˋ。

Syuéshēng dōu bùsǐhuān kǎoshìh.
Xuéshēng dōu bùxǐhuān kǎoshì.
All students don't like tests.

考ㄎㄠˇ (kǎo)　V：to test

我ㄨㄛˇ明ㄇㄧㄥˊ天ㄊㄧㄢ要ㄧㄠˋ考ㄎㄠˇ英ㄧㄥ文ㄨㄣˊ。

Wǒ míngtiān yào kǎo Yīngwún.
Wǒ míngtiān yào kǎo Yīngwén.
Tomorrow I have an English test.

試ㄕˋ (shìh / shì)　V：to try

試ㄕˋ試ㄕˋ看ㄎㄢˋ (shìhshìhkàn / shìshìkàn)　IE：to try and see

這ㄓㄟˋ枝ㄓ筆ㄅㄧˇ很ㄏㄣˇ好ㄏㄠˇ，你ㄋㄧˇ試ㄕˋ試ㄕˋ看ㄎㄢˋ。

Jhèijhīh bǐ hěn hǎo, nǐ shìhshìhkàn.

Zhèizhī bǐ hěn hǎo, nǐ shìshìkàn.
This pen is very good, try it.

口試 (kǒushìh / kǒushì) N：oral test
筆試 (bǐshìh / bǐshì) N：written test

16 怎麼辦 (zěnmebàn)

IE：What now? What am I supposed to do now? What happens......?

我的錢不夠，怎麼辦？

Wǒde cián búgòu, zěnmebàn?
Wǒde qián búgòu, zěnmebàn?
I haven’t got enough money, what am I supposed to do now?

辦 (bàn) V：to handle, to manage

這件事，你辦得很好。

Jhèijiàn shìh, nǐ bànde hěn hǎo.
Zhèijiàn shì, nǐ bànde hěn hǎo.
You handled this affair very well.

17 著急 (jhāojí / zhāojí) SV：to be nervous, anxious

因為錢不夠，所以他很著急。

Yīnwèi cián búgòu, suǒyǐ tā hěn jhāojí.
Yīnwèi qián búgòu, suǒyǐ tā hěn zhāojí.
Because the money was not enough, he was nervous.

急 (jí) SV：to be anxious, rushing

還早呢，急什麼？

Hái zǎo ne, jí shénme?
It’s still early, what are you rushing about for?

SUPPLEMENTARY VOCABULARY

18 秋天 (ciōutiān / qiūtiān) MA/N(TW)：autumn, fall

19 季節 (jìjié) N：season

季 (jì) N/M：season

一年有四季。

Yìnián yǒu sìhjì.
Yìnián yǒu sìjì.
One year has four seasons.

春季 (chūnjì) MA/N(TW)：spring
夏季 (siàjì / xiàjì) MA/N(TW)：summer
秋季 (ciōujì / qiūjì) MA/N(TW)：autumn, fall
冬季 (dōngjì) MA/N(TW)：winter
雨季 (yǔjì) MA/N(TW)：rainy season, monsoon season
節 (jié) N/M：festival; section (for classes)
節日 (jiérìh / jiérì) N：holiday
春節 (chūnjié) N：Spring Festival (Chinese new year)
中秋節 (jhōngciōujié / zhōngqiūjié) N：Mid Autumn Festival

20 時間 (shíhjiān / shíjiān) N：time

我很忙，沒有時間看電視。

Wǒ hěn máng, méiyǒu shíhjiān kàn diànshìh.
Wǒ hěn máng, méiyǒu shíjiān kàn diànshì.
I'm very busy, I don't have time to watch TV.

21 風景 (fōngjǐng / fēngjǐng) N：scenery, view, landscape

她說那兒秋天的風景很美。

Tā shuō nàr ciōutiānde fōngjǐng hěn měi.
Tā shuō nàr qiūtiānde fēngjǐng hěn měi.
She said the fall scenery is very pretty there.

22 號 (hào) M：measure word for numbers and dates

今天是幾月幾號？

Jīntiān shìh jǐyuè jǐhào?
Jīntiān shì jǐyuè jǐhào?
What is today's month and date?

23 輛 (liàng) M：measure for cars, buses, etc.

24 好幾 (hǎojǐ) A-NU：quite a few

我有好幾個法國朋友。

Wǒ yǒu hǎo jǐge Fǎguó péngyǒu.
I have quite a few French friends.

25 住 (jhù / zhù) V：to stay, to live

我在這兒住了十年了。

Wǒ zài jhèr jhùle shíhniánle.
Wǒ zài zhèr zhùle shíniánle.
I've living here for ten years.

4 SYNTAX PRACTICE

I. Time Expressions with Year, Month, Day, and Week

(I) Time When with Year, Month, Day and Week

a. 年 The Year

一千九百年／一九〇〇年	1900
一千八百零五年／一八〇五年	1805
一千九百九十年／一九九〇年	1990
一千七百八十九年／一七八九年	1789

去年	last year
今年	this year
明年	next year
哪年？	which year?

b. 月 The Month

一月	January
二月	February
三月	March
四月	April
五月	May
六月	June
七月	July
八月	August
九月	September
十月	October
十一月	November
十二月	December
幾月？	Which month (of the 12)?
上（個）月	last month
這（個）月	this month
下（個）月	next month
哪（個）月？	which month?

c. 號 The Day

一號	first
二號	second
十號	tenth
十五號	fifteenth
三十一號	thirty first
幾號？	which day (of the 31)?
昨天	yesterday
今天	today

明天	tomorrow
哪天？	which day?

d. 星期 The Week

星期天／星期日	Sunday
星期一	Monday
星期二	Tuesday
星期三	Wednesday
星期四	Thursday
星期五	Friday
星期六	Saturday
星期幾？	Which day (of the week)?
上（個）星期	last week
這（個）星期	this week
下（個）星期	next week
哪（個）星期	which week?

(II) Time Spent with Year, Month, Day and Week

a. 年 Year (s)

半年	half a year
一年	one year
一年半	one and a half year
一年多	more than one but less than two years
兩、三年	two or three years
十幾年	more than ten years (11-19 years)
幾年？	how many years?

b. 月 Month (s)

半個月	half a month
一個月	one month
兩個半月	two and a half months
三個多月	more than three but less than four months
五、六個月	five or six months

幾個月？	how many months?

c. **星期** Week (s)

一（個）星期	one week
兩個多星期	more than two but less than three weeks
三、四（個）星期	three or four weeks
幾（個）星期？	how many weeks?

d. 天 Day (s)

半天	half a day
一天	one day
一天半	one and a half year
一天多	more than one but less than two days
七、八天	seven or eight days
二十幾天	more than twenty days (21-29 days)
幾天？	how many days?

II. Single and Double 了 with Quantified Objects

When the object is quantified, 了 can be used after the verb, or can be placed both after the verb and at the end of the sentence.

a. Single 了 with Quantified Objects
When 了 is used only once in the sentence, after the verb, it indicates that the action was completed at some certain time in the past.

S	(A)	V	了	NU-M	O
我	昨天	學	了	二十個	字。
Yesterday I learned twenty characters.					

b. Double 了 with Quantified Objects
When 了 occurs both after the verb and at the end of the sentence, it means that a certain quantified action has so far already been completed.

S	(A)	V	了	NU-M	O	了
我	已經	學	了	三百個	字	了。
I've already learned three hundred characters.						

1. a.我上星期買了三本書。
   b.我已經看了兩本了。
2. a.你昨天晚上喝了幾杯酒？
   b.你已經喝了三杯酒了，你還要喝嗎？
3. a.這本書，上個月我念了四課。
   b.這個月我們已經念了三課了。
4. a.他去年買了一輛汽車。
   b.他已經買了一輛汽車了，為什麼還要買一輛？
5. a.我一共給了他二十塊錢，請他去買一點兒吃的東西。
   b.我已經給了他二十塊錢了，還不夠嗎？

Insert the given word using proper sentence pattern

a. 1.我昨天喝咖啡了。（兩杯）
   2.她那天晚上唱歌兒了。（三首ㄕㄡˇ (shǒu)*）
   3.他上個月買照像機了。（一個）
   4.我們剛剛說話了。（很多）

b. 1.我寫字。（已經一百個）
   2.我們念書。（已經十一課）
   3.她唱歌兒。（已經好幾首）
   4.她買衣服。（已經很多）

III. Single and Double 了 with Time Spent

a. When 了 is used only once in the clause or sentence, after the verb, it indicates that the action went on for some time at some certain time in

* 首ㄕㄡˇ (shǒu)：measure word for songs

the past.

b. If 了 occurs both after the verb and at the end of the clause or sentence, it means that the action has so far already been going on for some time.

(I)

	S　(A)　V　了　Time Spent（了）
a.	我們　只　休息　了　十分鐘。 We only rested for ten minutes.
b.	我們　已經　休息　了　半個鐘頭了，你還累嗎？ We've already rested for half an hour, and are you still tired?

1. a.他等了十分鐘，就走了。

   b.我已經等了一個鐘頭了。

2. a.去年，他在這兒住了半年。

   b.我已經在這兒住了半年了。

3. a.我們走了二十分鐘，就到了。

   b.我們已經走了二十分鐘了，還沒到嗎？

4. a.他回來了一個星期，就走了。

   b.他已經回來了一個星期了。

(II)

	S　(A)　V　了　Time Spent（的）O（了）
a.	我　去年　學　了　三個月　的　中文。 Last year I studied Chinese for three months.
b.	我們　已經　學　了　三個月　的　中文了。 I've already studied Chinese for three months.

1. a.昨天我上了五個鐘頭的課。

   b.今天我已經上了三個鐘頭的課了。

2. a.去年夏天我做了兩個月的事。

b.我已經做了十年的事了。

3. a.昨天我畫了一天的畫兒。

b.你畫了一天的畫兒了，休息一會兒吧。

(Ⅲ)

	S	V	O,		V	了	Time Spent	(了)
a.	我去年	學	中文，		學	了	三個月。	
	Last year I studied Chinese for three months.							
b.	我	學	中文，	已經	學	了	三個月	了。
	I've already studied Chinese for three months.							

1. a.昨天我開車，開了六個鐘頭。

b.我開車，已經開了六年了。

2. a.昨天你看電視，看了幾個鐘頭？

b.他看電視，已經看了好幾個鐘頭了。

3. a.去年我在中國教英文，教了六個多月。

b.我教英文，教了十幾年了。

Insert the given words, using proper sentence pattern

a.

1. 去年夏天，我到紐約去了	(十天)
2. 昨天我學日文了。	(兩個鐘頭)
3. 上個月他上課了。	(二十天)
4. 今天早上我們跳舞了。	(一個鐘頭)

b.

1. 孩子在外面玩兒。	(已經半天)
2. 我學英文。	(已經四個月)
3. 他們說話。	(已經半個鐘頭)

4. 你們跳舞，不累嗎？　　　（已經三個鐘頭）

5 APPLICATION ACTIVITIES

I. Each student uses "last year", "last month", "last week" or "yesterday" to describe an activity which was going on up to a certain point, in the past.

e.g. 我去年教了八個月的英文。

Last year I taught eight months of English.

我昨天寫了一百多個字。

Yesterday I wrote more than 100 characters.

II. Each student describes an activity which has been in progress up to present

e.g. 我在這個大學已經念了半年多了。

I've already studied at this university over half a year.

這本書，我已經念了十二課了。

I've already read 12 chapters of this book.

III. Situations

1. Use vacation a student has taken as a conversation topic to practice sentence patterns.

2. Teacher and students discuss test material, test date and testing method.

3. Two students use the four seasons as a conversation topic.

6 NOTES

1. When time-when expressions such as date, the day of the week, etc. are used as a predicate, the verb 是 can be omitted.

e.g. 明天（是）幾號？ **What's the date tomorrow?**
今天（是）星期五。 **Today is Friday.**

2. In Chinese, when talking about dates, addresses, etc., terms with larger scope always precede those with smaller scope, and 的 need not be inserted between numbers or time words.

e.g. 一九〇〇年十二月二十二號早上八點鐘
8:00 a.m. December 22nd, 1900

今天早上	**this morning**
東三路三十號	**30, East 3rd Rd.**

3. When telling the day of the week, **禮拜** can be substituted for **星期**, but **星期** is the more commonly used in written form.

e.g. 星期五　**Friday**
禮拜五。　**Friday**

4. **半天** can mean either "half day" or a "long time".

e.g. 我星期六只做半天的事。
I only work half a day on Saturday.
我說了半天，他還是不懂。
I talked to him for a long time, but he still didn't understand.

5. **一天** can mean either "a day" or "an entire day".

e.g. 他只能來一天。　**He can only come for a day.**
今天我玩兒了一天，現在很想睡覺。
I played all day today and now I really want to go to sleep.
Note that 一 can sometimes have the meaning of "whole".
e.g. 他們一家人都很忙。　**Their whole family is very busy.**

6. **好** can be used as an adverb.

e.g. 我來了好幾天了。　**I've been here for quite a few days.**
外面有好多人。　**There are a lot of people outside.**
今天好熱啊！　**It's really hot today!**
Note that 好 has been used for emphasis.

INDEX I

語法詞類略語表

GRAMMATICAL TERMS KEY TO ABBREVIATIONS

A	Adverb
AV	Auxiliary Verb
BF	(Unclassified) Bound Form
CONJ	Conjunction
CV	Coverb
DC	Directional Compound
DEM	Demonstrative Pronoun
INT	Interjection
IE	Idiomatic Expression
L	Localizer
M	Measure
MA	Movable Adverb
N	Noun
NU	Number
NP	Noun Phrase
O	Object
P	Particle
PN	Pronoun
PT	Pattern
PV	Post Verb
PW	Place Word
QW	Question Word
RC	Resultative Compound
RE	Resultative Ending
S	Subject
SV	Stative Verb
TW	Time Word
V	Verb
VO	Verb Object Compound
VP	Verb Phrase

INDEX II

A

a	啊˙ㄚ (啊˙ㄚ)	P: an interrogative final particle, used when answer is assumed; a phrase final particle, indicates affirmation, exclamation, etc.	2
ài	愛ㄞˋ(爱ㄞˋ)	V/AV: to love / be apt to	8

B

ba	吧˙ㄅㄚ (吧˙ㄅㄚ)	P: question particle, implying probability P: sentence suffix, indicating a request	11
bā	八ㄅㄚ (八ㄅㄚ)	NU: eight	4
bàba	爸ㄅㄚˋ爸˙ㄅㄚ (爸ㄅㄚˋ爸˙ㄅㄚ)	N: father	5
bǎi	百ㄅㄞˇ(百ㄅㄞˇ)	NU: hundred	6
bān	班ㄅㄢ (班ㄅㄢ)	N/M: class, measure word for a group	11
bàn	半ㄅㄢˋ(半ㄅㄢˋ)	NU: half	4
bàn	辦ㄅㄢˋ	V:to handle, to manage	12
bào	報ㄅㄠˋ(报ㄅㄠˋ)	N: newspapers	3
bēi	杯ㄅㄟ (杯ㄅㄟ)	M: cup of	4
bēizih/bēizi	杯ㄅㄟ子˙ㄗ (杯ㄅㄟ子˙ㄗ)	N: cup	5
běn	本ㄅㄣˇ(本ㄅㄣˇ)	M: volume, measure word for books, notebooks, etc.	4
bǐ	筆ㄅㄧˇ(笔ㄅㄧˇ)	N: pen	3
biān	邊ㄅㄧㄢ (边ㄅㄧㄢ)	N(PW): side	9
biǎo	錶ㄅㄧㄠˇ(錶ㄅㄧㄠˇ)	N: watch	6
bié	別ㄅㄧㄝˊ(別ㄅㄧㄝˊ)	A: don't	11
bié(de)rén	別ㄅㄧㄝˊ(的˙ㄉㄜ)人ㄖㄣˊ (別ㄅㄧㄝˊ(的˙ㄉㄜ)人ㄖㄣˊ)	N: other people.	11
biéde	別ㄅㄧㄝˊ的˙ㄉㄜ (別ㄅㄧㄝˊ的˙ㄉㄜ)	N: other	11
bǐshìh/bǐshì	筆ㄅㄧˇ試ㄕˋ(笔ㄅㄧˇ试ㄕˋ)	N: written test	12
bóbo	伯ㄅㄛˊ伯˙ㄅㄛ (伯ㄅㄛˊ伯˙ㄅㄛ)	N: father's elder brother, uncle	5

bú	不ㄅㄨˊ(不ㄅㄨˊ)	A: not	1
bù	不ㄅㄨˋ(不ㄅㄨˋ)	A: not	1
búcuò	不ㄅㄨˊ錯ㄘㄨㄛˋ(不ㄅㄨˊ错ㄘㄨㄛˋ)	SV: to be not bad, pretty good	8
bùyídìng	不ㄅㄨˋ一ㄧˊ定ㄉㄧㄥˋ (不ㄅㄨˋ一ㄧˊ定ㄉㄧㄥˋ)	A: uncertain, not for sure, not necessarily	8

C

cài	菜ㄘㄞˋ(菜ㄘㄞˋ)	N: food, cuisine	7
chá	茶ㄔㄚˊ(茶ㄔㄚˊ)	N:tea	8
chà	差ㄔㄚˋ(差ㄔㄚˋ)	V: to lack, to be short of	11
chàbùduō	差ㄔㄚˋ不ㄅㄨˋ多ㄉㄨㄛ (差ㄔㄚˋ不ㄅㄨˋ多ㄉㄨㄛ)	A: about, almost	11
chàng	唱ㄔㄤˋ(唱ㄔㄤˋ)	V: to sing	7
cháng(cháng)	常ㄔㄤˊ(常ㄔㄤˊ)常ㄔㄤˊ(常ㄔㄤˊ)	A: often, usually, generally	8
chē	車ㄔㄜ(车ㄔㄜ)	N: vehicle, car	3
chīh/chī	吃ㄔ(吃ㄔ)	V: to eat	7
chuān	穿ㄔㄨㄢ(穿ㄔㄨㄢ)	V: to wear, to put on	8
chuán	船ㄔㄨㄢˊ(船ㄔㄨㄢˊ)	N: ship, boat	10
chuáng	床ㄔㄨㄤˊ(床ㄔㄨㄤˊ)	N: bed	11
chūnjì	春ㄔㄨㄣ季ㄐㄧˋ(春ㄔㄨㄣ季ㄐㄧˋ)	MA/N(TW): spring	12
chūnjié	春ㄔㄨㄣ節ㄐㄧㄝˊ(春ㄔㄨㄣ节ㄐㄧㄝˊ)	N: Spring Festival (Chinese new year)	12
chūntiān	春ㄔㄨㄣ天ㄊㄧㄢ(春ㄔㄨㄣ天ㄊㄧㄢ)	MA/N(TW): spring, springtime	12
cóng	從ㄘㄨㄥˊ(从ㄘㄨㄥˊ)	CV: from	10
cuò	錯ㄘㄨㄛˋ(错ㄘㄨㄛˋ)	SV/N: to be wrong / mistake	8

D

dà	大ㄉㄚˋ(大ㄉㄚˋ)	SV: to be big, to be large	6
dàlóu	大ㄉㄚˋ樓ㄌㄡˊ(大ㄉㄚˋ楼ㄌㄡˊ)	N: big building, skyscraper	9
dào	到ㄉㄠˋ(到ㄉㄠˋ)	V/CV: to reach, to arrive; to leave for	10
dàsyué/dàxué	大ㄉㄚˋ學ㄒㄩㄝˊ(大ㄉㄚˋ学ㄒㄩㄝˊ)	N: university	6
de	的˙ㄉㄜ(的˙ㄉㄜ)	P: possesive or modifying particle	5

de	得˙ㄉㄜ (得˙ㄉㄜ)	P: a particle used between a verb or adjective and its complement to indicate manner or degree.	7
Déguó	德ㄉㄜˊ國ㄍㄨㄛˊ (德ㄉㄜˊ国ㄍㄨㄛˊ)	N: Germany, German	3
děng	等ㄉㄥˇ (等ㄉㄥˇ)	V: to wait	11
Déwún/Déwén	德ㄉㄜˊ文ㄨㄣˊ (德ㄉㄜˊ文ㄨㄣˊ)	N: German language	3
dì	地ㄉㄧˋ (地ㄉㄧˋ)	N: the earth, land, soil	9
diǎn	點ㄉㄧㄢˇ (点ㄉㄧㄢˇ)	M/N: o'clock; point, spot	11
diàn	店ㄉㄧㄢˋ (店ㄉㄧㄢˋ)	N/BF: store, shop	9
diǎn(jhōng) diǎn(zhōng)	點ㄉㄧㄢˇ(鐘ㄓㄨㄥ) (点ㄉㄧㄢˇ(钟ㄓㄨㄥ))	M: o'clock	11
diànshìh/ diànshì	電ㄉㄧㄢˋ視ㄕˋ (电ㄉㄧㄢˋ视ㄕˋ)	N: TV, TV set	3
diànshìhjī/ diànshìjī	電ㄉㄧㄢˋ視ㄕˋ機ㄐㄧ (电ㄉㄧㄢˋ视ㄕˋ机ㄐㄧ)	N: television set	6
diànyǐng	電ㄉㄧㄢˋ影ㄧㄥˇ (电ㄉㄧㄢˋ影ㄧㄥˇ)	N: movie	3
dìdi	弟ㄉㄧˋ弟˙ㄉㄧ (弟ㄉㄧˋ弟˙ㄉㄧ)	N: younger brother	5
dìfāng	地ㄉㄧˋ方ㄈㄤ (地ㄉㄧˋ方ㄈㄤ)	N: place	9
dǐsià/dǐxià	底ㄉㄧˇ下ㄒㄧㄚˋ (底ㄉㄧˇ下ㄒㄧㄚˋ)	N(PW): underneath, below, beneath	9
dǒng	懂ㄉㄨㄥˇ (懂ㄉㄨㄥˇ)	V: to understand	3
dōngjì	冬ㄉㄨㄥ季ㄐㄧˋ (冬ㄉㄨㄥ季ㄐㄧˋ)	MA/N(TW): winter	12
dōngtiān	冬ㄉㄨㄥ天ㄊㄧㄢ (冬ㄉㄨㄥ天ㄊㄧㄢ)	MA/N(TW): winter, wintertime	12
dōngsī/dōngxī	東ㄉㄨㄥ西ㄒㄧ (东ㄉㄨㄥ西ㄒㄧ)	N: thing	3
dōu	都ㄉㄡ (都ㄉㄡ)	A: all, both	3
duèi/duì	對ㄉㄨㄟˋ (对ㄉㄨㄟˋ)	SV: to be correct	5
duèibùcǐ/ duìbùqǐ	對ㄉㄨㄟˋ不ㄅㄨˋ起ㄑㄧˇ (对ㄉㄨㄟˋ不ㄅㄨˋ起ㄑㄧˇ)	IE: I'm sorry; Excuse me.	11
duèile/duìle	對ㄉㄨㄟˋ了˙ㄌㄜ (对ㄉㄨㄟˋ了˙ㄌㄜ)	IE: right, correct	8
duō	多ㄉㄨㄛ (多ㄉㄨㄛ)	SV: many, more	4
duōshǎo	多ㄉㄨㄛ少ㄕㄠˇ (多ㄉㄨㄛ少ㄕㄠˇ)	NU (QW): how much, how many	4

E

ge	個ㄍㄜ˙(个ㄍㄜ˙)	M: used as an all purpose measure word especially before nouns which do not have a specific measure word of their own	4
gēge	哥ㄍㄜ哥ㄍㄜ˙(哥ㄍㄜ哥ㄍㄜ˙)	N: older brother	5
gěi	給ㄍㄟˇ(给ㄍㄟˇ)	V: to give	4
gēn	跟ㄍㄣ(跟ㄍㄣ)	CV/CONJ: with; and	10
gēr	歌ㄍㄜ兒ㄦ(歌ㄍㄜ儿ㄦ)	N: song	7
gōngchē	公ㄍㄨㄥ車ㄔㄜ(公ㄍㄨㄥ车ㄔㄜ)	N: city bus	10
gōngchējhàn/ gōngchēzhàn	公ㄍㄨㄥ車ㄔㄜ站ㄓㄢˋ(公ㄍㄨㄥ车ㄔㄜ站ㄓㄢˋ)	N: bus stand, bus stop	11
gōnggòngcìchē/ gōnggòngqìchē	公ㄍㄨㄥ共ㄍㄨㄥˋ汽ㄑㄧˋ車ㄔㄜ(公ㄍㄨㄥ共ㄍㄨㄥˋ汽ㄑㄧˋ车ㄔㄜ)	N: city bus	10
gōngsīh/gōngsī	公ㄍㄨㄥ司ㄙ(公ㄍㄨㄥ司ㄙ)	N: company	11
gǒu	狗ㄍㄡˇ(狗ㄍㄡˇ)	N: dog	5
gòu	夠ㄍㄡˋ(够ㄍㄡˋ)	SV: to be enough	6
guèi/guì	貴ㄍㄨㄟˋ(贵ㄍㄨㄟˋ)	SV: to be expensive	3
guèisìng/ guìxìng	貴ㄍㄨㄟˋ姓ㄒㄧㄥˋ(贵ㄍㄨㄟˋ姓ㄒㄧㄥˋ)	IE: What is your last name?	1
guó	國ㄍㄨㄛˊ(国ㄍㄨㄛˊ)	N: country, nation	1
guò	過ㄍㄨㄛˋ(过ㄍㄨㄛˋ)	V: to pass	11
guójiā	國ㄍㄨㄛˊ家ㄐㄧㄚ(国ㄍㄨㄛˊ家ㄐㄧㄚ)	N: nation, country	12

H

hái	還ㄏㄞˊ(还ㄏㄞˊ)	A: still, yet	7
háihǎo	還ㄏㄞˊ好ㄏㄠˇ(还ㄏㄞˊ好ㄏㄠˇ)	IE: OK, nothing special	10
háishìh/háishì	還ㄏㄞˊ是ㄕˋ(还ㄏㄞˊ是ㄕˋ)	CONJ: or	5
háizih/háizi	孩ㄏㄞˊ子ㄗ˙(孩ㄏㄞˊ子ㄗ˙)	N: child	5
hǎo	好ㄏㄠˇ(好ㄏㄠˇ)	SV: to be good / well A: very, quite	1 2
hào	號ㄏㄠˋ(号ㄏㄠˋ)	M: measure word for numbers and dates	12
hǎojǐ	好ㄏㄠˇ幾ㄐㄧˇ(好ㄏㄠˇ几ㄐㄧˇ)	A-NU: quite a few	12

hǎojiǔbújiàn	好ㄏㄠˇ久ㄐㄧㄡˇ不ㄅㄨˊ見ㄐㄧㄢˋ (好ㄏㄠˇ久ㄐㄧㄡˇ不ㄅㄨˊ见ㄐㄧㄢˋ)	IE: Long time no see.	2
hǎokàn	好ㄏㄠˇ看ㄎㄢˋ (好ㄏㄠˇ看ㄎㄢˋ)	SV: to be good-looking	3
hǎotīng	好ㄏㄠˇ聽ㄊㄧㄥ (好ㄏㄠˇ听ㄊㄧㄥ)	SV: to be pleasant to listen to, pleasing to the ear, nice sounding	7
hē	喝ㄏㄜ (喝ㄏㄜ)	V: to drink	7
hěn	很ㄏㄣˇ (很ㄏㄣˇ)	A: very	2
hòu	後ㄏㄡˋ (后ㄏㄡˋ)	L: after, behind	9
hòumiàn	後ㄏㄡˋ面ㄇㄧㄢˋ (后ㄏㄡˋ面ㄇㄧㄢˋ)	N(PW): behind, back	9
huà	話ㄏㄨㄚˋ (话ㄏㄨㄚˋ)	N: words, spoken language	7
huà	畫ㄏㄨㄚˋ (画ㄏㄨㄚˋ)	V: to paint, to draw	7
huàhuàr	畫ㄏㄨㄚˋ畫ㄏㄨㄚˋ兒ㄦ (画ㄏㄨㄚˋ画ㄏㄨㄚˋ儿ㄦ)	VO: to paint, to draw	7
huàjiā	畫ㄏㄨㄚˋ家ㄐㄧㄚ (画ㄏㄨㄚˋ家ㄐㄧㄚ)	N: a painter (as in an artist)	8
huàr	畫ㄏㄨㄚˋ兒ㄦ (画ㄏㄨㄚˋ儿ㄦ)	N: painting, picture	7
Huárén	華ㄏㄨㄚˊ人ㄖㄣˊ (华ㄏㄨㄚˊ人ㄖㄣˊ)	N: Chinese and foreign citizen of Chinese origin	1
Huáwún/ Huáwén	華ㄏㄨㄚˊ文ㄨㄣˊ (华ㄏㄨㄚˊ文ㄨㄣˊ)	N: Chinese language	3
huéi/huí	回ㄏㄨㄟˊ (回ㄏㄨㄟˊ)	V: to return	10
huèi/huì	會ㄏㄨㄟˋ (会ㄏㄨㄟˋ)	AV: can, know how to	7
huéilái/huílái	回ㄏㄨㄟˊ來ㄌㄞˊ (回ㄏㄨㄟˊ来ㄌㄞˊ)	V: to reurn, to com back	10
huéicyù/huíqù	回ㄏㄨㄟˊ去ㄑㄩˋ (回ㄏㄨㄟˊ去ㄑㄩˋ)	V: to leave, to go back	10
huǒ	火ㄏㄨㄛˇ (火ㄏㄨㄛˇ)	N: fire	10
huò	貨ㄏㄨㄛˋ (货ㄏㄨㄛˋ)	N: goods, products, a commodity	6
huǒchē	火ㄏㄨㄛˇ車ㄔㄜ (火ㄏㄨㄛˇ车ㄔㄜ)	N: train	10
huǒchējhàn/ huǒchēzhàn	火ㄏㄨㄛˇ車ㄔㄜ站ㄓㄢˋ (火ㄏㄨㄛˇ车ㄔㄜ站ㄓㄢˋ)	N: train station	11

J

jī	機ㄐㄧ (机ㄐㄧ)	BF: machine	6
jí	急ㄐㄧˊ (急ㄐㄧˊ)	SV: to be anxious, rushing	12

jǐ	幾ㄐㄧˇ(几ㄐㄧˇ)	NU/QW: a few, several; how many	4
jì	季ㄐㄧˋ(季ㄐㄧˋ)	N/M: season	12
jiā	家ㄐㄧㄚ(家ㄐㄧㄚ)	N: home, family M: measure word for stores	5 9
jiān	間ㄐㄧㄢ(间ㄐㄧㄢ)	M: measure word for rooms	9
jiàn	見ㄐㄧㄢˋ(见ㄐㄧㄢˋ)	V: to see, to meet	2
jiàn	件ㄐㄧㄢˋ(件ㄐㄧㄢˋ)	M: measure word for clothes, things, affairs, etc.	8
jiāo	教ㄐㄧㄠ(教ㄐㄧㄠ)	V: to teach	7
jiào	叫ㄐㄧㄠˋ(叫ㄐㄧㄠˋ)	V: to be called, to call	1
jiào	覺ㄐㄧㄠˋ(觉ㄐㄧㄠˋ)	N: sleep	11
jiāoshū	教ㄐㄧㄠ書ㄕㄨ(教ㄐㄧㄠ书ㄕㄨ)	VO: to teach	7
jié	節ㄐㄧㄝˊ(节ㄐㄧㄝˊ)	N/M: festival; section (for classes)	12
jiějie	姐ㄐㄧㄝˇ姐˙ㄐㄧㄝ/姊ㄐㄧㄝˇ姊˙ㄐㄧㄝ (姐ㄐㄧㄝˇ姐˙ㄐㄧㄝ/姊ㄐㄧㄝˇ姊˙ㄐㄧㄝ)	N: older sister	5
jiérìh/jiérì	節ㄐㄧㄝˊ日ㄖˋ(节ㄐㄧㄝˊ日ㄖˋ)	N: holiday	12
jìjié	季ㄐㄧˋ節ㄐㄧㄝˊ(季ㄐㄧˋ节ㄐㄧㄝˊ)	N: season	12
jìn	近ㄐㄧㄣˋ(近ㄐㄧㄣˋ)	SV: to be near	9
jīnnián	今ㄐㄧㄣ年ㄋㄧㄢˊ(今ㄐㄧㄣ年ㄋㄧㄢˊ)	MA/N(TW): this year	12
jīntiān	今ㄐㄧㄣ天ㄊㄧㄢ(今ㄐㄧㄣ天ㄊㄧㄢ)	MA/N(TW): today	10
jiǒu/jiǔ	久ㄐㄧㄡˇ(久ㄐㄧㄡˇ)	SV: to be a long time	2
jiǒu/jiǔ	九ㄐㄧㄡˇ(九ㄐㄧㄡˇ)	NU: nine	4
jiǒu/jiǔ	酒ㄐㄧㄡˇ(酒ㄐㄧㄡˇ)	N: wine or liquor	7
jiòu/jiù	舊ㄐㄧㄡˋ(旧ㄐㄧㄡˋ)	SV: to be old, to be used	6
jiòu/jiù	就ㄐㄧㄡˋ(就ㄐㄧㄡˋ)	A: just, exactly, only A: then, right away	8 11
jyuéde/juéde	覺ㄐㄩㄝˊ得˙ㄉㄜ(觉ㄐㄩㄝˊ得˙ㄉㄜ)	V: to feel, to think, to consider	6

K

kāi	開ㄎㄞ(开ㄎㄞ)	V: to drive, to open, to turn on	10
kāichē	開ㄎㄞ車ㄔㄜ(开ㄎㄞ车ㄔㄜ)	VO: to drive (a car)	10

kàn	看ㄎㄢˋ(看ㄎㄢˋ)	V: to watch, to read, to look at	3
kàndào	看ㄎㄢˋ到ㄉㄠˋ(看ㄎㄢˋ到ㄉㄠˋ)	V: to see	12
kànjiàn	看ㄎㄢˋ見ㄐㄧㄢˋ(看ㄎㄢˋ见ㄐㄧㄢˋ)	V: to see	10
kǎo	考ㄎㄠˇ(考ㄎㄠˇ)	V: to test	12
kǎoshìh/kǎoshì	考ㄎㄠˇ試ㄕˋ(考ㄎㄠˇ试ㄕˋ)	VO/N: to take a test; test, exam	12
kè	課ㄎㄜˋ(课ㄎㄜˋ)	N/M: class; measure word for lessons	11
kè	刻ㄎㄜˋ(刻ㄎㄜˋ)	M: a quarter of an hour	11
kěshìh/kěshì	可ㄎㄜˇ是ㄕˋ(可ㄎㄜˇ是ㄕˋ)	A: but, however	3
kètīng	客ㄎㄜˋ廳ㄊㄧㄥ(客ㄎㄜˋ厅ㄊㄧㄥ)	N: living room	9
kěyǐ	可ㄎㄜˇ以ㄧˇ(可ㄎㄜˇ以ㄧˇ)	AV: can, may, be permitted	7
kǒushìh/kǒushì	口ㄎㄡˇ試ㄕˋ(口ㄎㄡˇ试ㄕˋ)	N: oral test	12
kuài	塊ㄎㄨㄞˋ(块ㄎㄨㄞˋ)	M: a piece or lump, measure word for dollar	4
kuài	快ㄎㄨㄞˋ(快ㄎㄨㄞˋ)	SV/V: to be fast; quickly	7

L

lái	來ㄌㄞˊ(来ㄌㄞˊ)	V: to come	10
lǎoshīh/lǎoshī	老ㄌㄠˇ師ㄕ(老ㄌㄠˇ师ㄕ)	N: teacher	5
le	了˙ㄌㄜ(了˙ㄌㄜ)	P: indicates excessiveness, completion of action completion of action (see L. 10), change of state (see L. 13), and imminent action (see L. 13)	6
		P: It indicates the completion of the action, it can sometimes be translated as past tense in English.	10
lèi	累ㄌㄟˋ(累ㄌㄟˋ)	SV: to be tired	10
lěng	冷ㄌㄥˇ(冷ㄌㄥˇ)	SV: to be cold	2
lí	離ㄌㄧˊ(离ㄌㄧˊ)	CV: be away from, apart from, separated from	9
lǐ	裡ㄌㄧˇ(里ㄌㄧˇ)	L: in	9
lǐ	李ㄌㄧˇ(李ㄌㄧˇ)	N: Lee (a common Chinese surname)	1
liǎng	兩ㄌㄧㄤˇ(两ㄌㄧㄤˇ)	NU: two	4
liàng	輛ㄌㄧㄤˋ(辆ㄌㄧㄤˋ)	M: measure for cars, buses, etc.	12

lǐmiàn	裡ㄌㄧˇ面ㄇㄧㄢˋ(里ㄌㄧˇ面ㄇㄧㄢˋ)	N(PN): inside	9
líng	零ㄌㄧㄥˊ(零ㄌㄧㄥˊ)	NU: zero	4
língcián/língqián	零ㄌㄧㄥˊ錢ㄑㄧㄢˊ(零ㄌㄧㄥˊ钱ㄑㄧㄢˊ)	N: change, coins	4
liòu/liù	六ㄌㄧㄡˋ(六ㄌㄧㄡˋ)	NU: six	4
lóu	樓ㄌㄡˊ(楼ㄌㄡˊ)	N: floor, story	9
lóushàng	樓ㄌㄡˊ上ㄕㄤˋ(楼ㄌㄡˊ上ㄕㄤˋ)	N(PW): upstairs	9
lóusià/lóuxià	樓ㄌㄡˊ下ㄒㄧㄚˋ(楼ㄌㄡˊ下ㄒㄧㄚˋ)	N(PW): downstairs	9
lù	路ㄌㄨˋ(路ㄌㄨˋ)	N: road	9
lyǔguǎn/lǚguǎn	旅ㄌㄩˇ館ㄍㄨㄢˇ(旅ㄌㄩˇ馆ㄍㄨㄢˇ)	N: hotel, inn	12
lyǔsíng/lǚxíng	旅ㄌㄩˇ行ㄒㄧㄥˊ(旅ㄌㄩˇ行ㄒㄧㄥˊ)	V/N: to travel, to take a trip	12

M

ma	嗎˙ㄇㄚ(吗˙ㄇㄚ)	P: a question particle	1
mǎi	買ㄇㄞˇ(买ㄇㄞˇ)	V: to buy	3
mài	賣ㄇㄞˋ(卖ㄇㄞˋ)	V: to sell	6
māma	媽ㄇㄚ媽˙ㄇㄚ(妈ㄇㄚ妈˙ㄇㄚ)	N: mother	5
màn	慢ㄇㄢˋ(慢ㄇㄢˋ)	SV/A: to be slow; slowly	7
máng	忙ㄇㄤˊ(忙ㄇㄤˊ)	SV: to be busy	2
māo	貓ㄇㄠ(猫ㄇㄠ)	N: cat	5
máo	毛ㄇㄠˊ(毛ㄇㄠˊ)	M: dime, ten cents	4
mǎshàng	馬ㄇㄚˇ上ㄕㄤˋ(马ㄇㄚˇ上ㄕㄤˋ)	A: immediately	11
méi	沒ㄇㄟˊ(没ㄇㄟˊ)	A: not (have)	3
měi	美ㄇㄟˇ(美ㄇㄟˇ)	SV: to be beautiful	1
měi	每ㄇㄟˇ(每ㄇㄟˇ)	DEM: every	11
Měiguó	美ㄇㄟˇ國ㄍㄨㄛˊ(美ㄇㄟˇ国ㄍㄨㄛˊ)	N: U.S.A., American	1
Měiguórén	美ㄇㄟˇ國ㄍㄨㄛˊ人ㄖㄣˊ (美ㄇㄟˇ国ㄍㄨㄛˊ人ㄖㄣˊ)	N: American	1
mèimei	妹ㄇㄟˋ妹˙ㄇㄟ(妹ㄇㄟˋ妹˙ㄇㄟ)	N: younger sister	5
méiwùntí/ méiwèntí	沒ㄇㄟˊ問ㄨㄣˋ題ㄊㄧˊ (没ㄇㄟˊ问ㄨㄣˋ题ㄊㄧˊ)	IE: no problem	11

men	們˙ㄇㄣ (们˙ㄇㄣ)	BF: used after pronouns 我，你，他 or certain nouns denoting persons	2
mén	門ㄇㄣˊ (门ㄇㄣˊ)	N: door, gate	11
ménkǒu	門ㄇㄣˊ口ㄎㄡˇ (门ㄇㄣˊ口ㄎㄡˇ)	N: entrance, doorway	11
miàn	面ㄇㄧㄢˋ (面ㄇㄧㄢˋ)	N: face, surface, side	9
míngtiān	明ㄇㄧㄥˊ天ㄊㄧㄢ (明ㄇㄧㄥˊ天ㄊㄧㄢ)	MA/N(TW): tomorrow	10
míngnián	明ㄇㄧㄥˊ年ㄋㄧㄢˊ (明ㄇㄧㄥˊ年ㄋㄧㄢˊ)	MA/N(TW): next year	12
míngzìh/míngzì	名ㄇㄧㄥˊ字ㄗˋ (名ㄇㄧㄥˊ字ㄗˋ)	N: full name, given name	1
mǔ	母ㄇㄨˇ (母ㄇㄨˇ)	N: mother, female	8
mǔcīn/mǔqīn	母ㄇㄨˇ親ㄑㄧㄣ (母ㄇㄨˇ亲ㄑㄧㄣ)	N: mother	8

N

nǎ	哪ㄋㄚˇ (哪ㄋㄚˇ)	QW: which	1
nà	那ㄋㄚˋ (那ㄋㄚˋ)	DEM: that	4
nǎlǐ	哪ㄋㄚˇ裡ㄌㄧˇ (哪ㄋㄚˇ里ㄌㄧˇ)	IE: an expression of modest denial "NO, no"	9
nàme	那ㄋㄚˋ麼˙ㄇㄜ (那ㄋㄚˋ么˙ㄇㄜ)	A: well, in that case	9
nán	男ㄋㄢˊ (男ㄋㄢˊ)	BF: male	5
nán	難ㄋㄢˊ (难ㄋㄢˊ)	SV: to be difficult	7
nánháizih/nánháizi	男ㄋㄢˊ孩ㄏㄞˊ子ㄗ (男ㄋㄢˊ孩ㄏㄞˊ子ㄗ)	N: boy	5
nánpéngyǒu	男ㄋㄢˊ朋ㄆㄥˊ友ㄧㄡˇ (男ㄋㄢˊ朋ㄆㄥˊ友ㄧㄡˇ)	N: boy friend	5
nánrén	男ㄋㄢˊ人ㄖㄣˊ (男ㄋㄢˊ人ㄖㄣˊ)	N: man	5
nǎr	哪ㄋㄚˇ兒ㄦ (哪ㄋㄚˇ儿ㄦ)	N(QW): where	9
nàr	那ㄋㄚˋ兒ㄦ (那ㄋㄚˋ儿ㄦ)	N(PW): there	9
ne	呢˙ㄋㄜ (呢˙ㄋㄜ)	P: a question particle	1
		P: a particle indicating the situation or state of affairs is being sustain	7
nèi	那ㄋㄟˋ (那ㄋㄟˋ)	DEM: that	4
nèibiān	那ㄋㄟˋ邊ㄅㄧㄢ (那ㄋㄟˋ边ㄅㄧㄢ)	N(PW): there, over there	9
nèisiē/nèixiē	那ㄋㄟˋ些ㄒㄧㄝ (那ㄋㄟˋ些ㄒㄧㄝ)	DEM: those	5

néng	能ㄋㄥˊ(能ㄋㄥˊ)	AV: can, be physically able to	7
nǐ	你ㄋㄧˇ(你ㄋㄧˇ)	PN: you	1
nián	年ㄋㄧㄢˊ(年ㄋㄧㄢˊ)	N/M: year	12
niàn	念ㄋㄧㄢˋ(念ㄋㄧㄢˋ)	V: to read aloud, to study	7
niànshū	念ㄋㄧㄢˋ書ㄕㄨ(念ㄋㄧㄢˋ书ㄕㄨ)	VO: read / study book (s)	7
nǐmen	你ㄋㄧˇ們˙ㄇㄣ(你ㄋㄧˇ们˙ㄇㄣ)	PN: you (plural)	2
nín	您ㄋㄧㄣˊ(您ㄋㄧㄣˊ)	PN: you (formal usage)	1
nyǔ/nǚ	女ㄋㄩˇ(女ㄋㄩˇ)	BF: female	5
nyǔér/nǚér	女ㄋㄩˇ兒ㄦˊ(女ㄋㄩˇ儿ㄦˊ)	N: daughter	5
nyǔháizih/ nǚháizi	女ㄋㄩˇ孩ㄏㄞˊ子˙ㄗ (女ㄋㄩˇ孩ㄏㄞˊ子˙ㄗ)	N: girl	5
nyǔpéngyǒu/ nǚpéngyǒu	女ㄋㄩˇ朋ㄆㄥˊ友ㄧㄡˇ (女ㄋㄩˇ朋ㄆㄥˊ友ㄧㄡˇ)	N: girlfriend	5
nyǔrén/nǚrén	女ㄋㄩˇ人ㄖㄣˊ(女ㄋㄩˇ人ㄖㄣˊ)	N: woman	5

O

òu	噢ㄡˋ(噢ㄡˋ)	INT: Oh!	8
Ōujhōu/Ōuzhōu	歐ㄡ洲ㄓㄡ(欧ㄡ洲ㄓㄡ)	N: Europe	12

P

pángbiān	旁ㄆㄤˊ邊ㄅㄧㄢ(旁ㄆㄤˊ边ㄅㄧㄢ)	N(PW): beside	9
péngyǒu	朋ㄆㄥˊ友ㄧㄡˇ(朋ㄆㄥˊ友ㄧㄡˇ)	N: friend	5
piányí	便ㄆㄧㄢˊ宜ㄧˊ(便ㄆㄧㄢˊ宜ㄧˊ)	SV: to be cheap	6
piào	票ㄆㄧㄠˋ(票ㄆㄧㄠˋ)	N: ticket	10

Q

cī/qī	七ㄑㄧ(七ㄑㄧ)	NU: seven	4
cí/qí	期ㄑㄧˊ(期ㄑㄧˊ)	M: measure word for school semesters	12
ciān/qiān	千ㄑㄧㄢ(千ㄑㄧㄢ)	NU: thousand	6
cián/qián	錢ㄑㄧㄢˊ(钱ㄑㄧㄢˊ)	N: money	4

R

S

shāngdiàn	商ㄕㄤ店ㄉㄧㄢˋ(商ㄕㄤ店ㄉㄧㄢˋ)	N: store	9
shàngkè	上ㄕㄤˋ課ㄎㄜˋ(上ㄕㄤˋ课ㄎㄜˋ)	VO: to go to class, to attend class	2
shàngmiàn	上ㄕㄤˋ面ㄇㄧㄢˋ(上ㄕㄤˋ面ㄇㄧㄢˋ)	N(PW): above, up there	9
shàngwǔ	上ㄕㄤˋ午ㄨˇ(上ㄕㄤˋ午ㄨˇ)	NA/N(TW): before noon, morning	10
shǎo	少ㄕㄠˇ(少ㄕㄠˇ)	SV: few, less	4
shéi	誰ㄕㄟˊ(谁ㄕㄟˊ)	QW: who, whom	1
shénme	什ㄕㄜˊ麼˙ㄇㄜ(什ㄕㄜˊ么˙ㄇㄜ)	QW: what	1
shénmeshíhhòu/ shénmeshíhòu	什ㄕㄜˊ麼˙ㄇㄜ時ㄕˊ候ㄏㄡˋ (什ㄕㄜˊ么˙ㄇㄜ时ㄕˊ候ㄏㄡˋ)	MA(QW): when, what time	10
shēngyì	生ㄕㄥ意ㄧˋ(生ㄕㄥ意ㄧˋ)	N: business, trade	8
shíh/shí	十ㄕˊ(十ㄕˊ)	NU: ten	4
shìh/shì	是ㄕˋ(是ㄕˋ)	V: to be (am, are, is)	1
shìh/shì	事ㄕˋ(事ㄕˋ)	N: affair, work	7
shìh/shì	試ㄕˋ(试ㄕˋ)	V: to try	12
shíhhòu/shíhòu	時ㄕˊ候ㄏㄡˋ(时ㄕˊ候ㄏㄡˋ)	N: time	10
shíhjiān/shíjiān	時ㄕˊ間ㄐㄧㄢ(时ㄕˊ间ㄐㄧㄢ)	N: time	12
shìhshìhkàn/ shìshìkàn	試ㄕˋ試ㄕˋ看ㄎㄢˋ (试ㄕˋ试ㄕˋ看ㄎㄢˋ)	IE: to try and see	12
shū	書ㄕㄨ(书ㄕㄨ)	N: book	3
shūdiàn	書ㄕㄨ店ㄉㄧㄢˋ(书ㄕㄨ店ㄉㄧㄢˋ)	N: bookstore	9
shūfǎ	書ㄕㄨ法ㄈㄚˇ(书ㄕㄨ法ㄈㄚˇ)	N: calligraphy	8
shūfáng	書ㄕㄨ房ㄈㄤˊ(书ㄕㄨ房ㄈㄤˊ)	N: study	9
shuěi/shuǐ	水ㄕㄨㄟˇ(水ㄕㄨㄟˇ)	N: water	8
shuèi/shuì	睡ㄕㄨㄟˋ(睡ㄕㄨㄟˋ)	V: to sleep	11
shuèijiào/ shuìjiào	睡ㄕㄨㄟˋ覺ㄐㄧㄠˋ(睡ㄕㄨㄟˋ觉ㄐㄧㄠˋ)	VO: to sleep	11
shuō	說ㄕㄨㄛ(说ㄕㄨㄛ)	V: to speak, to say	7
shuōhuà	說ㄕㄨㄛ話ㄏㄨㄚˋ(说ㄕㄨㄛ话ㄏㄨㄚˋ)	NO: to speak, to say, to talk (words)	7
shūjhuō/ shūzhuō	書ㄕㄨ桌ㄓㄨㄛ(书ㄕㄨ桌ㄓㄨㄛ)	N: desk	9
sìh/sì	四ㄙˋ(四ㄙˋ)	NU: four	4

suǒ	所ㄙㄨㄛˇ(所ㄙㄨㄛˇ)	M: measure word for building	9
suǒyǐ	所ㄙㄨㄛˇ以ㄧˇ(所ㄙㄨㄛˇ以ㄧˇ)	MA: therefore, so	8

T

tā	他ㄊㄚ(他ㄊㄚ)	PN: he, him; she, her	1
tā	她ㄊㄚ(她ㄊㄚ)	PN: she, her	1
tài	太ㄊㄞˋ(太ㄊㄞˋ)	A: too	2
tàitai	太ㄊㄞˋ太˙ㄊㄞ(太ㄊㄞˋ太˙ㄊㄞ)	N: Mrs., wife	2
Táiwān	台ㄊㄞˊ／臺ㄊㄞˊ灣ㄨㄢ (台ㄊㄞˊ/台ㄊㄞˊ湾ㄨㄢ)	N: Taiwan	1
tāmen	他ㄊㄚ們˙ㄇㄣ(他ㄊㄚ们˙ㄇㄣ)	PN: they, them	2
tiān	天ㄊㄧㄢ(天ㄊㄧㄢ)	N/M: day, sky, heaven	10
tiāncì/tiānqì	天ㄊㄧㄢ氣ㄑㄧˋ(天ㄊㄧㄢ气ㄑㄧˋ)	N: weather	2
tiàowǔ	跳ㄊㄧㄠˋ舞ㄨˇ(跳ㄊㄧㄠˋ舞ㄨˇ)	VO: to dance	8
tīng	聽ㄊㄧㄥ(听ㄊㄧㄥ)	V: to listen	7
tíng	停ㄊㄧㄥˊ(停ㄊㄧㄥˊ)	V: to stop	10
tíngchē	停ㄊㄧㄥˊ車ㄔㄜ(停ㄊㄧㄥˊ车ㄔㄜ)	VO: to park a car	10
tīngshuō	聽ㄊㄧㄥ說ㄕㄨㄛ(听ㄊㄧㄥ说ㄕㄨㄛ)	IE: hear, hear it said	8
túshūguǎn	圖ㄊㄨˊ書ㄕㄨ館ㄍㄨㄢˇ (图ㄊㄨˊ书ㄕㄨ馆ㄍㄨㄢˇ)	N: library	9

W

wài	外ㄨㄞˋ(外ㄨㄞˋ)	L: outside, exterior	8
wàiguó	外ㄨㄞˋ國ㄍㄨㄛˊ(外ㄨㄞˋ国ㄍㄨㄛˊ)	N: foreign, foreign country	8
wàimiàn	外ㄨㄞˋ面ㄇㄧㄢˋ(外ㄨㄞˋ面ㄇㄧㄢˋ)	N(PW): outside	9
wàiwún/ wàiwén	外ㄨㄞˋ文ㄨㄣˊ(外ㄨㄞˋ文ㄨㄣˊ)	N: foreign language	8
wǎn	晚ㄨㄢˇ(晚ㄨㄢˇ)	SV: to be late	10
wàn	萬ㄨㄢˋ(万ㄨㄢˋ)	NU: ten thousnad	6
wǎnfàn	晚ㄨㄢˇ飯ㄈㄢˋ(晚ㄨㄢˇ饭ㄈㄢˋ)	N: dinner, supper	10
Wáng	王ㄨㄤˊ(王ㄨㄤˊ)	N: a common Chinese surname	1

wánr	玩兒 (玩儿)	V: to play, to enjoy	10
wǎnshàng	晚上 (晚上)	MA/N(TW): evening	10
wèi	位 (位)	M: polite measure word for people	4
wèishénme	為什麼 (为什么)	MA: why	8
wún/wén	文 (文)	N: written language	3
wùn/wèn	問 (问)	V: to ask	6
wùntí/wèntí	問題 (问题)	N: problem / question	11
wǒ	我 (我)	PN: I, me	1
wǒmen	我們 (我们)	PN: we, us	2
wǔ	五 (五)	NU: five	4
wǔ	午 (午)	BF: noon, midday	10
wǔfàn/jhōngfàn wǔfàn/zhōngfàn	午飯 / 中飯 (午饭/中饭)	N: lunch	10
wūzih/wūzi	屋子 (屋子)	N: room	9

X

sià/xià	下 (下)	L: down, under V: to disembark, to get off	9 11
siàjì/xiàjì	夏季 (夏季)	MA/N(TW): summer	12
siàkè/xiàkè	下課 (下课)	VO/IE: to get out of class, end of class	11
siàmiàn/xiàmiàn	下面 (下面)	N(PW): under, below	9
siǎng/xiǎng	想 (想)	AV/V: to want to, to plan to / to think, to miss	6
siàngjī/xiàngjī	像機 (像机)	N: camera	6
siàngpiānr/ xiàngpiānr	像片兒 (像片儿)	N: photograph	5
siānshēngr/ xiānshēng	先生 (先生)	N: Mr., Sir, gentleman, husband	1
siànzài/xiànzài	現在 (现在)	MA: now, right now	7
siǎo/xiǎo	小 (小)	SV: to be small	6

Y

yìdiǎnr	一ㄧˋ點ㄉㄧㄢˇ兒ㄦ (一ㄧˋ点ㄉㄧㄢˇ儿ㄦ)	NU-M: a little	7
yídìng	一ㄧˊ定ㄉㄧㄥˋ (一ㄧˊ定ㄉㄧㄥˋ)	A: certainly, indeed, surely	8
yīfú	衣ㄧ服ㄈㄨˊ (衣ㄧ服ㄈㄨˊ)	N: clothes, clothing	8
yígòng	一ㄧˊ共ㄍㄨㄥˋ (一ㄧˊ共ㄍㄨㄥˋ)	A: altogether	4
yìhuěir/yìhuǐr	一ㄧˋ會ㄏㄨㄟˇ兒ㄦ (一ㄧˋ会ㄏㄨㄟˇ儿ㄦ)	MA/N: a moment, a short while	11
yǐjīng	已ㄧˇ經ㄐㄧㄥ (已ㄧˇ经ㄐㄧㄥ)	A: already	10
yíkuàir	一ㄧˊ塊ㄎㄨㄞˋ兒ㄦ (一ㄧˊ块ㄎㄨㄞˋ儿ㄦ)	A: together, together with, with	10
yīnggāi	應ㄧㄥ該ㄍㄞ (应ㄧㄥ该ㄍㄞ)	AV: should, ought to	12
Yīngguó	英ㄧㄥ國ㄍㄨㄛˊ (英ㄧㄥ国ㄍㄨㄛˊ)	N: England, English	1
Yīngwún/ Yīngwén	英ㄧㄥ文ㄨㄣˊ (英ㄧㄥ文ㄨㄣˊ)	N: English language	3
yīnwèi	因ㄧㄣ為ㄨㄟˋ (因ㄧㄣ为ㄨㄟˋ)	MA: because	8
yìcǐ/yìqǐ	一ㄧˋ起ㄑㄧˇ (一ㄧˋ起ㄑㄧˇ)	A: together	11
yísià/yíxià	一ㄧˊ下ㄒㄧㄚˋ	MA/N: a moment, a short while	
yìsīh/yìsī	意ㄧˋ思ㄙ (意ㄧˋ思ㄙ)	N: meaning, idea, definition	7
yìsiē/yìxiē	一ㄧˋ些ㄒㄧㄝ (一ㄧˋ些ㄒㄧㄝ)	NU: some, a few	5
yǐzih/yǐzi	椅ㄧˇ子˙ㄗ (椅ㄧˇ子˙ㄗ)	N: chair	9
yǒu	有ㄧㄡˇ (有ㄧㄡˇ)	V: to have; there is, there are	3
yǒude	有ㄧㄡˇ的˙ㄉㄜ (有ㄧㄡˇ的˙ㄉㄜ)	N: some, some of	5
yǒumíng	有ㄧㄡˇ名ㄇㄧㄥˊ (有ㄧㄡˇ名ㄇㄧㄥˊ)	SV: to be famous	6
yǒucián/yǒuqián	有ㄧㄡˇ錢ㄑㄧㄢˊ (有ㄧㄡˇ钱ㄑㄧㄢˊ)	SV: to have money, to be rich	8
yǒuyìdiǎnr	有ㄧㄡˇ一ㄧˋ點ㄉㄧㄢˇ兒ㄦ (有ㄧㄡˇ一ㄧˋ点ㄉㄧㄢˇ儿ㄦ)	A: to be slightly, to be a little bit, to be somewhat	7
yǒuyìsīh/ yǒuyìsī	有ㄧㄡˇ意ㄧˋ思ㄙ (有ㄧㄡˇ意ㄧˋ思ㄙ)	SV: to be interesting	7
yǔ	雨ㄩˇ (雨ㄩˇ)	N: rain	12
yuǎn	遠ㄩㄢˇ (远ㄩㄢˇ)	SV: to be far from	9
yuè	月ㄩㄝˋ (月ㄩㄝˋ)	N: month	12
yǔjì	雨ㄩˇ季ㄐㄧˋ (雨ㄩˇ季ㄐㄧˋ)	MA/N(TW): rainy season, monsoon season	12

Z

zài	在ㄗㄞˋ(在ㄗㄞˋ)	A: indicating that action is in progress V/CV: to be (at, in, on, etc.)	7 9
zàijiàn	再ㄗㄞˋ見ㄐㄧㄢˋ(再ㄗㄞˋ见ㄐㄧㄢˋ)	IE: Good-bye. (lit. See you again.)	2
zǎo	早ㄗㄠˇ(早ㄗㄠˇ)	IE/SV: Good morning / to be early	2
zǎofàn	早ㄗㄠˇ飯ㄈㄢˋ(早ㄗㄠˇ饭ㄈㄢˋ)	N: breakfast	10
zǎoshàng	早ㄗㄠˇ上ㄕㄤˋ(早ㄗㄠˇ上ㄕㄤˋ)	MA/N(TW): morning	10
zěnme	怎ㄗㄣˇ麼˙ㄇㄜ(怎ㄗㄣˇ么˙ㄇㄜ)	A(QW): how	10
zěnmebàn	怎ㄗㄣˇ麼˙ㄇㄜ辦ㄅㄢˋ (怎ㄗㄣˇ么˙ㄇㄜ办ㄅㄢˋ)	IE: What now? What am I supposed to do now? What happens……?	12
zěnmeyàng	怎ㄗㄣˇ麼˙ㄇㄜ樣ㄧㄤˋ (怎ㄗㄣˇ么˙ㄇㄜ样ㄧㄤˋ)	IE: How about……? How's everything?	10
jhàn/zhàn	站ㄓㄢˋ(站ㄓㄢˋ)	V/N: to stand; (train, bus) station	11
Jhāng/Zhāng	張ㄓㄤ(张ㄓㄤ)	N: a common Chinese surname	2
jhāng/zhāng	張ㄓㄤ(张ㄓㄤ)	M: a measure word for photograph, paper, table, etc.	5
jhǎo/zhǎo	找ㄓㄠˇ(找ㄓㄠˇ)	V: to return change after a purchase V: to look for, to search	4 10
Jhào/Zhào	趙ㄓㄠˋ(赵ㄓㄠˋ)	N: a common Chinese surname	2
jhào/zhào	照ㄓㄠˋ(照ㄓㄠˋ)	VO: to photograph	6
jhāojí/zhāojí	著ㄓㄠ急ㄐㄧˊ(着ㄓㄠ急ㄐㄧˊ)	SV: to be nervous, anxious	12
jhǎocián/zhǎoqián	找ㄓㄠˇ錢ㄑㄧㄢˊ(找ㄓㄠˇ钱ㄑㄧㄢˊ)	VO: to give change back to someone after a purchase	4
jhàosiàngjī/zhàoxiàngjī	照ㄓㄠˋ像ㄒㄧㄤˋ機ㄐㄧ (照ㄓㄠˋ像ㄒㄧㄤˋ机ㄐㄧ)	N: camera	6
jhè/zhè	這ㄓㄜˋ(这ㄓㄜˋ)	DEM: this	2
jhèi/zhèi	這ㄓㄟˋ(这ㄓㄟˋ)	DEM: this	2
jhèibiān/zhèibiān	這ㄓㄟˋ邊ㄅㄧㄢ(这ㄓㄟˋ边ㄅㄧㄢ)	N(PW): here, over here	9
jhèisiē/zhèixiē	這ㄓㄟˋ些ㄒㄧㄝ(这ㄓㄟˋ些ㄒㄧㄝ)	DEM: these	5
jhèlǐ/zhèlǐ	這ㄓㄜˋ裡ㄌㄧˇ(这ㄓㄜˋ里ㄌㄧˇ)	N(PW): here	9

jhēn/zhēn	真ㄓㄣ (真ㄓㄣ)	A: really	6
jhèr/zhèr	這ㄓㄜˋ兒˙ㄦ (这ㄓㄜˋ儿˙ㄦ)	N(PW): here	9
jhī/zhī	枝ㄓ (枝ㄓ)	M: measure word for stick-like things	4
jhǐ/zhǐ	只ㄓˇ (只ㄓˇ)	A: only	6
jhīhdào/zhīdào	知ㄓ 道ㄉㄠˋ (知ㄓ道ㄉㄠˋ)	V: to know	6
jhǒng/zhǒng	種ㄓㄨㄥˇ (种ㄓㄨㄥˇ)	M: kind, type	4
jhōng/zhōng	鐘ㄓㄨㄥ (钟ㄓㄨㄥ)	N: clock	11
Jhōngguó/ Zhōngguó	中ㄓㄨㄥ 國ㄍㄨㄛˊ (中ㄓㄨㄥ国ㄍㄨㄛˊ)	N: China, Chinese	1
Jhōngciōujié/ Zhōngqiūjié	中ㄓㄨㄥ 秋ㄑㄧㄡ 節ㄐㄧㄝˊ (中ㄓㄨㄥ秋ㄑㄧㄡ节ㄐㄧㄝˊ)	N: Mid Autumn Festival	12
jhōngtóu/ zhōngtóu	鐘ㄓㄨㄥ 頭ㄊㄡˊ (钟ㄓㄨㄥ头ㄊㄡˊ)	N: hour	11
Jhōngwún/ Zhōngwén	中ㄓㄨㄥ 文ㄨㄣˊ (中ㄓㄨㄥ文ㄨㄣˊ)	N: Chinese language	3
jhōngwǔ/ zhōngwǔ	中ㄓㄨㄥ 午ㄨˇ (中ㄓㄨㄥ午ㄨˇ)	MA/N(TW): noon	10
jhù/zhù	住ㄓㄨˋ (住ㄓㄨˋ)	V: to stay, to live	12
jhuō/zhuō	桌ㄓㄨㄛ (桌ㄓㄨㄛ)	BF: table	9
jhuōzih/zhuōzi	桌ㄓㄨㄛ 子˙ㄗ (桌ㄓㄨㄛ子˙ㄗ)	N: table	9
zih/zi	子˙ㄗ (子˙ㄗ)	P: a noun suffix	5
zìh/zì	字ㄗˋ (字ㄗˋ)	N: character	7
zǒu	走ㄗㄡˇ (走ㄗㄡˇ)	V: to walk	10
zǒulù	走ㄗㄡˇ路ㄌㄨˋ (走ㄗㄡˇ路ㄌㄨˋ)	VO: to walk (in the road or street)	10
zuèi/zuì	最ㄗㄨㄟˋ (最ㄗㄨㄟˋ)	A: the most, -est	8
zuèijìn/zuìjìn	最ㄗㄨㄟˋ 近ㄐㄧㄣˋ (最ㄗㄨㄟˋ近ㄐㄧㄣˋ)	MA: recently, lately	12
zuò	做ㄗㄨㄛˋ (做ㄗㄨㄛˋ)	V: to do, to make	7
zuò	坐ㄗㄨㄛˋ (坐ㄗㄨㄛˋ)	V/CV: to sit, to travel "sit" on a plane, boat or train, etc., (to go) by	10
zuòfàn	做ㄗㄨㄛˋ飯ㄈㄢˋ (做ㄗㄨㄛˋ饭ㄈㄢˋ)	VO: to cook food	7
zuòshìh/zuòshì	做ㄗㄨㄛˋ 事ㄕˋ (做ㄗㄨㄛˋ事ㄕˋ)	VO: to take care of things, to do things, to do work	7
zuótiān	昨ㄗㄨㄛˊ 天ㄊㄧㄢ (昨ㄗㄨㄛˊ天ㄊㄧㄢ)	MA/N(TW): yesterday	10

SYNTAX PRACTICE

LESSON 1

I. Sentences with Verbs 姓，叫 or 是
II. Simple Type of Questions with the Particle 嗎
III. Questions with a Question Word (QW)
IV. Abbreviated Questions with the Particle 呢

LESSON 2

I. Simple Sentences with Stative Verbs (SV)
II. Stative Verb-not-Stative Verb Questions

LESSON 3

I. Subject-Verb-Object Sentences
II. Verb-not-Verb Questions
III. Sentences with the Auxiliary Verbs (AV)
IV. Transposed Objects

LESSON 4

I. Quantified Nouns
II. Sums of Money
III. Specified and Numbered Nouns
IV. Prices Per Unit
V. Sentence with Direct Object and Indirect Object

LESSON 5

I. Specified Nouns Modified by Nouns or Pronouns
II. Nouns Modified by Other Nouns Indicating Possession
III. The Whole Before the Part

LESSON 6

I. Large Numbers
II. 多 as an Indefinite Number
III. Nouns Modified by Stative Verbs

LESSON 7

I. Verb Object Compounds (VO)
II. Progressive Aspect

國家圖書館出版品預行編目資料

新版實用視聽華語 / 國立臺灣師範大學主編. – 二版. – 新北市新店區：
正中, 2008. 2
冊；19×26公分 含索引

ISBN 978-957-09-1788-8（第1冊：平裝）
ISBN 978-957-09-1789-5（第1冊：平裝附光碟片）
ISBN 978-957-09-1790-1（第2冊：平裝）
ISBN 978-957-09-1791-8（第2冊：平裝附光碟片）
ISBN 978-957-09-1792-5（第3冊：平裝）
ISBN 978-957-09-1793-2（第3冊：平裝附光碟片）
ISBN 978-957-09-1794-9（第4冊：平裝）
ISBN 978-957-09-1795-6（第4冊：平裝附光碟片）
ISBN 978-957-09-1796-3（第5冊：平裝）
ISBN 978-957-09-1797-0（第5冊：平裝附光碟片）

1. 漢語 2. 讀本

802.86 96021892

新版《實用視聽華語》（一）

主　編　者◎國立臺灣師範大學
編 輯 委 員◎王淑美・盧翠英・陳夜寧
召　集　人◎葉德明
著作財產權人◎教育部
地　　址◎(100)臺北市中正區中山南路5號
電　　話◎(02)7736-7990
傳　　眞◎(02)3343-7994
網　　址◎http://www.edu.tw

發　行　人◎蔡繼興
出 版 發 行◎正中書局股份有限公司
地　　址◎新北市(231)新店區復興路43號4樓
郵 政 劃 撥◎0009914-5
網　　址◎http://www.ccbc.com.tw
E-mail：service@ccbc.com.tw
門　市　部◎新北市(231) 新店區復興路43號4樓
電　　話◎(02)8667-6565
傳　　眞◎(02)2218-5172

香港分公司◎集成圖書有限公司－香港皇后大道中283號聯威商業中心8字樓C室
TEL：(852)23886172-3・FAX：(852)23886174
美國辦事處◎中華書局－135-29 Roosevelt Ave. Flushing, NY 11354 U.S.A.
TEL：(718)3533580・FAX：(718)3533489
日本總經銷◎光儒堂－東京都千代田區神田神保町一丁目五六番地
TEL：(03)32914344・FAX：(03)32914345

政府出版品展售處
教育部員工消費合作社
地　　址◎(100)臺北市中正區中山南路5號
電　　話◎(02)23566054
五南文化廣場
地　　址◎(400)臺中市中山路6號
電　　話◎(04)22260330#20、21

國立教育資料館
地　　址◎(106)臺北市大安區和平東路一段181號
電　　話◎(02)23519090#125

行政院新聞局局版臺業字第0199號(10571)
出版日期◎西元2008年 2月二版一刷
西元2014年12月二版十刷
ISBN 978-957-09-1789-5
定價 / **580**元（內含MP3）
著作人：王淑美・盧翠英・陳夜寧

分類號碼◎802.00.067
GPN 1009700071
著作財產權人：教育部

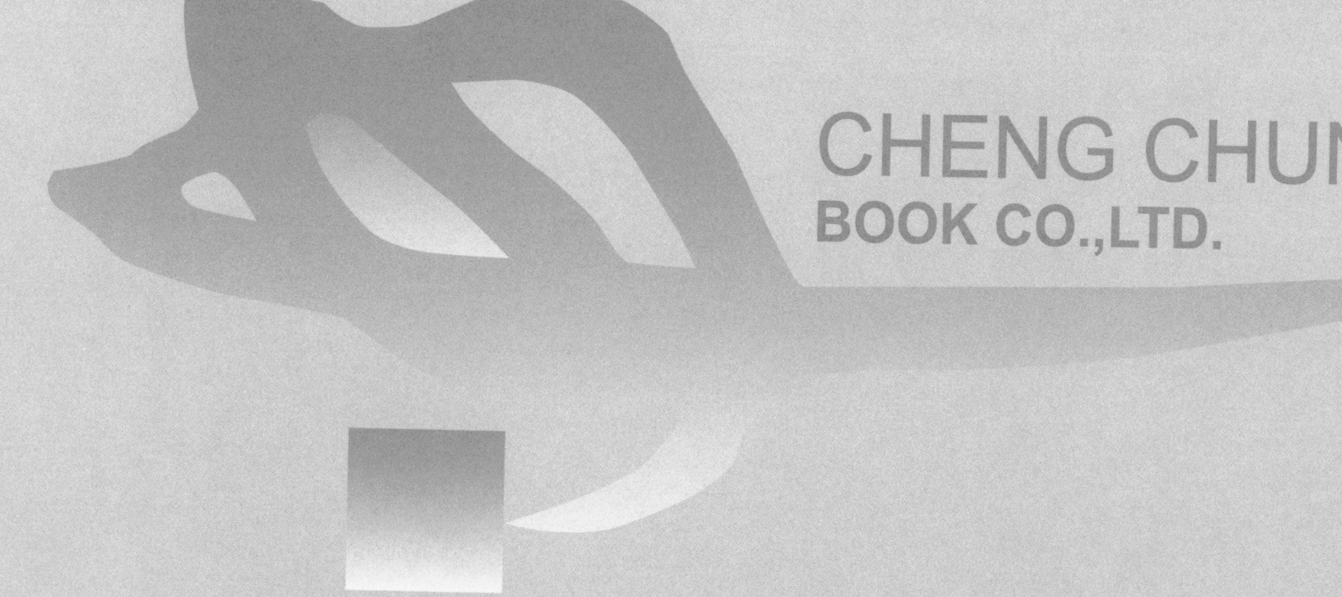
CHENG CHUNG
BOOK CO.,LTD.

CHENG CHUNG
BOOK CO.,LTD.

CHENG CHUNG
BOOK CO.,LTD.

CHENG CHUNG
BOOK CO.,LTD.